2022

CHINA JOURNALISM AND COMMUNICATION JOURNAL

中国新闻传播研究

新闻传播实践教育体系

高晓虹◎主编
刘宏 赵淑萍 曾祥敏 秦瑜明◎副主编

中国传媒大学出版社
·北京·

图书在版编目(CIP)数据

中国新闻传播研究:新闻传播实践教育体系/高晓虹主编.--北京:中国传媒大学出版社，2022.9
ISBN 978-7-5657-3247-8

Ⅰ.①中…　Ⅱ.①高…　Ⅲ.①新闻学—传播学—研究—中国　Ⅳ.①G219.2

中国版本图书馆 CIP 数据核字(2022)第 140561 号

中国新闻传播研究:新闻传播实践教育体系

ZHONGGUO XINWEN CHUANBO YANJIU:XINWEN CHUANBO SHIJIAN JIAOYU TIXI

主　　编　高晓虹
副 主 编　刘　宏　赵淑萍　曾祥敏　秦瑜明
策划编辑　王雁来
责任编辑　裴向敏
封面设计　拓美设计
责任印制　李志鹏

出版发行　中国传媒大学出版社
社　　址　北京市朝阳区定福庄东街1号　　**邮　　编**　100024
电　　话　86-10-65450528　65450532　　**传　　真**　65779405
网　　址　http://cucp.cuc.edu.cn
经　　销　全国新华书店

印　　刷　唐山玺诚印务有限公司
开　　本　787mm×1092mm　1/16
印　　张　14.5
字　　数　258 千字
版　　次　2022 年 9 月第 1 版
印　　次　2022 年 9 月第 1 次印刷

书　　号　ISBN 978-7-5657-3247-8/G·3247　　**定　　价**　75.00 元

本社法律顾问:北京嘉润律师事务所　郭建平

目录 >>>>CONTENTS

新闻传播实践教育体系

关键的技术:新闻传播教育如何应对技术变迁

Critical Technology: How Journalism and Communication Education Responds to Technological Changes

◎ 梁君健　黄一洋

Liang Junjian　Huang Yiyang

摘要:随着新技术对传媒业态的颠覆,新闻传播类院校正在前所未有地将前沿媒介技术纳入自身的教育体系。为了探究新闻传播教育如何应对技术变迁,本文从制度设计和教学实践两个方面考察了技术在新闻传播院校的实践教育体系中的位置,并据此讨论了围绕技术重构新闻传播教育体系的未来趋势。

关键词:新闻传播教育;媒介技术;教学改革;教学实践

Abstract: With the subversion of new technologies to the media industry, schools and universities of journalism and communication are integrating cutting-edge media technologies into their education systems like never before. In order to explore how journalism and communication education responds to current technological changes, this paper examines the position of technology in the practical education system of journalism and communication from the perspectives of institutional design and teaching practice, and accordingly discusses the future trend of reconstructing the journalism and communication education system around technology.

Keywords: journalism and communication education, media technologies, teaching reform, teaching practice

技术,是当下新闻传播行业发展的关键性推动力量。随着新技术对传媒业态的颠覆,新闻传播类院校正在前所未有地将前沿媒介技术纳入自身的教育体系,大数据、云计算、物联网、虚拟现实、人工智能等成为新闻传播教育中的“核心”与“骨干”，以期为主流媒体单位以及泛媒体、沉浸式媒体、智媒体等新兴领域提供专业人才。① 具体到高等院校的新闻传播人才培养层面，针对新技术而展开的实践教学正在占据越来越重要的地位，数据素养和跨媒体叙事能力成为衡量新闻传播人才的新维度，以技术为核心的新媒体以及媒体融合类课程体系有望成为未来新闻传播教学体系的重要板块。② 此外，媒介技术的迅速发展还为新闻传播学术界、教育界与业界之间的互动与合作提供了丰厚土壤。新闻传播院校的实践教育体系如何对待不断加速的技术变迁，如何围绕新技术展开人才培养和业务实践，成为亟待探索的重要话题。本文的前两部分将从制度设计和教学实践两个方面分析技术在新闻传播院校的实践教学体系中的位置，进而在第三部分探讨围绕技术重构新闻传播教育体系的未来趋势。

一、制度设计：技术影响下的教学改革

媒介技术在新闻与大众传播领域的重要性，推动了高等院校在培养目标方面的变化。掌握专业化的新闻报道技术，是整个行业对于未来从业者的重要诉求。③ 2011 年的一项研究分析了美国 17 个大型新闻机构从 2008 年 9 月 15 日至 11 月 15 日期间刊登在网站上的招聘启事，展示出当时大型媒体机构招聘时对于多媒体技能的普遍要求：不仅是网络和多媒体制作人的岗位将网络和多媒体技能置于首位，而且 45％的报业招聘信息也提及了多媒体技能和摄影能力。④ 在 2015 年的一项调查中，新闻机构管理层将编程、用户数据和客户开发、视觉叙事、视觉设计、社交媒体运营列为最重要的 5 项技能。⑤ 技术对于行业的影响很快传导到教育场域，引发了教育领域的一系列变革。

（一）瞄准技术前沿的新增专业

近年来，众多新闻传播院校开设了新技术引领的本科专业。以 2019 年为例，在 38 个高校新闻传播学类新增专业中，“网络与新媒体”专业以 28 所高校新增的数据遥

---

① 廖祥忠.未来传媒：我们的思考与教育的责任[J].现代传播（中国传媒大学学报），2019，41（3）：1-7.

② 陈昌凤.21 世纪的新闻教育：如何培养创新型人才？[J].新闻大学，2020（9）：10-21，119.

③ WOLFGANG D. Journalism as the new knowledge profession and consequences for journalism education[J]. Journalism，2014，15（6）：661-677.

④ DEBORA W，LYNN C O，MICHAEL C，et al. Help wanted：an examination of new media skills required by top us news companies[G]. New York：Routledge，2011：193-206.

⑤ 张小琴，胥佳.美国新闻与传播教育最新动向及其启示[J].当代传播，2018（2）：33-36.

遥领先于其他专业，位居首位；在新增新闻传播学类相关专业中，以数字技术为基础的“数字媒体艺术”专业位列第一，“影视摄影与制作”“视觉传达设计”等技术性为主的专业也显著比“播音与主持艺术”等其他相关专业热门。① 值得一提的是，因为新闻传播领域对大数据、人工智能、区块链等智媒技术的应用，“数据新闻”成为近年来高校新闻传播教育领域的热点。2015 年，中国传媒大学正式增设新闻学专业的数据新闻报道方向，是国内首个以“数据新闻”命名的本科专业方向，也开启了数据新闻教育在国内的落地实践。② 随后，其他高校也陆续开始探索数据新闻的本科专业方向布局。③ 针对数据新闻这一热点，高校对研究生专业设置的探索比对本科专业方向的探索力度更大。2018 年，中山大学传播与设计学院正式招收新闻与传播专业硕士大数据传播方向的研究生。此后，诸多院校先后设立了数据新闻相关的研究生培养方向。其中，清华大学于 2019 年与南加州大学安纳堡传播学院、维特比工程学院共同设立的“数据传播国际合作培养”项目的技术导向最为明显，是国内首个授予“新闻传播＋理学”双硕士学位的中外合作办学项目。④

除了数据新闻，新闻传播专业学位硕士的出现和发展也直观地反映出新技术为新闻传播教育带来的变化。2011 年，经国务院学位委员会审议通过，新闻与传播专业学位硕士（Master of Journalism and Communication，MJC）招生正式启动。这标志着我国新闻传播院系的研究生教育出现战略性转变：从学术型硕士的单一人才培养模式，向学术型硕士与专业硕士双轨并存的体制转型。⑤ 专业硕士学位以满足就业市场需要为主要目标和方向，侧重于培养高层次的应用型人才，因此比学术型硕士更看重新技术的教学及应用。例如，中国传媒大学开设的“数字影像创作”“全媒体策划与运营”“新媒体实务”等专业硕士方向，复旦大学开设的“新媒体传播”“全球媒介与传播国际双学位”等方向，暨南大学开设的“数字营销传播”“融合新闻”“视听传播”等方向，都体现了提升技术应用水平的培养目标。⑥

---

① 张昆.中国新闻传播教育年鉴（2020）[M].武汉：武汉大学出版社，2020：662-668.

② 张铮，陈雪薇.从“数据新闻”到“数据传播”：智媒时代新闻传播教育的数据转向及因应策略[J].中国编辑，2020(5)：74-79.

③ 任占文.我国数据新闻泡沫的传播诱因及应对[J].青年记者，2017(21)：34-35.

④ 张铮，陈雪薇.从“数据新闻”到“数据传播”：智媒时代新闻传播教育的数据转向及因应策略[J].中国编辑，2020(5)：74-79.

⑤ 张昆.从单一模式向双轨体制过渡：中国传媒研究生教育的重大转型[J].新闻前哨，2010(10)：19-22.

⑥ 张昆.中国新闻传播教育年鉴（2020）[M].武汉：武汉大学出版社，2020：808-809.

(二)技术导向的课程设置

除了新的专业方向,新闻传播院校也增设和更新了众多技术导向的课程。这些课程主要分为三类。第一类是围绕新闻产品形态而开设的课程,以数据新闻相关的课程最具代表性。2012 年,中山大学传播与设计学院开设面向本科生的“新闻信息可视化”课程和面向研究生的“数据新闻与交互设计”课程;2013 年,兰州大学开设了面向本科和专业硕士的“数据新闻学”课程;2014 年后,中国传媒大学、清华大学、复旦大学、北京大学、中国人民大学等众多高校开设了以数据新闻技能教学为主体的课程,其中不少还被划入新闻传播专业本科生和研究生的必修课程。① 第二类是围绕新的媒介技术形态而开设的课程,主要内容是专项技术的教学及实践,如“新媒体技术”“跨媒体融合实践”“融媒体报道”“新媒体新闻实务”“数字媒体技术基础”等。这些课程普遍侧重于新闻传播领域具体技术工具使用方法的传授,如信息可视化设计相关课程主要传授 PS、AI、H5 以及动态制图软件的使用,数据与信息获取相关课程则将 SPSS、数据库和各类数据抓取软件的使用作为重要的基础教学内容。第三类课程则是来自理工专业的基础性课程,如武汉大学新闻与传播专业硕士及数字媒介专业硕士的培养计划中就包含了“网络数据分析与挖掘”“数据结构”等计算机专业课程。② 美国的顶尖新闻学院同样采取跨专业的联合教育策略,来促进专业课程改革呈现数字化特征。③ 这类课程更加“硬核”,对于学生的挑战也更大。

课程开设的前提是教师。④ 广泛引入其他相关专业教师、业界导师等参与讲授已经成为近年来新闻传播专业新设技术课程教学的趋势。⑤ 随着计算机等新技术在新闻传媒领域得到普遍运用,为了更好地配合技术教学的目标,各新闻传播院校积极拓展授课教师的来源。以 2012 年中山大学开设的本科课程“信息可视化”和研究生课程“数据新闻与交互设计”为例,这两门课程由三位老师共同教授,其中两位老师具有跨学科背景,分别是理工科背景和设计学科背景。⑥ 与之类似的是清华大学新闻与传播学院 2016 年开设的本科课程“媒介编程”,同样由两位老师合作开设,其中一位老师来自该大学计算机科学与技术系,在课程中承担了与编程技术相关的授课内容。此外,

---

① 李薇.我国数据新闻教学的现状分析和对策研究[D].杭州:浙江传媒学院,2017.

② 陈媛媛.国内外数据新闻人才的培养途径与基本现状[J].记者观察,2018(27):6-8.

③ 蔡雯.新闻教育亟待探索的主要问题[J].国际新闻界,2017,39(3):6-18.

④ 刘涛.“翻转+直播+实训”:新闻传播学类课程的混合式教学模式探索[J].新闻与写作,2020(9):78-84.

⑤ 方洁,胡文嘉.全球数据新闻教育:发展特征与未来趋势[J].国际新闻界,2017,39(9):134-151.

⑥ 李薇.我国数据新闻教学的现状分析和对策研究[D].杭州:浙江传媒学院,2017.

各高校还通过开展教师培训项目、与专业媒体合作等方式，强化既有授课教师的实务技能和对前沿技术的了解，提升课堂教学效果。新闻界与教育界共同实施的“卓越人才培养计划”为高校提供了具有丰富行业经验的课程教师资源。清华大学新闻与传播学院2015年举办的首期“数据新闻工作坊”，是以任课教师为教学对象的实务技能工作坊，目的是“让新闻与传播学院的教师对数据新闻及其生产过程有更多更深入的了解”，以此“推进媒介融合时代新闻人才的培养”。① 而该院的全球财经新闻硕士项目则与彭博新闻社合作开设了“财经新闻数据挖掘与分析”课程，将业界前沿的技术专家直接引入专业学位硕士的课堂。②

(三)实验室与平台建设

由于新闻传播重实务，因此实践教学活动是人才培养过程的重要组成部分，也是学界与业界联系的桥梁。以技术学习和技术运用为底层逻辑的实验室和实验教学中心，成为新闻传播院校重要的实践教学平台。近年来，以“融媒体/全媒体”命名的实验室和教学中心在新闻传播院校涌现，还有不少高校联合业界共同建设媒介实验室和教学中心。例如，北京师范大学新闻传播学院与封面传媒、微软（亚洲）互联网工程院共同成立人工智能与未来媒体实验室，中国人民大学与北大方正信息产业集团合作成立智慧媒体未来实验室等。③ 值得一提的是，根据2019年《科技部关于批准建设媒体融合与传播等4个国家重点实验室的通知》（国科发基〔2019〕372号），中国传媒大学的“媒体融合与传播国家重点实验室”还成为唯一依托高校建设的媒体融合类国家重点实验室。相比传统的新闻传播实验中心，这些实验室和实验教学中心与5G、人工智能、大数据、VR/AR等新技术联系紧密。这些实验室和实践教学平台充分利用各级的经费资源增加技术设备，拥有的有些技术设备甚至领先于业界。通过引入前沿的媒介技术，实践教学平台不仅能够成为新闻传播教学环节的中心场所，从辅助教学角色转向主导教学角色，还能实现“实验课带动理论课”，使教学培养的实践性得以强化，进而推动课程体系进一步贴近技术前沿。④

随着平台建设的推进，围绕媒介技术的实践教学成果不断涌现，这尤其体现在新闻传播专业学生跨校参与的赛事上。近年来，以学生新媒体技术实践作品为评比对象

① 梁鹏.我院举办首期“数据新闻工作坊”[EB/OL].(2015-04-28) [2022-03-03]. https://www.tsjc.tsinghua.edu.cn/info/1017/2277.htm.

② 史安斌，廖鲽尔.“数据新闻学”的发展路径与前景[J].新闻与写作，2014(2)：17-20.

③ 李琳.新闻传播融媒体实验室的实践教学创新[J].新闻研究导刊，2021，12(12)：89-91.

④ 岳山，张静.新媒体环境下新闻传播实验教学中心的功能转变[J].新闻大学，2015(2)：106-113.

的比赛在全国范围内不断出现,具有代表性的有创办于 2019 年的全国大学生融媒体作品大赛和创办于 2015 年的中国数据新闻大赛等。[①] 这些赛事成为实践教学的延伸,也充分展示了平台建设的成果,对媒介技术的创造性运用成为赛事创立的出发点和重要评审依据。

二、三位一体:实践教学中的技术学习

专业、课程和平台,为技术的传授与学习提供了基本的外部结构。技术既是一种特定的知识,同时又是个体化的具身的经验。针对技术的教学,既需要在教育价值和行业需要的指引下建立起针对技术教学的总体认识,同时又需要在特定的教学过程中进行具体设置,增强学生的获得感,提升他们掌握的水平。[②] 在具体的教学过程中,教师和学生针对媒介技术的特点,发展出多元化的学习模式。本文按照“三位一体”的教育理念,将技术学习区分为知识传授、能力培养和价值塑造三个层面具体分析。虽然这三个层面在实际教学过程中常常是融为一体的,但每个层面具有独立功能:技术知识主要由授课教师讲解给学生,它构成了专业知识体系中的重要部分;技术能力主要在工作坊等形态的实践中被学生习得,技术成为完成专业任务和实现社会价值的手段和工具;而在技术知识和技术能力的学习过程中,学生还需要学习技术向善的价值观和科技哲学的批判性思维,来帮助自身形成知行合一的稳定的观念系统。

(一)课程教学中的知识传授

知识传授是课堂教学的基础功能。近年来,新闻院校课程改革的一个重要特征就是积极拥抱新技术。从知识体系上看,这些课程中包含大量技术实践相关的课程,课程设计积极跟进业界最新的技术发展动态,随开设年份持续更新,高强度的技术知识传授成为构建课程的基本思路。例如,苏州大学 2020 年开设的“数据新闻”课程在授课内容方面分为四部分,除第一部分为理论概况外,其余部分均讲授的是技术知识,分别是“应用案例介绍”“数据与处理”“可视化技能”,并引入 Tableau、Echarts、Flourish 等新近的可视化处理平台进行教学,鼓励学生运用 Python 等计算机编程语言进行数据处理和挖掘,无论从课程设计还是教学安排上都紧跟技术发展的趋势。[③] 中山大学

---

① 张昆.中国新闻传播教育年鉴(2020)[M].武汉:武汉大学出版社,2020:721-724.

② BILLETT S. Curriculum and pedagogic bases for effectively integrating practice-based experiences[M]. Sydney: Australian Learning and Teaching Council, 2011.

③ 王国燕.可视化趋势下的数据新闻课程教学实践与探索[J].传媒,2020(22):78-80.

的“数据新闻”课程由三大模块构成，分别是“数据挖掘与分析”“数据可视化”“数据新闻综合实践”，也偏重技术工具的讲解和应用。① 部分高校还依托工科院系的优势，注重传媒技术领域的抽象知识的传授。例如，上海财经大学和武汉大学利用其深厚的工科背景，在数据新闻课程的设计方面偏向教授数据算法，注重在数据分析和挖掘层面的教学，且选用教材也偏向有算法和数据甄别处理内容的书籍，而非新闻传播领域的书籍。② 北京大学开设的“Python 数据分析”“社会网络分析”“地理信息数据分析”，复旦大学开设的“R 语言基础知识”，中国传媒大学为数据新闻方向本科生开设的“基础统计”“网页抓取技术”，中国政法大学开设的“数据库管理与应用”等，甚至不涉及新闻传播领域的内容，以完整的技术知识体系为授课内容。③

从教学方式上看，由于“传授技能”是开设课程的主要目标和宗旨，④“实际应用能力”是衡量最终教学成果的关键因素，⑤因此，教师在课堂讲授之外还采取了多样的教学法，以帮助学生习得对于技术知识的操作性应用。以第一批国家级一流本科课程中的 83 门新闻传播学类课程为例，其中除了有 22 门传统的线下一流课程之外，还包含线上一流课程 24 门，虚拟仿真实验教学课程 23 门，线上线下一流课程 8 门，社会实践一流课程 6 门。⑥ 可以看出，在 MOOC 广泛介入的情况下，技术课程中以课堂讲授为主的传统教学模式占比不断下降，以学生为主体的翻转课堂被越来越多地用于技术类课程教学。此外，2017 年，教育部决定在高校实验教学改革和实验教学项目信息化建设的基础上开展国家虚拟仿真实验教学项目建设工作。虚拟仿真环境也为技术学习提供了新的路径。在这类教学模式中，教师作为技术知识传授者的角色不断被削弱。在“后喻文化”的背景下，技术教学常常面临业界实践快速更新的状况，学生在课堂之外了解或接收的相关知识可能反哺授课教师，二者形成互动并共同更新知识。⑦

以笔者在清华大学新闻与传播学院开设的本科必修课“镜头中的国家与社会”和“影视制作 1”为例，两门课程分别依托线上课程“新闻摄影”和“影视制作入门”展开技术知识的传授。与视听传播业务相关的数字影像技术原理、照相机与摄像机的操作，以及后期编辑软件使用等课程内容，主要由同学在 MOOC 平台上自学。在线下教学

① 赵红香.我国数据新闻人才培养的路径探索[J].传媒，2019(10)：83-85.

② 李榕，任乐毅，黄秀清.国内高校数据新闻课程的内容研究和模式分析[J].中国网络传播研究，2019(1)：48-72.

③ 李榕，任乐毅，黄秀清.国内高校数据新闻课程的内容研究和模式分析[J].中国网络传播研究，2019(1)：48-72.

④ 高冉.地方高校引进数据新闻教学的探索与实践[J].新闻研究导刊，2018，9(10)：15-16，91.

⑤ 谢光玉.“数据新闻可视化”线上线下混合式教学模式探究[J].文教资料，2020(6)：157，191-192.

⑥ 刘义昆.国家级一流本科课程花落谁家？——首批新闻传播学国家级一流本科课程统计分析[EB/OL].(2021-09-22)[2022-03-03]. https://mp.weixin.qq.com/s/pYvwXlzUMZe9YhfgrdOZSg.

⑦ 张昆，王宇婷.“后喻文化”背景下的新闻教育[J].新闻与写作，2017(4)：5-9.

中,教师对学生线上的技术知识学习进行随堂测验,并通过作品分析环节让学生了解技术知识在真实创作情境中的运用和注意事项。

(二)实践教学中的能力培养

由于媒介技术的应用性特征,教师除了在常规课程教学中充分教授技术原理和操作方式知识之外,还针对新闻传播行业的需求展开技术实践教学。实践教学以技术的经验式学习为基础特征:在工作坊、实习和其他应用性的学习方式中,个人通过内心经历的感受和反思性的观察,充分积累技术实践经验,从而完成能力提升,①同时从技术能力的积累中获得成就感。② 新闻传播领域的实践教学尤其能够模拟媒介技术在现实使用中的情况,使学生对业务实践的模糊性和可能存在的问题产生切身体验。③ 工作坊和顶点课程等任务导向式教学模式都是经验式学习的具体教学法。

工作坊式教学模式在当前技术类课程中占有重要地位。这种教学模式遵循德国包豪斯学院"技术与艺术"并重的教育理念,尝试将传统的学徒制纳入现代教育体系。④ 当下的传媒类工作坊教学模式类似于海外学者受临床医学教育的启发而定义的"医院模式",这种将技术与业务相结合的教学方式强调学生、教师以及行业专家之间的合作,常见的形态包括实习、创意实验室、田野课程以及校园媒体等。工作坊在真实情境构建、"学习共同体"建设、多维评价体系应用等方面不断进步,提供了以学生为中心的建构性的学习模式。⑤ 白杨数据新闻工作坊以"学生+机构从业者"的组队形式合作完成数据新闻作品,实战色彩突出;⑥以影视创作为目标的"清影工作坊"要求新闻专业本科生组队完成短纪录片,以此对学生实施密集而完整的影像创作技术训练。⑦

在工作坊之外,校园媒体等实践平台,以及顶点课程和毕业设计等,也都是重要的技术能力培养途径。南京大学新闻与传播学院的新媒体公众号"新记者"在2016年成

---

① ROBINSON S. Teaching "journalism as process": a proposed paradigm for j-school curricula in the digital age [J]. Teaching journalism and mass communication, 2013, 3(1): 1-12.

② EDWARDS E D. To be rather than to seem: liberal education & personal growth through documentary production[J]. Journal of film and video, 2001, 53(1): 9-19.

③ SVINIVKI M, MCKEACHIE M. Teaching tips: strategies, research, and theory for college and university teachers[M]. 13th ed. CA: Wadsworth Cenage Learning, 2011: 204.

④ 刘禹,王来福.基于工作坊的高等教育实践教学体系的研究[J].东北财经大学学报,2009(1):93-96.

⑤ 李春燕.建构主义视域下传媒工作坊教学模式探究[J].教育信息化论坛,2021(12):104-105.

⑥ 余根芳,吴小坤.数据新闻教育调研报告2018—2019[J].教育传媒研究,2020(1):53-61.

⑦ 梁君健,雷建军.视觉人类学与"90后"的影视教育:以"清影工作坊"为例[J].现代教育技术,2015,25(9):77-83.

立了数据可视化部，其栏目《新数读》通过新媒体业务实践，使学生自主了解和运用可视化等新技术，以作品发布的形式激励学生继续进行技术学习和探索。① 中国传媒大学数据新闻专业 2018 年创立了新媒体公众号“白杨数新观察”，其数据新闻实践作品曾在中国数据新闻大赛、中国数据可视化创作大赛、“挑战杯”首都大学生课外学术科技作品竞赛等众多专业技术赛事中获得奖项。② 与之类似的还有武汉大学数据新闻实验平台“镝次元”实验室，以及清华大学的融媒体实践教学平台“人文清华”等。此外，海外的顶点课程以及艺术类院校的毕业设计，也为新闻传播院校提供了新鲜的教学模式。这些教学模式鼓励学生围绕技术展开深层次的学习，使他们在解决实际问题的过程中提升自身的综合素质。③

(三)逐渐浮现的价值塑造

由于置身于真实的传播实践和社会情境之中，实践教学不仅承担着媒介技术使用能力培养的任务，还承担着促进学生主动思考新闻伦理和新闻与社会关系的任务。此外，技术哲学和科技伦理，尤其是对于技术议题的敏锐感，同样也应当是技术知识的有机组成部分。

与价值塑造的态度相对应，一部分专业课程在迅速变化的技术环境中重视传授价值理念和专业素养，将新闻选题、新闻价值等相关内容融入技术类课程，在课堂中概念与价值的传递占据主导地位，而教师不在工具使用等技术知识传授方面花费过多精力。这种取向更看重内容，以传统的培养新闻传播业务素养为基础，鼓励学生通过自主学习适应新的媒介形态和手段，在新闻学基础深厚的高校这种取向很明显。④ 中国人民大学、复旦大学、华东师范大学等院校的数据新闻课程，就具有显著的新闻业务教授传统，课程内容从介绍数据新闻的产生背景和概念入手，按照数据新闻的生产流程展开。⑤ 这种价值塑造的取向从相关院校教师的表述中也能略窥一二，代表性的观点包括“提升学生的数据素养是数据新闻教育的首要目标”，开设数据新闻课程的目的“不是单纯地给学生在一个单独的、很窄的面讲数据新闻，而是让学生建立一种在新闻创作或报道中的数据意识”，数据新闻的核心仍是“讲故事”，“回归新闻本质、回归故事

---

① 李薇. 我国数据新闻教学的现状分析和对策研究[D].杭州：浙江传媒学院，2017.

② 张昆.中国新闻传播教育年鉴(2020)[M].武汉：武汉大学出版社，2020：716-717.

③ 陈昌凤，张小琴.融合时代的新闻传播教育[J].中国高等教育，2014(Z2)：23-25.

④ 李榕，任乐毅，黄秀清.国内高校数据新闻课程的内容研究和模式分析[J].中国网络传播研究，2019(1)：48-72.

⑤ 许向东.对中美数据新闻人才培养模式的比较与思考[J].国际新闻界，2016，38(10)：100-110.

本身才是最重要的”。[①] 对待技术的批评性思考甚至延伸到了更抽象的“道—术”关系层面。例如,李良荣教授就曾批评当代新闻教育变成了应“市”教育;[②]新闻从业者曹林也认为,“技术功用”层面的知识有其局限性,不能够单独成为新闻教育的核心价值。[③] 不过,当下针对技术的价值塑造还没有形成较为完整的知识体系和完善的教学方式,如何将传统的新闻伦理、技术哲学融入技术学习过程,如何平衡应用式的学习和批评性的思考,是实践教学领域的重要挑战。

三、总结与思考

技术在新闻传播业的发展中正在扮演着关键角色。当下,新闻传播教育领域已经在制度设计和教学实践层面产生了一系列变革,各高校需要针对媒介技术的变迁展开教学改革。未来,新闻传播教育领域需要形成对待技术的稳固观念,从被迫应变转为主动求变。当个别的媒介技术出现时,各高校可以以传统的知识与理论体系为基础,对其进行消化与采纳。例如,摄影、电视等新的媒介形态出现时,各高校虽然针对新形态开设了技术课程,但传统的基于报业新闻的采写编评等知识系统仍然被认为是更具基础性的,并且其中的原则同样适用于新的媒介形态。当然,在数字技术对新闻传播乃至人类社会进行彻底革新的基础上,当“媒介化”构成政治、经济、文化、生活的底层逻辑时,新闻传播领域必然需要针对新的技术变革展开较为系统的重构。

(一)新闻传播教育体系中的技术地位

在新闻传播教育领域,如何看待技术一直存在争议。有些新闻传播教育者认为,应花费更多精力专注于提升学生的实践技能,有些则认为,应采用偏学术教育的方式提升学生的理论认知和批判性思考能力。[④] 这种争议在新技术大量涌现的时代更加具有现实意义。从本文前两部分的梳理中可以看出,当前的教学实践中,将技术视作掌握专业知识的手段和工具的思路占据了主流,技术作为一个整体还并未被新闻传播教育领域吸收为构建学科知识体系的重要部分。这与当代技术变迁的速度有着很大关系,新技术的快速迭代导致教学也要不断应对和调整,这种与新技术相关的知识难

① 黄志敏,王敏,李薇.数据新闻教育调查报告[J].新闻与写作,2017(9):17-24.

② 龚文庠.关于新闻与传播教育的四个问题[J].国际新闻界,2006(4):22-26.

③ 曹林,张涛甫.关于新闻传播共同体构建的对话[J].新闻大学,2020(4):1-18,119.

④ HEWETT J. Learning to teach data journalism: innovation, influence and constraints[J]. Journalism: theory, practice & criticism, 2016, 17(1): 137-199.

以形成稳定的内容进入可供长期流传的教学主干。同时,在越来越多的课程积极拥抱新技术的背景下,需要警惕的是新闻传播教育领域的“技术决定论”思维。一些新闻院校强调以培养职业技能为目标,过度追逐新的技术热点,而忽视了通识教育、基础学科和专业教育的重要性,在缺乏对新闻传播行业发展情况深入认识的情况下,盲目地提升技术类课程占比,容易造成人才培养质量的下滑。

不过,在警惕技术决定论的同时,正视技术的结构性特征,让技术变革促进学科发展,已经成为共识。技术对于新闻传播学科发展具有建构效应,在装置、技法和组织等层面都根本性地决定了学科的形成与发展。① 但是,对于技术以及围绕技术的实践教学环节在新闻传播教育领域应当发挥结构性作用的观点,还鲜有人论述。有学者甚至指出,新闻教育界尚未足够重视技术的深层影响,对技术的不了解和轻视的态度已经成为新闻教育创新的障碍。② 相比于新闻传播学的历史、理论、方法,技术在新闻传播教育体系中具有更为根本性的位置。在“三位一体”的教育体系中,技术是具有穿透性的,它既是一种知识,又代表着能力,同时还能够激发和促进价值塑造。在具体的教学过程中,技术能够综合抽象知识和经验式学习两个方面,切实有效地促进业务水平的提升,满足行业发展需求。因此,简单将技术视为专业教育的附庸和工具的认识需要更新。

重视技术的结构性地位,并不意味着“唯技术”和“轻理论”,而是要以技术为突破口,促进理论体系的更新。新媒体技术发展的背景下,不少新闻教育错误地将新旧媒体二元对立起来,而忽略了新与旧的技术差异下永恒的媒介本质规定性。③ 专业院校应当警惕“技术决定论”的教育倾向,将技术与专业理论融合,构建新的学科知识体系。专业院校唯有以新技术的力量不断更新和筑牢新闻传播的价值论和实践论,才能真正为新闻传播行业培养和输送能够适应技术的快速发展、把握新闻传播行业规律、践行核心价值观的专业人才。

(二)新闻院校在新技术扩散中的角色

除了在人才培养环节紧跟技术前沿之外,在新技术的创新扩散过程中,专业院校应当扮演何种角色,无疑是应当获得更多关注的话题。首先,新闻院校在传媒业变革

① 唐海江.互联网革命与新闻传播学科重构之反思:一种技术自主性的观点[J].社会科学战线,2016(7):143-149.

② 陈昌凤,吕宇翔.新闻教育如何在技术主导下的颠覆性变革中创新?[J].新闻大学,2022(1):20-33,120.

③ 刘萍.社会变迁与新闻传播教育转型:基于“人自身文化转型”的视域[J].学术交流,2018(12):182-187.

的进程中可以发挥将新技术典型化和固定化的作用。从罗杰斯等人“创新的扩散”的理论视角来看，这意味着专业院校应当主要在技术创新的实施和确认环节发挥作用，验证创新的可推广性，并且通过人才培养和知识生产扩大技术创新的影响力。这需要专业院校敏锐捕捉行业动态，跟进业界的前沿发展趋势，推动行业发展和教学内容的紧密衔接，从而为新技术提供更广泛的人才基础和更广阔的舞台。

同时，专业院校不应局限于新技术的追随者这一角色，还应利用自身所具备的知识和资源优势，适度地尝试提前应用甚至超前开发有潜力的传媒技术，培植未来新闻传播行业的关键技术，从而引领新闻传播行业的发展。尤其是在跨学科的交叉领域和高成本的实验设备方面，高等院校往往具备传媒机构所不具备的广泛资源，可以充分发挥这些资源的作用，将专业教育作为新媒介技术的实验场域，通过与传媒机构的合作导出技术成果，并为业界培养一批面向未来的技术人才。当前，很多身处综合性大学的新闻院系已经认识到在引领技术发展方面的角色，在针对“区块链”“元宇宙”的应用前景的教学研究中，已经看到新闻传播学界的身影。不过，大多数情况下这类工作的核心推动者仍然是电子、计算机、软件类学科。新闻传播院校应当努力发掘和定位自身在新技术的发明和推广中的独特价值，积极尝试成为创新过程的原始创新者或早期采用者等上游角色。

〔梁君健，清华大学新闻与传播学院副教授，博士生导师；黄一洋，清华大学新闻与传播学院硕士研究生〕

〔特约编辑：付晓光〕

中国新闻传播教育的改革探索与未来走向*

Where's the Way Out: The Reform Exploration and Future Trend of Chinese Journalism and Communication Education

◎ 罗自文　马潮技

Luo Ziwen　Ma Chaoji

摘要:"讲好中国故事,传播好中国声音"是中国传媒人的使命和担当,也是中国新闻传播教育的人才培养方向。21世纪以来,中国新闻传播教育进行了持续改革,但是一直没有找到一条"校""媒"双赢的道路。该文基于文献和案例进行分析,试图在归纳总结中国新闻传播教育改革探索模式的基础上,分析其面临的内部危机和外部环境,以系统论的视角预测中国新闻传播教育的未来走向,为深化改革创新提供指引和借鉴。研究认为,未来中国的新闻传播教育需要逐步压缩中间状态的传统大众化新闻教育,而着力发展两极的专业精英新闻教育和大众新闻素养教育。

关键词:新闻传播教育;改革创新;卓越人才;新闻素养

Abstract:"Telling Chinese stories well and spreading Chinese voices well" is the mission and responsibility of Chinese media workers, and it is also the talent training direction of Chinese journalism and communication education. Since the 21st century, China's journalism and communication education has been continuously reformed and innovated, but it has not found a road suitable for both schools and media. Based on the literature and case analysis, this paper tries to analyze the internal crisis and external environment faced by China's journalism and communication education reform and exploration mode, and

* 本文系中国社会科学院大学校级教学改革创新重点项目"新闻学专业教学与思政教育的融合机制与创新路径研究"(JGCX2021004)阶段性成果。

predict the future trend of China's journalism and communication education from the perspective of system theory to provide guidance and reference for deepening reform and innovation. Research result shows that in the future, China's news communication education needs to gradually reduce the intermediate state of traditional popular news education, and focus on the development of professional elite news education and mass news literacy education.

Keywords: Chinese journalism and communication education, innovation, outstanding talents, news literacy

时代的车轮隆隆驶入21世纪,中国新闻传播教育经历了最初几年的迅猛发展,到2015年走到一个拐点。从这一时期开始,尽管还有零星的学校新开设新闻传播类专业,但是新闻传播类专业点总数量开始稳中有降,新闻传播专业的毕业生整体上供过于求,7个传统本科专业[①]和大多数硕博研究生专业毕业的学生专业对口就业率逐年下降,个别专业甚至成为所在地区的"黄牌"专业,表面上蓬勃发展的新闻传播教育其实蕴含着生存和发展的双重危机。[②]

一、中国新闻传播教育的改革探索

2012年微信进入商用,2017年短视频开始发力,传统媒体不再独占鳌头,网络媒体和社交媒体的影响逐步增强,其市场份额也不断增加。由此,形成了数字化、全球化和融媒化的市场环境,对传统媒体的影响不断深入,一些传统媒体开始转型再造,整个传媒市场对新闻传播人才的需求也发生了比较大的变化。因应这种变化,我国新闻传播教育开展了一系列的改革探索,概括起来有以下五个方面:一是人才培养目标和人才培养模式的改革;[③]二是培养方案和课程体系的改革;[④]三是教学内容和教学方法的

---

① 截至2020年,新闻传播学类下设新闻学、广播电视学、广告学、传播学、编辑出版学、网络与新媒体、数字出版、时尚传播、国际新闻与传播、会展10个本科专业,其中后三个是2017年以后新增设的专业。

② 余秀才.新媒体语境下新闻传播教育面临的困境与革新[J].新闻大学,2015(4):133-139.

③ 张志安.从新闻传播到公共传播:关于新闻传播教育范式转型的思考[J].暨南学报(哲学社会科学版),2016(3):81.

④ 田秋生.通识教育打造媒体精英:复旦、清华新闻学专业本科人才培养方案考察[J].西南民族大学学报(人文社会科学版),2010(1):134-137.

改革；[①]四是专业技能培养和实践教学的改革；[②]五是师资队伍和教学资源的建设。[③]

具体到中国的新闻传播院系，由于办学历史和办学资源不同，形成了发展水平和社会影响不同的几个梯队。第一批的 6 个一级博士授予单位处于第一梯队，[④]其教学改革在业内起到风向标的作用；后续批次的一、二级博士授予单位和教育部新闻传播教学指导委员会委员所在单位为第二梯队，它们可以根据自身特色，选择不同的教学模式，在所在地区起一定的引领作用；其他教学单位为第三梯队，它们主要针对自身的教学资源，进行特色化建设和跟随式改革。纵观中国十余年的新闻传播教育，其改革探索主要有以下四种模式。

第一，融合新闻人才培养模式。该模式以中国人民大学（简称人大）为代表。早在 2011 年前后，人大新闻学院就启动了融合新闻人才培养模式改革，进行“渗透融合式”课程改革，[⑤]即采取 4 学期制和 5 学期制的轮流课程教学，将媒介融合的理念和技术渗透于相关课程中。自 2017 年起，人大新闻学院对课程进行了深度整合，一方面压缩按照媒介类型划分的业务课程，另一方面根据市场需求增加了一些媒介融合方面的新课程。为保障培养出高水平的媒介融合人才，人大新闻学院还从体制和机制方面做了配套改革。首先，尝试实行双专业培养，新生进校可以选择前两年学习法律、国际关系等专业基础课程，大三开始学习新闻专业课程。[⑥] 其次，学生不再按照本科专业分班教学，而是真正按照学分制管理，实行“无节点”分流管理。最后，为了提升教学质量，教学采用“三三制”[⑦]，通过内部竞争提升教学水平。人大新闻学院经过几年的探索，目前已经形成了一套切实可行的高端融合新闻人才培养模式。

第二，复合型新闻人才培养模式。复旦大学是践行这一模式的典型。如果说人大新闻学院是我国新闻教育方面北方的翘楚，那么地处上海的复旦大学新闻学院则是我国新闻教育的南方重镇。复旦大学新闻学院在 2012 年左右开始改革，与人大新闻学院不同，复旦大学新闻学院主要采用“增量拓展式”课程改革模式，即在原有培养方案

---

① 崔瑜.混合式教学法在高校教学改革中的应用：以“新闻采访与写作”课程教学为例[J].兰州教育学院学报，2017(3)：117-119，122.

② 张小琴，陈昌凤.后喻时代的新闻教育：清华大学新闻与传播学院的“清新传媒”实践教学模式[J].国际新闻界，2014(4)：16-17.

③ 郑亚楠.移动互联时代新闻传播师资队伍重构刍议[J].新闻传播，2015(11)：134-137.

④ 6 家单位分别是中国人民大学、复旦大学、中国传媒大学、武汉大学、华中科技大学和清华大学。

⑤ 罗自文.新闻教育改革的目标与路径[N].中国社会科学报，2015-11-05(3).

⑥ 蔡雯.新闻传播教育的十年探索：对中国人民大学新闻学院本科教育改革的总结与思考[J].国际新闻界，2014(4)：135-143.

⑦ 所谓“三三制”，是指一位教师需要讲三门课，一门课需要三位老师同时讲授，以提升专业选修课的丰度，同时形成一定的竞争，有效提升课程教学的质量。

的基础上,增加了几门融合报道的课程,如"融合采编技术""融合报道"等。这是一种相对方便操作的方式,也为第二梯队的高校广为借鉴。在经过短暂的准备之后,复旦大学新闻学院率先在全国实行双专业培养机制,要求新生报志愿时同时选择第二专业,前两年直接在对应的专业院系培养,大三、大四才回到新闻学院。① 这在很大程度上夯实了学生的专业基础,为今后从事专业报道铺平了道路。

第三,新文科人才培养模式。作为我国第一所致力于培养广播电视和传媒人才的高等学府,中国传媒大学是践行新文科培养模式的先行者。新文科人才培养模式的核心是技术赋能,强调人才规格的综合性、跨学科和融通性。2009 年,电视学院尝试开展"五条线"教学体系的建设,在夯实学生人文基础和专业技能的同时,拓展了学生的国际视野;②2015 年开设"实践中的马克思主义新闻观"课程,主持编写《实践中的马克思主义新闻观——新闻报道经典案例评析》案例教材,不仅培养了学生的综合能力,而且成功地践行了新闻传播专业的课程思政。③ 编辑出版学专业开发基于 HTML5 技术、云技术的电子书刊在线阅读平台,方便学生在线阅读专业书籍章节,赏析经典视频片段,并由此衍生出了很多服务社会的跨学科传播产品。④ 2020 年,由中宣部、教育部联合推出的《中国新闻传播大讲堂——来自武汉抗疫一线的报道》云端大课,将进一步探索将一线实践理论化、业界案例教学化、项目运行课程化;2019 年、2021 年中国传媒大学先后组织学生推出《北京文化地图》《二十四节气》《四史》等系列短视频和融媒体作品,培养了学生的技能。⑤ 中国传媒大学目前正充分发挥自己的理念、技术和资源优势,起到了很好的示范和辐射效果。

第四,卓越人才培养模式。清华大学是这一模式的先行者。清华大学新闻与传播学院虽然整体建院较晚,但是依托清华大学的高起点,近年来一直走国际新闻传播精英人才培养的道路,在国内新闻传播教育领域也是一面旗帜。2014 年,清华大学与人民日报社合作,共建本科课程、骨干队伍、媒体融合发展研究中心、实习基地和新闻传

① 黄瑚.媒介融合趋势下复合型新闻传播人才的培养[J].国际新闻界,2014(4):144-149.

② 高晓虹,赵希婧.新时期新闻传播教育的理念与方法创新:以中国传媒大学新闻传播教育为例[J].新闻与写作,2016(1):25-27.

③ 孙振虎,赵甜.新闻传播学新文科课程体系建设路径探析:以中国传媒大学电视学院为例[J].现代出版,2021(4):23-27.

④ 孙振虎,赵甜.新闻传播学新文科课程体系建设路径探析:以中国传媒大学电视学院为例[J].现代出版,2021(4):23-27.

⑤ 孙振虎,赵甜.新闻传播学新文科课程体系建设路径探析:以中国传媒大学电视学院为例[J].现代出版,2021(4):23-27.

播理论与实践研究合作机制，培养高端新闻传播人才。[①] 2020 年 5 月 15 日，一则清华大学将取消新闻本科专业教学的资讯爆红网络，[②]引起新闻传播全领域的广泛讨论。对此，有专家分析，清华大学新闻与传播学院在国内率先取消本科专业教育，其目的在于借鉴美国哥伦比亚大学和美国加州大学伯克利分校的新闻教育模式，通过研究生教育培养卓越新闻传播人才。尽管清华大学和新闻与传播学院两级机构对取消本科做了一些说明，但是尚不清楚清华大学新闻与传播学院具体的改革策略和办学路径。可以明确的是，清华大学主要是想借鉴上述美国两所大学新闻学研究生院的办学模式，一方面通过硕士教育培养高水平的新闻传播人才；另一方面试图通过书院教学模式，以通识教育的方式提升全校学生的媒介素养特别是新闻素养。

综上，面对传播技术对传媒行业的冲击，为了适应传媒行业变化，新闻传播教育行业或多或少地进行了改革探索。无论是以“不变应万变”的“坚守型”，彻底抛弃传统新闻人才培养模式全力拥抱新技术的“变革型”，还是基于现有教学资源进行局部改革调整的“改良型”，都是新闻传播院系对环境变化的一种回应。美国新闻传播教育改革有两种主流模式：一是以哥伦比亚大学新闻学院为代表的“拥抱新技术派”，在课程、师资和平台建设上强调新技术的学习和应用，致力于学生前沿实务能力的培养；二是以西北大学新闻传播学院为代表的“重返人文主义派”，在课程体系中增添更多人文基础训练的内容。[③] 因中国传统文化和现实教育环境的变化，无论是中国人民大学、复旦大学，还是清华大学和中国传媒大学，中国新闻传播院系大都采用一种中间模式。中间模式的好处是平稳，缺点是进展缓慢。据报道，目前个别新闻传播学类本科专业成为当地的“黄牌”专业，即使中国人民大学和上海复旦大学的新闻学院有很高的就业率，但是真正专业“对口”的就业仍然不多。那么，未来中国新闻传播教育改革的道路到底该通向何方？

二、中国新闻传播教育的内在危机与外部原因

寻找中国新闻传播教育的改革路径，不能只考虑学生就业，也不能仅仅停留在学

① 蔡雯. 新闻传播教育改革热点观察：基于近五年新闻教育改革研究成果的综合检索[J].当代传播，2016(3)：23-26.

② 杨杰.重磅！清华大学新闻与传播学院取消本科！[EB/OL].(2020-05-15)[2022-03-18].http://news.sina.com.cn/c/2020-05-15/doc-iircuyvi3203170.shtml.

③ 陈骊骊，湛超越.本科人才培养模式创新的框架与路径：新闻学院执行院长胡百精谈新闻传播本科人才培养[N].中国人民大学，2017-11-20(4).

校内部资源的整合上,还需要系统分析中国新闻传播教育整体所遭遇的内在危机和所处的外部环境,只有综合“把脉”,才能开出对症、有效的“良方”。

(一)新闻教育面临双重危机,亟须双重改革

当下社交媒体时代,人们越来越借助于网络平台和社交媒体获取信息。因此有专家预测,未来“机器生成内容(CGC)”很快将与“专业新闻记者生成内容(PGC)”以及“用户生成内容(UGC)”一起三分天下。人工智能的确可以替代人做很多事情,比如撰写程式化的新闻,收集信息和与受众互动等,一些传媒公司因此减少雇员的数量。这种现象引起专业人士的担忧,甚至导致新闻业界和新闻教育界的恐慌。但是,人们更应该反思的是,人工智能或者机器人如何能替代专业记者?大家知道,机器人的优点是运算速度快,永不疲劳;它的缺点是没有创造力,只是长于生成事实,报道描述性新闻,对于新闻事实的解释分析和归纳预测往往无能为力。只有当新闻日益公式化,不需要创造力就可以大量制作的时候,机器人新闻替代专业记者制作的新闻才能成为可能。但真正的问题在于,新闻最初是如何变得公式化的?如果新闻业平庸到机器人新闻大行其道的地步,那么专业记者做新闻的方式就有问题。

综上,机器人将在一定程度上取代专业记者。尽管随着人工智能技术的发展,越来越多的机器人将参与新闻信息收集、读者互动和简单的新闻资讯撰写工作,但深度报道和调查性报道依然需要专业记者来执行。具体来说,新闻人在寻找新闻线索、采访方面有不可替代性,新闻人应该注重新闻写作基本功的训练,坚持新闻真实性原则,强化社会责任意识。机器人可以为新闻人所用,但新闻的最终完成还得靠新闻人。

(二)受众变迁和社交媒体的崛起是专业新闻衰落的两大外部因素

后大众传播时代,报纸、广播、电视和互联网的融合,不是简单的“互联网+媒体”,而是在原有基础上的转型升级;不是简单的内容和渠道的融合,而是运营和理念的融合。传统新闻媒体的式微不仅与自身运营和理念问题有关,还与受众的两极化迁移和互联网平台的垄断有关。

1.传播技术使受众机制发生两极迁移

从传播的环节和过程来看,受众既是信息的被动接收者,又是传播效果的主动反馈者。受众的这一双重角色,在整个传播过程中起着非常重要的作用,不仅决定传播过程的实现,还在很大程度上决定传播的效果。网络技术和人工智能使得受众或者用

户向两个极端变迁：一方面，定制和算法使得用户获取信息更加方便，更加省心；另一方面，随着技术普及和媒介素养的提升，人们越来越不再依赖专业媒体，有时用户自己就是媒体。

后大众传播时代，受众的新闻“口味”被惯坏了。传播技术的发展使得媒体数量空前增加，然而人的注意力是相对有限的，这就造成了传者和受者的两极化发展。对于传者而言，无论是传统媒体，还是网络媒体、社交媒体，为了赢得受众的青睐，都使出了浑身解数。特别是一些网络媒体和社交媒体，借鉴了一些“黄色新闻”[①]制作的理念和技巧，不断增加所谓“耸人听闻”的“新闻”，不断增加“戏剧化”“娱乐化”的元素，尽管这些所谓的“新闻”在很多方面已经溢出了真实新闻的边界，但它们获得了受众的青睐。从这个意义上说，受众一方的“口味”是越来越重了。因此，一些有识之士预言，如果新闻业不经过彻底改革，受众的新闻“口味” 最终会越来越偏离健康的轨道，直至“娱乐而死”。

后大众传播时代的受众或者用户又是积极主动的，主要体现在两个方面：一是新闻信息的选择性接收，二是新闻信息的主动传播。对于新闻信息的选择性接收，新闻受众特别是网络用户会根据自己的喜好，借助人工智能和机器算法，建立自身的信息平台或传播管道，这虽然有利于用户接收自己需要的信息，但是长此以往也会形成“信息茧房”[②]，妨碍用户全面、多角度了解新闻。如果这个用户是个重“口味”信息消费者，某种意义上他会远离严肃的新闻媒体。同样，对于信息传播而言，由于技术的发展，制作和传播新闻的门槛降低，人人都可以成为媒体，人人都可以传播新闻。社交媒体的流行让人们乐于接收社交媒体传播的信息，而较少借助传统媒体了解外部世界，因而对专业媒体的依赖逐渐减少了。这就是说，智媒时代赋予人们广泛的“数字权利”，但是如果具有“数字权利”的受众没有“新闻素养”，就会因为不辨“真理”而远离专业新闻，从而导致新闻业衰落。

2.信息技术使互联网平台日益成为信息寡头

在技术和资本的双重加持下，一些新兴网络媒体相继“进军”传统的信息和娱乐产业，形成了几个超级媒体集团，诸如美国的谷歌和脸谱网、中国的腾讯和字节跳动等。

---

① 黄色新闻源于 19 世纪末美国纽约两大黄色报纸——《世界报》和《纽约新闻报》，是指运用极度夸张甚至捏造情节的手法来渲染新闻事件，尤其是关于色情、暴力、犯罪方面的事件，使其达到耸人听闻的地步，由此扩大报纸销量的新闻报道形式。

② 所谓信息茧房，是指人们在信息领域会习惯性地被自己的兴趣所引导，从而将自己的生活桎梏于像蚕茧一般的“茧房”中的一种现象。

这些新兴的信息巨头垄断了信息和娱乐消费,使得资金更多地流向这些信息巨头,而不是流向信息内容的生产者。这一方面在很大程度上削弱了专业新闻的传播力、影响力,乃至生命力;另一方面也提高和增强了信息巨头们在新闻传播方面的占比和盈利能力,经过反复强化,信息垄断形成,并最终形成信息寡头,这导致新闻信息传播的不公平竞争。

信息巨头形成垄断也非常不利于新闻教育的发展。首先,信息垄断让很多传统媒体和新兴媒体运营难以为继,纷纷停业倒闭,这在很大程度上削弱了整个新闻产业的基础乃至前行的动力。无论从吸纳从业者角度,还是从产业声誉的角度,新闻产业的衰落无疑将对新闻教育产生负面影响。其次,信息寡头主要的运营逻辑在于盈利,承担的社会责任相比传统媒体要少得多,这使得信息寡头用于反哺新闻教育的资金和资源也少得多。因此,从某种意义上说,信息寡头越强大,专业新闻产业就会越弱小,新闻教育也将越萎缩。

3.新闻教育中间状态的萎缩和消亡

艺术源于生活又高于生活。艺术的创造往往必须脱离日常和平庸,与极致和卓越建立联系。极致是日常生活的极端,处于日常生活的两端;相对应的平庸是日常生活的中间状态。① 极致是对中间状态的一种消解,卓越是对平庸状态的超越。正是这种消解和超越,才能给人以强烈的震撼,生活才升华为艺术。

在后大众传播时代,由于信息的极度丰富和媒体的蓬勃发展,人人都有麦克风,人人都是记者。社会不再缺乏一般意义上的新闻资讯,也不缺乏一般意义上的新闻记者。如果新闻教育继续培养一般的新闻记者,那么这些毕业生注定难以找到专业“对口”的工作,长此以往,平庸的新闻教育必将不断萎缩并最终消亡。

与艺术一样,今天新闻人才同样需要走向极致和卓越之路。如果新闻教育培养的专业记者与普通的市民记者没有区别,那么就是新闻教育的失败。后大众传播时代也是一个泛新闻传播时代,报道独特而有深度的新闻将是专业记者的优势所在,又是专业记者赖以生存的本钱。未来新闻教育致力于培养卓越的新闻记者,这是对目前一般新闻人才培养模式的消解和超越。

三、中国新闻传播教育的未来走向

新闻教育是众多专业教育中的一个单元,很难不受整个社会环境的影响,特别是

---

① 赵劲松,杨昌鸣.极简与极繁:在对中间状态的消解中获得意义[J].建筑师,2005(6):40-43.

受传播技术的影响，甚至盲目追随传播技术。新闻传播教育要摆脱盲目追随的局面，一方面要告别平庸，走向卓越；另一方向要面向社会实施新闻素养教育。如果把新闻教育看成一个坐标轴的话，一端是面向新闻传播专业的精英新闻教育，另一端是面向所有学生的通识教育——新闻素养教育，中间是介于专业和通识之间的传统大众化新闻教育。未来中国的新闻传播教育就是要逐步压缩中间的传统大众化新闻教育，着力发展两端的专业精英新闻教育和大众新闻素养教育。

(一)精英人才教育

培养高端新闻传播人才，走精英化发展道路，是我国新闻传播教育第一梯队和部分资源禀赋比较好的第二梯队的新闻院校未来可以选择的发展道路。高端新闻传播人才，不仅可以在未来的岗位中独当一面，整合产品生产和经营管理两个维度，而且能够与一般的市民记者建立能力区隔，从而在未来的人才竞争中处于优势地位。

1.高端人才定位是精英人才教育的出发点和归宿

就目前的新闻改革而言，要培养新闻传播领域的精英人才，根据生产信息和数据的类型可以有两个维度。如果信息和数据偏向新闻，那么就是培养卓越新闻传播人才；如果信息和数据偏向一般资讯，那就是要培养首席信息官。①

两者的相同点在于都是培养复合型高端人才，培养出的人才都应该包含下列三大核心素质。首先，具有深厚的人文社科基础，有突出的双专业能力，除新闻传播专业之外，还辅修了一个其他专业。其次，具有融合媒体技能，能够胜任多媒体、全流程、全环节的新闻信息生产和传播的工作，进入公司以后，能够一专多能，发挥多面手的特长。最后，具有市场营销和经营管理的能力，具有产品思维，能够针对特定项目，搞好运营，获得足够的社会效益和经济效益。

两者的不同点是，前者偏向于培养社会责任，后者偏向于培养技术能力。对于卓越新闻人而言，更多的是要发挥媒体引领社会的作用和功能。因此培养卓越新闻人才，最为重要的是培养学生崇高的职业理想，使他们拥有高度的社会责任感，能够将传播正能量、引领社会责任作为一切工作的出发点。当下，我国一些媒体特别是市场化媒体，不时以新闻监督的名义，实行敲诈勒索的事实，这一方面固然是媒体运营艰辛所致，另一方面也与新闻传播院系弱化了职业理想教育有关。当下，很多新闻院系过于重视专业技能的培养，一方面压缩人文课程的比重，另一方面没有开设伦理类课程，结

① 罗自文.首席信息官：后大众传播时代新闻传播人才培养的目标转型[J].新闻与写作，2017(9)：25-29.

果由于伦理约束和人文底色的缺乏，学生被培养成了技术工，由此屡屡出现商业利益至上的事件。

对于培养首席信息官（Chief Information Officer，简称CIO）而言，由于他们肩负所在单位的信息环境建设任务，对所在单位的信息循环起至关重要的把关和协调作用，因此需要有与之相关的技术能力和管理能力。对于技术能力教授而言，应在一般传播技术基础上，开设网络架构和数据结构方面的课程，使之能够对一个单位或者组织的内部数据、网络建设有整体的把握，这其实与计算机科学方面的教学单位合作就可以实现。至于管理能力，可以与公共管理或者商业管理的教学单位合作，让学生辅修一个类似于MBA的专业，进而形成相关的必要能力。

2.复合的课程体系是精英人才教育的难点

培养精英新闻人才和首席信息官，必须改革现有的课程体系，走双专业、主辅修专业之路，在扩充课程容量的基础上，进一步理顺课程之间的逻辑关系，提升教学效率。对于精英新闻人才培养，必须走双专业之路，在这方面无论是复旦大学还是中国人民大学的新闻学院都做了比较好的示范，本文不再赘述；关于辅修专业，主要看所在培养单位是否具有类似的教学资源，这不是新闻专业教学单位所能完全把控的。

对于新闻传播教学单位而言，真正的调整在于压缩专业课程体系，实现融合媒体人才的培养。这里主要针对新闻采写类课程，对融合教学谈一些改革思路。国内对于这个基本能力的培养非常重视，这在教学逻辑上没有错。问题在于过度重视，很多学校开设多门相关课程，造成重叠交叉，教学效率低下。这里以某大学的培养方案为例，该大学先后开设了“新闻采访”“新闻写作”“电视采访”“广播电视新闻写作”“新媒体写作”等五门课程，更有甚者，在此基础上，还加开了“高级新闻采写”“社交媒体写作”等课程，导致核心业务课程包不断膨胀，课程之间的交叉重合在所难免；更为不当的是还分平台教学，不可避免地导致学生的能力断裂，难以整合。出路可以参考美国新闻院系的做法，采用“1拖N”方法，将新闻采写整合在一门课程中，理论课程讲解基本原理和方法，实践课程分成报纸、广电、网络、社交等几个不同的板块，最后设置一个融合采写的模块，这样能够有效地将这些教学内容整合在一起，防止不同课程内容之间交叉重叠，最后还能通过整合传播的理念进行媒体融合采写训练，夯实学生的融合采写和报道能力。

（二）新闻素养教育

随着信息服务产业在国民经济中的比重不断增加，越来越多的人将进入信息服务行业，这意味着信息素养的重要性日益凸显。在美国，随着传统媒体产业的变迁，泛媒体传播的日益拓展，无论从事何种实体行业和服务业，新闻素养都是一个不可或缺的能力。为应对这一变化，美国新闻传播教育压缩了传统的一般新闻人才培养项目，相应地增加了面对其他专业和社会人士的新闻素养教育项目。从学科属性来看，新闻素养教育呈现出一种从专业教育到通识教育的回归。

1.通识人才的定位是新闻素养教育的核心

所谓新闻素养，其核心在于运用批判性思维，对新闻信息真实性进行判断的能力。新闻素养教育是媒介素养教育的一部分，着重在于培养以新闻信息使用者的角色，分析判断新闻信息真伪的能力，这也是信息社会每一个社会人的基本素养之一。对于我国新闻教育而言，应该将新闻素养教育视为通识教育的一大模块，作为大学生的继外语、计算机之后的第三大基本能力。新闻素养教育重点不在于培养专业记者和编辑，而致力于培养大学生对新闻信息真实性的判断能力和对新闻资讯的基本应用和传播能力。基于这样的人才定位，新闻素养教育虽然由新闻传播教育机构执行，但是受教育的对象应为新闻专业之外的其他专业学生。至于具体教学方式，可以针对大一、大二开设相应的通识课程，也可以针对大三、大四设置辅修专业，甚至在暑期开设学分项目也未尝不可。

2.模块化的课程体系是新闻素养教育的关键

课程体系是为人才培养目标服务的，既然新闻素养教育致力于培养具有判断新闻信息真伪能力的非新闻专业人才，那么这个课程体系就应该是相对粗线条的，虽具有一定的覆盖面，但是整体深度一般。借鉴美国新闻素养教育课程体系设置，我国的新闻素养课程体系可以采用“基础”+“拓展”的双模块方式。其中基础模块主要包括“新闻读解”“新闻伦理”；拓展模块主要包括“新闻采写”“多媒体概论”“媒体制作”等。需要说明的是，基础模块是必修课程，拓展模块的课程可以是选修课程，也可以是针对各自培养单位的特色教学资源和项目人才素质需要，选择设置的其他课程。

针对目前我国新闻素养教育环境，可以先行开设辅修专业或者通识模块课程。其中通识模块课程主要在通识课程模块内开设，为便于操作，可以利用“先修课”[①]逻辑进行绑定，对修完全部课程的学生颁发“通识课模块”结业证书，由新闻教育机构或者机构下设的新闻素养教学研究机构执行；对于辅修专业，则需要学校统一协调、规划，

① 先修课是指在学习一门高阶课程前，应该掌握的低阶课程。例如，“统计学”是“量化研究方法”的先修课。

其操作难度更大一些；对完成全部辅修课程并结业的学生，可由学校教学管理机构颁发辅修专业证书。

四、结语

在后大众传播时代，传统媒体的式微与新闻教育的艰难是不争的事实，但是包括学界和业界的大多数专家既不认同报纸的消亡，也不同意新闻教育的终结。[①] 无论社会如何发展，人们都需要新闻，新闻教育也就不会消亡。在当下的环境中，一般的新闻人才已经高度饱和，甚至开始过剩，如果继续培养一般的记者、编辑，他们难以在未来的新闻业找到合适岗位。相反，在信息泛滥的后大众传播时代，具有辨识真相能力，能够制作有深度的调查性报道，有强烈社会责任感的高端新闻人才，仍然是社会的明灯、行业的明星。新闻教育培养卓越人才，超越平庸，走向极致，是改革发展的一个方向，一个端点。

新闻教育改革发展的另一个端点、另一个方向是面向社会实施新闻素养教育。当下网络假新闻泛滥，传统媒体的影响力下降，新闻教育有责任、有义务向社会大众实施新闻素养教育。其核心在于培养一种辨识信息真伪，追求真相和真理的能力。当下，美国新闻院系已经从两个方面落实新闻素养教育。一方面就是像加州伯克利分校一样开展暑期项目，让其他专业的学生通过系统选修几门核心课程获得一个辅修学位。另一方面是像纽约大学石溪分校那样，让其他专业的学生通过兼修新闻学专业，获得第二个学士学位。美国新闻学的核心课程普遍包括新闻采写、公共演讲、传媒和社会、媒体制作和公共关系等内容，这些对于学生提升沟通能力、信息处理能力和构建公共关系能力等非常有帮助，因此广受欢迎。加州大学伯克利分校的辅修专业并不培养专业记者，而是致力于培养非新闻专业学生基于信息传播、沟通能力的新闻素养。无论是沟通能力，还是新闻素养，都是学生成为公民所需要的能力和素养。

除了教育规律之外，决定未来新闻教育走向的重要因素是市场。一方面，新闻受众的注意力和需要决定新闻传播行业生产的内容、社会效益和经济效益，进而影响学生就读新闻传播类专业的信心和决心；另一方面，对新闻传播行业而言，媒体的盈利能力和社会责任决定其生存和发展的状况，对于新闻教育机构，则主要看其教学规模、教

---

① 罗自文，张金龙，杨颖，等.智媒时代传播技术的冲击与美国新闻教育的走向：专访美国加州大学大学伯克利分校新闻研究生院院长瓦瑟曼教授[J].新闻大学，2021(3)：110-116，121.

学质量和资源、经费的筹措能力。当下，传媒市场是一个扭曲的市场，由于平台媒体的垄断，很多市场化的小型媒体、传统媒体盈利艰难，停业关闭的速度在加快。对此，中国的传媒与教育市场需要政府加以引导，社会需要先进文化的引领以提升受众的信息消费品位，媒体和高校也需要更多地关注社会责任。

〔罗自文，中国社会科学院大学新闻传播学院教授、博士生导师，主要研究视听传播和新闻教育；马潮技，北京凝爱教育科技有限公司高级工程师，主要研究信息资源管理〕

〔特约编辑：涂凌波〕

新闻传播实践教学中的课程思政与跨平台协同育人创新:以"重走中国西北角"为例*

Curriculum Ideological and Political Education and Cross-platform Collaborative Education Innovation in Practical Teaching of Journalism and Communication: Taking "Revisiting the Northwest Corner of China" As An Example

◎ 王君玲

Wang Junling

摘要:本文对"重走中国西北角"实践教学活动进行个案剖析,分析新形势下国家和社会对新闻传播人才培养的需求,阐述在"四新"建设为重点的高等教育发展趋势下,新闻传播实践教学中的课程思政、跨平台协同育人以及实践教学在"新文科""新工科"建设中的可供性问题。本文认为,该活动通过"课程思政"的路径创新性地实现了接地气的马克思主义新闻观教育,培养了新闻学子的家国情怀和历史担当;通过跨平台协同育人,不仅拓展了实践教学空间,改革了教学方法,还实现了师资团队的优化和可持续发展。本文还对现有实践教学活动中的不足和局限进行了反思和讨论。

关键词:新闻传播实践教学;课程思政;跨平台协同育人;"重走中国西北角"

Abstract: Based on the case analysis of the practical teaching activity of "Revisiting in the Northwest Corner of China", this paper analyzes the needs of the country and society to the talents of journalism and communication. It also expounds the curriculum ideological and political education, cross-platform collaborative education, and the availability of practical teaching in the construction of "New Liberal Arts" and "New Engineering". This paper holds

* 本文是教育部人文社会科学研究项目"当代中国反智主义的媒介镜像、话语演进及传播干预研究"(批准号:21XJA860003)和兰州大学教育教学改革重点项目"新工科专业课程体系优化研究——以兰州大学数字媒体技术专业为例"(批准号:202112)的阶段性研究成果。

that, through the path innovation of "curriculum ideological and political education", this activity has realized the grounded education of Marxist Journalism view, and cultivated the sense of patriotism and historical responsibility of journalism students. Through innovative cross platform collaborative education, it not only expands the practical teaching fields and reforms the teaching methods, but also realizes the optimization of teachers' team and the innovation of sustainable development. This paper also reflects and discusses the shortcomings and limitations of the existing practical teaching activities.

Keywords: practical teaching of journalism and communication, curriculum ideological and political education, cross-platform collaborative education, "Revisiting in the Northwest Corner of China"

一、引言

2022年2月,教育部思想政治工作司公布了2022年高校思想政治工作有关培育建设项目入选名单,兰州大学新闻与传播学院申报的"新闻学子'重走中国西北角'接力采访"入选高校思想政治工作精品项目。这是该项坚持了12年的品牌实践教学活动获得的又一个国家级奖项。

这样的新闻传播实践教学回应了怎样的时代需求?当下的实践教学需要解决什么问题?"重走中国西北角"活动做了什么?其意义和效果如何?面对"四新"建设和新闻传播教育转型,又有哪些问题和不足值得反思?本文拟对"重走中国西北角"实践教学活动进行个案剖析,分析新形势下国家和社会对新闻传播人才培养的需求,阐述在"四新"建设为重点的高等教育发展趋势下,新闻传播实践教学中的课程思政、跨平台协同育人,以及实践教学在"新文科""新工科"建设中的可供性问题。

二、"重走中国西北角"实践教学活动概况

自2010年兰州大学新闻与传播学院开展"重走中国西北角"新闻学子接力采访实践教学活动(下文简称"重走中国西北角")以来,这项实践教学活动已经坚持了12年。该活动通常在暑假期间举行,在带队老师的带领下,学生们利用暑假,分5—8条线路,

开展为期 7—10 天的行走。师生们深入基层,深入群众,深入生活,像真正的新闻工作者一样行走,观察,采访,报道,制作,传播和思考。行走地域覆盖内蒙古、陕西、宁夏、甘肃、青海和四川六省区。十余年来,先后有来自 13 所高校[①]的共约 1,400 名同学参加了"重走中国西北角"实践教学活动,有 1,300 余件实践教学作品先后在人民网、新华网、香港《大公报》、中国甘肃网等权威或高水平媒体平台发表,由新华出版社和兰州大学出版社出版的优秀作品集 6 本。参加过该实践教学活动的部分学生现在已经成长为新闻单位骨干,甚至获得了中国新闻奖等嘉奖。

2013 年,由中宣部、中央外宣办、国家新闻出版广电总局和中国记协共同主办的《三项学习教育通讯》杂志(2013.7)开辟专栏报道了"重走中国西北角"实践教学活动,并以编者按的形式给予该活动以极高的评价:"步先贤之足迹,察生民之悲欢,成学子之担当,书时代之华章。"从当年开始,中国记协以该项实践教学活动为典范,向全国新闻院校推广。2018 年,"重走中国西北角"活动入选"五个一百"中的"百项网络正能量专题活动"。2020 年,该活动又入选"2020 年度'新闻学与传播学教学改革创新项目'"。该项实践教学活动进入品牌化、精品化发展阶段。

三、为什么——新环境与新形势对新闻传播教育提出的要求与挑战

近年来,媒体转型、技术迭代、高等教育改革以及新闻传播学科的发展都对新闻传播教育提出了新的挑战。

社会环境和媒介环境的变化要求新闻传播教育与社会实践保持密切接触和同频共振。不断迭代升级的网络技术改变了媒体形态,也营造了新的社会环境和舆论环境。信息流动和传播格局的变化驱动着传统媒体快速迈向数字化和融合化。这些都对新闻传播教育的理论理念、教学内容和教学模式提出了新的挑战。然而,现代高校培养方案的修订与课程设置的调整都有一定的周期性和稳定性,难以与技术的更新和媒介的嬗变同步,这就要求高校通过"第二课堂""第三课堂"与业界前沿实现对接。

基于上述社会环境变化以及国际国内形势的变化,做好课程思政工作成为当下我国高等教育的重中之重。我国高等院校是思想教育和巩固意识形态的重要场域,也是培养社会主义建设者和接班人的主要场所。[②] 新闻媒体是党和国家宣传思想工作的

---

① 参加过该活动的师生有的来自兰州大学,有的来自北京大学、复旦大学、南京大学、武汉大学、华中科技大学、重庆大学、四川大学、天津师范大学、扬州大学、内江师范学院、深圳大学、无锡学院等院校。

② 闻羽,陈思敏,付思涵.媒介融合背景下高校传媒教育的实践教学策略[J].传媒观察,2022(1):92.

重要阵地，是社会主义意识形态的重要载体。① 因此，要培养作为“准新闻人”的新闻传播专业学生，课程思政必须贯穿教育教学全过程。然而，多年来，学生的思想政治教育存在说教味浓、影响力小、传播效果差等问题，如何提升思想政治教育工作的实效是困扰高校教育管理者的难题。②

在师资队伍方面，由于用人体制的限制，我国新闻院校教师多为受过良好学术训练的高学历人才，许多新闻专业的老师媒体经验较少，不少人甚至没有媒体实践经验却承担着实务课程的教授任务，这样的师资队伍显然无法满足新闻教育的需求。③

从学科特性来看，新闻传播学是一门应用性很强的学科，来自实践，也必须面向实践，回应实践，对接实践，不能脱离传媒业务实践培养人才。实践的观点、生活的观点是马克思主义认识论的基本观点，实践性是马克思主义理论区别于其他理论的显著特征。④ 相关研究发现，国内各大新闻院校的实习实践通常包括四种类型：实理并重的实践、拟态媒体环境下的实践、院校与媒体互动、学生自主实习的方式等。⑤ 但是，上述类型在实际的新闻传播人才培养过程中由于受学校体制、课程设置、师资力量、硬件设备等各种因素影响，效果并不理想。⑥ 尤其是一些实践教学囿于校内课堂模拟实践而脱节于日新月异的外界媒介环境。

四、要解决什么——当下新闻传播实践教学亟待改革或创新的领域

（一）强化思政教育与专业教育的深度融合，让马克思主义新闻观、国情教育、爱国主义教育入脑、走心，从而解决思政教育“表面化，硬融入，两张皮”⑦等问题

习近平总书记指出，新闻舆论工作是党的一项极端重要的工作。新闻院校是意识形态教育的重要阵地，肩负着为党和国家培养具有家国情怀的高素质新闻人才的历史重任。因此，要深入开展马克思主义新闻观教育，引导新闻舆论工作者做党的政策主张的传播者、时代风云的记录者、社会进步的推动者、公平正义的守望者。这也是对当

① 高晓虹，赵希婧.新时代新闻舆论工作的价值坚守与路径创新[J].中国编辑，2017(12)：12-17.

② 冷爽.实践知识哺育理论知识：“好记者讲好故事”之于新闻传播人才培养的启示[J].现代传播（中国传媒大学学报），2019(3)：166.

③ 高晓瑜.新媒体背景下的新闻实践教学：美国林登州立大学的路径与经验[J].中国大学教学，2015(9)：89.

④ 董振华.实践性是马克思主义的显著特征[EB/OL].(2018-05-22)[2022-03-10].https://news.gmw.cn/2018-05/22/content_28904870.htm.

⑤ 叶晓华.新闻学专业本科生实习的现状与对策[J].武汉大学学报（哲学社会科学版），2009(11)：888.

⑥ 高晓瑜.新媒体背景下的新闻实践教学——美国林登州立大学的路径与经验[J].中国大学教学，2015(9)：88.

⑦ 参考资料：教育部高教司司长吴岩在“2022 年全国高教处长会议（重庆）”上的讲话内容。

下“准新闻人”——新闻学子基本的素养要求。

从专业教学的历史案例和现实经验可以看出，社会实践是思政融进专业学习的最佳路径。唯有通过实地接触和感受、实际参与和操作，学生才能深刻理解课堂中学到的思政理论。但是，“在哪里实践，实践什么，面向谁来实践”是亟待解决的思政教育中的核心问题，也是决定思政教育效果的关键要素。

《高等学校课程思政建设指导纲要》提出，要将“读万卷书”与“行万里路”相结合，扎根中国大地了解国情民情，在实践中增长智慧才干，在艰苦奋斗中锤炼意志品质。① 校内课堂的思政教育是基础，而真正要让思政教育入脑、走心，则需改革实践教学，在实践教学中培养学生的家国情怀，对学生进行国情教育。国情落到基层就是社情和民情，所以对学生进行国情教育的最好途径就是让学生深入社区，扎根基层，贴近人民，“蹲在田埂上找感觉”②。新时期，新闻传播教育的内容和方式“必须根植于中国土壤，面向中国实践，解决中国问题”③。

（二）对接新形势对新闻传播人才的需求，响应新闻战线“走转改”号召，“将文章写在祖国大地上”

互联网的普及使信息的获取非常便捷，“轻点鼠标便可纵览天下大事，不到现场也能知晓风云变幻”④，新媒体使新闻学子产生新闻素材和内容唾手可得的错觉。同时，在社交媒体无处不在、“人人都有麦克风”的年代，网络空间中充斥了大量不经把关、为求速度和流量而创作的虚假内容，这不仅干扰了新闻学子深入了解社会，了解事实真相，而且这些浮躁、碎片化、为赚取眼球而散播的内容，由于其表面化、夸张、扭曲的表现手法，更进一步干扰了新闻学子树立正确的世界观、价值观和人生观。

要应对新媒体环境带来的碎片化和浮躁，新闻学子唯有深入基层“接地气”，如此才能更好地“察实情，说实话，动真情”⑤；如此新闻学子才能对“为了谁，依靠谁，我是谁”这些根本问题有深入的认知，才能站稳人民立场，从而有效避免“亭子间”文风和

---

① 中华人民共和国教育部.高等学校课程思政建设指导纲要[EB/OL].(2020-06-03)[2022-03-18].http://www.moe.gov.cn/srcsite/A08/s7056/202006/t20200603_462437.html.

② 人民日报社.支招|人民日报“降成本”调查报道的诀窍[EB/OL].(2016-10-17)[2022-08-19].http://www.xinhuanet.com/zgjx/2016-10/17/c_135759613.htm.

③ 蔡斐.学科赋能、跨界驱动与人的回归：论新文科背景下新闻传播人才的培养[J].中国编辑，2021(4):77.

④ 冷爽.实践知识哺育理论知识：“好记者讲好故事”之于新闻传播人才培养的启示[J].现代传播(中国传媒大学学报)，2019(3):167.

⑤ 杜尚泽.习近平在党的新闻舆论工作座谈会上强调 坚持正确方向创新方法手段 提高新闻舆论传播力引导力[N].人民日报，2016-02-20(1).

"客里空"报道,培养良好的文风。

(三)解决原有实践教学的"向外脱节"和"向内割裂"问题

教学与社会需求脱节、教学明显滞后于业界的发展成为常被诟病的新闻教育问题。一方面是外界的传媒行业从理念到技术到产品不断更新,而另一方面是新闻传播教育课程体系与讲授内容多年难有大的改变。在新闻传播本科人才培养的评价体系中,供与需的一致性和吻合性是衡量新闻传播人才培养效果的重要标准。① 从人才生产流程角度来分析,新闻院校应做好新闻传播人才培养与社会系统两个端口的衔接。② 经常会听到以往的新闻传播专业毕业生提及,明显感到在媒体单位工作的内容与在学校学的内容有四个"不同":运用的技术设备不同、新闻生产流程不同、对新闻取舍的理念不同、对新闻传播事业的理解不同。

向内割裂是指由于课程细分,基于不同课程的实验实操往往是片段式的、相互割裂的。比如,在新闻采访课堂上,教师会训练学生如何采访,但是很少涉及新闻写作,更难以进一步训练如何编辑制作。因此,更加细分、更加专业化的课程设置,割裂了新闻生产的全程性和整体性。尤其是在全媒体时代,行业更是提出了"全能型"记者的要求。"全能"就意味着新闻人需要有更高的视角,拥有全流程无缝衔接的实操能力,拥有对新闻传播行业整体性的认知。因此,如何在保持学科核心素养与能力培养的同时,在维持教育科学的核心稳定性与科学性的同时,使学生接触到业界前沿知识,并做好日后快速进入行业的准备,这是高校亟待探讨的问题。

五、做了什么——"重走中国西北角"活动中的实践教学创新

(一)课程的流程设置

虽然每年暑假进行的"重走中国西北角"的基层行走引起了更多关注,但实际上,"校外行走"只是该教学活动的环节之一。课堂教学中的理论学习均为社会实践打基础,具体提供新闻传播操作技能、专业知识、职业规范等方面的理论准备。社会实践则是对理论学习的强化和检验,一方面使学生将学到的理论知识真正内化为实践技能;

① 赵雅文.以"供给侧改革"创新驱动我国高校新闻传播教育的"新常态"[J].现代传播(中国传媒大学学报),2016,38(12):137.

② 李彪,高琳轩.新时代卓越新闻传播人才培养:现状、问题及优化路径[J].中国编辑,2022(1):42.

另一方面使实践结果回馈课堂教学，使课堂教学不断得到修正和优化。

经过十余年的坚持摸索和不断完善，该教学活动形成了较为成熟的包含6个环节的闭环教学流程。

①课堂教学，夯实理论。在这一阶段教师在春季学期的校内课堂上完成理论讲授以及基础性实践教学，包括进行“新闻采访”“新闻写作”“广播电视概论”等课程的教学（1—17周）。

②制定活动方案。学院多次召开小型会议，规划讨论当年的行走路线、核心主题和每一条线路的带队指导教师，然后带队教师公布路线，学生申报选题（18—20周）。

③媒体加盟合作。就编辑发稿等具体事项与实践基地（高水平主流媒体）交流对接。

④启动仪式。除了隆重的“重走中国西北角”启动暨授旗仪式外，该环节还包括行前集体培训（校内教师与媒体导师共同实施），为基层行走打下坚实基础。

⑤校外行走，基层实践。在校内教师与媒体导师全程跟进和共同指导下，学生进行实地采访写作，拍摄并编辑作品，然后将最终作品在合作媒体平台上公开发表传播。

⑥总结表彰与教学研讨（第2学期）。结束校外行走后，师生回校，学院于秋季学期评选表彰优秀作品，并结集出版。为了及时总结经验，优化实践效果，提升教学水平，学院通常会在记者节前后召开教学研讨会，对该轮实践中的成果与问题进行梳理与总结。

（二）课程的规范建设

组织实施大型野外实践教学活动，制度和规范建设非常重要。从创立之初的17人、3个小分队，发展到最近一期近200人参加的规模，“重走中国西北角”活动吸引了学生踊跃参与。参加人数众多，目的地大多是田间地头、牧区草原、石油矿山，地处偏远且交通状况差，这些成为活动组织和管理的难点。

学院“重走中国西北角”实践教学活动的规范建设主要从四个层面进行。第一，机构建设。学院设立了专门的实践教学发展中心，负责对实践教学活动的组织和管理。第二，制度建设。学院专门制作了“重走中国西北角”的《教师手册》和《学生手册》，每年还制作《行动方案》。同时将该活动纳入教师绩效考核和学生学分管理的范围。第三，纪律建设。例如，在行走过程中，对学生早晚线上考勤，每晚开展选题研讨会等。第四，资金保障。为了确保该活动的顺利进行，学院每年筹集拨付十余万元经费用于师生的基层行走、评奖评优、作品出版。上述规范措施均保障了该活动安全、有序、高效、优质地开展。

(三)实践教学空间的拓展与教学方法的创新

“重走中国西北角”活动探索出了比传统的参与式教学更加深入和系统的“沉浸式教学”。

“沉浸式教学”一方面是指浸入真实的社会环境和新闻场景,另一方面指沉浸于连贯的全流程新闻生产中,学生从行走、找选题、采写、制作到上线传播推广,均自己完成,过程中老师给予指导。

相比“参与式教学”,“沉浸式教学”提供了更加真实的实践场景和更加完整的新闻生产流程。相比“场景式教学”,“沉浸式教学”打造了基于真实场景的多维立体的、嵌入社会结构的、系统性的教学过程。

但是,要提供全流程、沉浸式教学,并跟上媒体快速发展的步伐,学校的资源显然是有限的,其转型也是相对迟缓的。因此,发掘校外资源,搭建协作平台,引智借力发展,就成为实践教学的一个有效路径。

(四)跨平台协同育人机制的建设

“重走中国西北角”活动真正实现了跨平台协同育人,开展了与业界同步的跨平台实践教学,从实践中培养新闻与传播人才。与传统的派遣学生直接进入实习基地不同,学院把业界导师的指导前置,拓展实习基地合作单位的合作领域,提升业界导师的指导效能。

在国内新闻院校中,之前较为普遍的做法是新闻传播院系在媒体机构建立学生实习基地。但是,常规实习基地的实习有诸多局限。因此,在常规实习基地之外,兰州大学新闻与传播学院还为每一次包括“重走中国西北角”在内的实践教学活动搭建专门平台。在该活动的六大环节中,第二个环节就是“媒体合作与加盟”。兰州大学新闻与传播学院通过与多家媒体沟通与协商,每年选择1—3家媒体,签订合作协议。

合作媒体常见的做法是以开办专栏的方式为“重走中国西北角”活动中产生的作品搭建专属发表平台,使学生的实践作品能够直接面对用户,接受来自全社会的检验和评判。合作媒体对该活动的参与是多方面的,除了提供发稿平台,还会在部分大型活动中将相关的基层采访报道融入“重走中国西北角”实践教学活动,丰富实践教学活动的主题和内容。例如,在2020年,中国甘肃网开展了“追寻红色足迹 弘扬延安精神”专题采访报道活动。学院师生专门组织了一个特别小分队,全程参与该专题活动。

通过这种方式,新闻媒体的专题报道活动与学院的实践教学活动实现了深度融合,也实现了业界与学界的同频共振。

(五)"一进""一出"的教学团队

跨平台协同育人机制建设的核心是跨平台教师团队建设。针对学校教师队伍普遍业界经验相对匮乏、业务实践相对滞后的问题,学院在实施"重走中国西北角"实践教学活动中,以"一进""一出"的方式改善师资团队的结构,拓展教学空间。

"一进"是指在"重走中国西北角"活动的启动和培训阶段,兰州大学新闻与传播学院将合作媒体的优秀从业人员"请进课堂来",担任学生的业界导师,在活动的启动仪式上为学生做讲座;在专门的行前培训阶段,举办行业状况介绍、采写编发实训的相关讲座,为学生带来一线的实践案例,向他们分享真实的媒介经验;在后期的行走和编发过程中,合作媒体的业界导师也会全程跟踪,参与指导。

"一出"是指当一个小分队下沉至地方,学院或带队老师会及时联系当地媒体的

图 1　第十届"重走中国西北角"活动中甘南线甘南融媒体中心记者马保真在当周草原上给学生指导选题

一线工作人员，让他们在现实的社会情境中，给学生介绍当地的经济、民生、文化等方方面面的状况，辅导学生制定选题、采写和制作。学生沉浸于当时当地的环境和氛围，现场听当地的媒体界导师指导，这种对采访的直接接触和与熟知地方的业界导师的直接沟通，提升了学生的学习效果，使他们采访前的准备工作做得更加充分，也使他们的采、写、编、发的整个流程进行得更加顺畅。

(六)课程思政"特殊任务"——"红色1+1+1"

在整个"重走中国西北角"活动中，学院对每一条线路的师生都会安排一个特殊的任务——"红色1+1+1"。"红色1+1+1"是指每一条线路至少参观一个红色遗址基地，接受一次红色历史教育，并在此基础上做一个红色历史的选题。所以每一条线路上师生的行走都是红色之旅。师生们在"腊子口战役"纪念碑前重温当年浴血奋战的故事，在"中国工农红军西路军纪念馆"中庄严宣誓，在金银滩上的原子城回顾"两弹一星"从无到有的艰难历程。学生不仅直接面对一段段红色历史，而且通过作品写出自己的感悟，学史增信，坚定人民立场。

图2　第十届"重走中国西北角"河西线师生在中国工农红军西路军纪念馆前重温入党誓言

六、收获了什么——“重走中国西北角”的成果、价值及意义

“重走中国西北角”实践教学活动对新闻学子进行了高质量的专业训练,推动他们观察、记录、思考、报道基层的社会生活。纪实与思辨并举,内容与技术并重。通过这十余年来的坚持与创新,从课程建设到师资团队培育,从学生专业能力增强到学生综合素质提升,该实践教学项目取得了全面、显著的成效。

(一)该实践教学项目带动了课程建设和师资团队的建设

韩亮老师是参加过多次“重走中国西北角”活动的教学名师。他精心编纂了两本共计 30 万字的独具特色、针对性强、动态更新的培训手册(教案)。该培训手册已更新至 4.0 版,并成为学生囤积的经典。在该活动带动下,一批实践教学课程被孵化了出来,从而形成了覆盖全年的特色实践教学课程包。该课程包包括“新春采风万里行”“五一新区实践教学”“香港暑期训练营”“国庆融媒接力采访”“一带一路国际行”“重走中国西北角”等系列实践教学课程。“重走中国西北角”还获得了甘肃省 2020 年度省级一流社会实践课程。

(二)课程思政效果显著,培养了新闻学子的家国情怀和责任担当

“重走中国西北角”活动将“思政”融入教学,使学生接受了最接地气的马克思主义新闻观教育,了解了中国国情。在活动中,学子们走出“象牙塔”,将双脚深深踏入泥土,沿着范长江先生的足迹,行走在中国西部的土地上,感知改革开放之后中国发生的伟大变革,观察、体验、思考中国老百姓的喜怒哀乐,有效地避免了“亭子间”文风和“客里空”报道。该活动落实了马克思主义新闻观教育,帮助新闻学子树立了正确的新闻价值观。该活动让学生切切实实地感受到民族复兴的艰难与中国社会的复杂,认识到“准新闻人”所担负的时代使命和精神风范,培养了新闻学子的家国情怀。

(三)该活动普惠学生,覆盖学院四个专业一个方向的所有本科学生及专业硕士研究生,兼及少量来自国内兄弟院校的学生

自该活动开展以来,先后有约 1,400 名学生参加并从中得到锻炼和提升。在活动过程中,他们顶烈日,冒酷暑,蹚泥水,进社区,访农家,下矿井,在田间、炕头、灾区、车间,体验,报道,经受磨炼,“重走中国西北角”活动阔展了新闻学子的视野,提高了他们

的实战能力和职业竞争力，夯实了他们的专业能力与综合素养。诸多学生队员毕业后走向新华社、《人民日报》、新浪等高质量媒体，并成为其中的骨干力量，他们的业务能力和踏实坚韧的作风受到了用人单位的广泛好评。

(四)该活动成果丰硕，作品形式不断推陈出新，对接新媒体时代的阅听需求

“重走中国西北角”实践教学作品先后被发表于人民网、新华网、中国甘肃网等高水平权威媒体平台，发表在香港《大公报》上的作品有 54 件，由新华出版社出版的优秀作品集有 6 部，分别是《学子的眼光》《学子的根底》《学子的思考》《学子的担当》《学子的足迹》《桃李竞春》。伴随着传播技术的进步和新媒体形态的变化，最初的作品主要是文字作品，后来增加了音视频作品，现在又有了运用新华云、H5、短视频等的融合新闻报道作品。

图 3　第十一届“重走中国西北角”青海线同学所做的《环青海湖国际公路自行车赛》的 H5 新闻报道界面的截图

（五）通过联合行走与实践，兰州大学新闻与传播学院搭建了具有实质内容的实践教学平台，创新了人才培养模式，深化了学界与业界的融合发展、平台建设和资源共享

通过该活动，学院先后建立了二十余个实践教学与实训基地，实现了十余位业界导师和校内教师的双跨融合。

七、探索了什么——“重走中国西北角”的实践创新

该实践教学活动是新时期新闻传播教育对接社会需求的新路径，是思政教育的“融合创新”路径和专业教育的“延伸课堂”，是跨平台协同育人的大胆尝试，也是讲好中国故事的有益尝试，实现了“鼓士气”“接地气”“增底气”“聚人气”四个方面的创新。

（一）“课程思政”的路径创新

师生们在实践教学过程中，步入田野农家、矿山车间、市井街巷，感受基层社会生活，体验时代脉搏，描绘国家的伟大变革。这培养了新闻学子的家国情怀和责任担当，有效实现了“鼓士气”方面的创新。

（二）跨平台教学空间的拓展

本实践教学活动实现了新闻传播教育“学”与“用”的无缝对接。一方面，该课程将课堂延伸到基层，延伸至社会，延伸至媒体；另一方面，业界导师被引入实践教学过程中，这使该课程实现了理论与实践、学界与业界的融合。这是“接地气”上的创新。

（三）教学方法的改革与教学质量的提升

教师在现实环境中全流程沉浸式实景实践教学，既提升了学生的新闻传播实战能力，又开阔了他们的视野，提升了他们的团队意识、沟通能力等多重素质。学生通过在高质量主流媒体平台上发表作品，使自己的实践作品直接接受来自社会的评判与检验，这是“增底气”上的创新。

（四）优化师资团队与提升理论水平

教学团队通过该实践教学活动，密切与业界联系，及时更新教学内容，提升了理论水平，在这个过程中，团队成员之间的交流增多了，教师团队的凝聚力和战斗力增强

了，这是“聚人气”上的有益尝试。

八、余论与反思

习近平总书记关于增强“四力”的要求，不仅是新闻宣传工作者提高本领的方法，而且是马克思主义的世界观和认识论在新闻宣传工作中的具体应用，是实践观点在马克思主义新闻观中的具体体现，也是对马克思主义新闻观的丰富与发展。① 因此，在新时期的新闻传播实践教学中，增强“四力”同样是人才培养的目标。

如果说“四力”是新闻工作者的基本专业素质，那么背后支撑专业素质的则是马克思主义新闻观和家国情怀、责任担当共同铸就的思想基础。从“重走中国西北角”案例不难看出，一项实践教学活动的生命力不仅来自精心的组织和建设，来自理念到实施的创新，还来自贯彻始终、参与感受、润物无声的思政教育。这项活动既有效提升了专业训练的质量，又使学生在深入基层实践的过程中接受了国情教育，使新闻学子更好地认识了中国，为讲好中国故事打下了基础。

此外，该实践教学活动还检验了新工科、新文科专业人才培养效果。例如，兰州大学新闻与传播学院 2017 年开设了国内首批新工科专业之一——数字媒体技术专业。课程设置中大量的核心课程为信息技术类工科课程，并不具有鲜明的媒体指向性。作为一个刚刚开始招生的专业，学生们不仅对开设于新闻与传播学院的新工科专业的学生这样的身份缺乏认同，对于今后的职业规划也非常迷茫。在“重走中国西北角”的活动中，在参观了新华社分社的融媒体中心之后，在校内和业界导师共同指导下，数字媒体技术专业的学生们尝试用自己所学技术搭平台，做 H5，做互动新闻，并将自己的作品通过新华云等平台发布出去，部分作品的浏览量甚至达到了百万＋。在这个过程中，新工科专业的学生们不仅有了成就感和自豪感，更提升了对自己的“懂技术的媒体人”的身份的认同感。

跨平台协同育人是对接高校教育和社会需求的良好路径，但是这种跨平台的协同过程往往需要整合多种资源，包括开放的媒体平台空间、开放的师资容纳体系、同频共振的话语体系和共谋一致的培养理念。这种开放协同的培养体系，形式上表现为机制整合后多方力量共同参与形成的卓越集群，开放协同是为满足时代、国家、行业对新闻传播人才的多元需求而采取的前置性举措，实际上也是人才培养从跨界驱动向无缝对

① 冷爽.实践知识哺育理论知识:“好记者讲好故事”之于新闻传播人才培养的启示[J].现代传播(中国传媒大学学报),2019(3):167.

接的积极尝试。[①] 这种积极尝试在实际运行过程中,容易受到业界急剧转型带来的空间挤压和高校综合评价指标机制挤压。一方面媒体在体制机制上需要更加宽松的环境和更多的机会深度参与高校的实践教学;另一方面,“在科研绩效优先的现实环境下,何以坚守和强化立德树人的本位”[②]成为强化实践教学潜在的母题。

尽管上述尝试已经在尽力契合国家的要求、行业的诉求和社会的需求,但是在新媒体兴起、信息传播格局改变的情况下,新闻传播事业和传媒行业不仅需要懂内容的人才,更需要懂技术、营销、市场和产品等的复合型人才。[③] 这不仅因为基于互联网的新型媒体具有更强的“平台”[④]特性,还因为传统主流媒体在融合化、数字化的过程中,越来越多地通过行业“转场”来反哺内容“转型”。[⑤] 在全媒体时代,新闻传播人才不仅要能够生产新闻,还要能传播、推广新闻。在这一点上,新闻与传播真正有了最为紧密的结合点。然而,现有的实践教学却难以将新媒体背景下的新闻产品的推广与运营容纳进来,也难以吸纳广告学专业的学生参与现有的实践教学课程。这仍是摆在新闻传播院校面前亟待解决的一个重要问题。

〔王君玲,兰州大学新闻与传播学院副院长、副教授、硕士生导师。主要研究领域:网络与新媒体,传播与社会发展等。〕

〔特约编辑:涂凌波〕

① 蔡斐.学科赋能、跨界驱动与人的回归:论新文科背景下新闻传播人才的培养[J].中国编辑,2021(4):77.

② 胡百精.新闻传播教育改革中的若干基本问题[J].青年记者,2017(12):64.

③ 张志安,孙玮.公共传播时代的新闻人才培养[J].新闻与写作,2019(1):11.

④ 谭天.新媒体新论[M].广州:暨南大学出版社,2013:11.

⑤ 张志安,孙玮.公共传播时代的新闻人才培养[J].新闻与写作,2019(1):12.

地方高校新闻与传播专业硕士特色化实践教育体系建构研究*

——以西安外国语大学为例

Research on the Construction of Characteristic Practical Education System for Master of Journalism and Communication in Local Universities

— Take Xi'an Foreign Studies University as An Example

◎ 范晨虹　汪顺玉　牛　瑾

Fan Chenhong　Wang Shunyu　Niu Jin

摘要：实践教育是新闻与传播专业硕士实践能力培养的基本内容，是实现人才培养的"高层次、应用型"目标的重要支撑。目前，新闻与传播专业硕士实践能力培养中出现了"弱实践""轻实践"的现象。新闻与传播专业硕士培养的学术化偏向和业务技能训练路径隐匿了实践能力培养的其他面向。地方高校要想提升新闻与传播专业硕士的人才培养质量，增强学科竞争力，需要在强化实践的基础上探寻学科发展特色，构建特色化的实践教育体系。西安外国语大学瞄准"加强国际传播能力建设"的国家战略，通过课程体系、师资结构和实践教学平台建设，构筑融通国际特色与本土实践的中国特色国际新闻传播实践教育体系，以满足地方经济、社会发展和国家国际传播战略的需要。

关键词：新闻与传播专业硕士；实践教育体系；实践化；国际化；人才培养

Abstract: Practical education is the basic content for the cultivation of practical ability of Master of Journalism and Communication, and it is an important support to realize the goal of "high-level and application-oriented" talent cultivation. At present, there are "weak practice" and "light practice" in the cultivation of practical ability of Master of Journalism and Communication. Other aspects of the cultivation of practical ability were hided by the academic bias and professional skill training path of the Master of Journalism and

* 本文系陕西省研究生教育综合改革研究与实践项目"思政引领、学术支撑——研究生创新培养模式研究"(项目编号为陕教〔2020〕198 号)的阶段性研究成果。

Communication. If local colleges and universities want to improve the talent training quality of Master of Journalism and Communication and enhance the competitiveness of disciplines, they need to explore differentiated discipline development characteristics and build a characteristic practical education system on the basis of strengthening practice. Aiming at the national strategy of "strengthening the construction of international communication capacity", Xi'an Foreign Studies University has built an international news communication practice education system with Chinese characteristics integrating international characteristics and local practice through the construction of curriculum system, teacher structure and practical teaching platform, so as to serve the needs of local economic and social development and national international communication strategy.

Keywords: master of journalism and communication, practical education system, practicality, international, personnel training

教育部《新闻与传播硕士专业学位研究生指导性培养方案(试行)》中将新闻与传播专业硕士的培养目标明确为"培养具备良好的政治素质和职业道德素养,具有现代新闻传播理念与国际化视野,深入了解中国基本国情,熟练掌握新闻传播技能与方法的高层次、应用型新闻传播专门人才"。

自 2010 年我国设立新闻与传播专业学位硕士(MJC)授权点以来,全国各新闻与传播专业硕士(以下简称"专业硕士")培养单位培养了众多高层次应用型专门人才,为服务地方经济、社会发展和国家对外开放战略、"一带一路"倡议做出了贡献。在研究生招生规模不断扩大的背景下,如何提高专业硕士的培养质量是当前亟须思考的问题。在我国的 MJC 培养单位构成中,绝大多数为地方院校。与部属院校相比,地方高校缺少地区、政策及资金等优势,办学条件难以同部属院校,甚至地方综合类大学或行业类大学竞争。

结合从事专业硕士培养及教学管理的经历,以及近年对业界和部分新闻院系专业硕士培养工作的调研结果,笔者发现,在诸多学界业界关于 MJC 培养的反思中,专业硕士培养的"特色不明显""实践能力薄弱"最受诟病。其实,不少培养单位都存在专业硕士和学术硕士培养的区分度不高,专业硕士实践意愿薄弱的问题,这严重影响了专业硕士的培养质量。

一、新闻与传播专业硕士培养的“弱实践”“轻实践”现象

培养专业硕士的核心能力，即实践创新能力，需要强有力的实践教育体系的支撑。由于课程体系设置不合理、师资结构限制、实践平台存在局限，专业硕士培养出现了“弱实践”和“轻实践”现象。

弱实践指的是专业硕士培养的学术化倾向，有的学者称之为“学术漂移”①。部分高校专业硕士和学术型硕士核心课程区分度不高，毕业资格和毕业论文依赖学术型硕士的培养路径，研究生导师未能将学术硕士和专业硕士分类指导，用学术训练替代实践指导。

而“轻实践”则体现为对“实践”及“实践教育”定位和理解的单一化，对实践的狭隘化解读。实际上，实践能力有着多个面向，包含研究能力、业务能力和技术能力。有些研究生导师将实践教育等同于单一的技能技术教育，这一方面忽略了实践能力的其他维度，另一方面还强化了专业硕士评价标准的实践性与学术性的对立。实际上，学术性与实践性是相辅相成、不可分割的，尤其对于专业硕士的培养来说，注重实践教育体系建构的同时不排斥学术性，真正做到理论与实践相融，才能避免对实践的降维理解。

二、新闻与传播专业硕士培养的“弱实践”“轻实践”现象的成因

（一）缺乏有利于实践导向的制度设计和评价体系

首先，学科建设体系的学术化偏向成为制约专业硕士实践教育落地的因素。在新闻传播学学位授权点的申报条件中，对师资的学历、职称、科研成果、学术交流等指标都有非常具体的量化要求，这些指标很少能够与专业硕士培养的实践导向相对应。现有专硕导师的职称评审也依然遵循学术化标准，未有专门的实践评价指标。高校对于新进师资的选拔条件也是以学术型师资为基础，具有丰富实践经验的业界从业人员往往受制于学历因素而不能进入高校体系。

其次，实践教育机制不完善，缺乏清晰的实践成果评价标准。《新闻与传播硕士专业学位研究生指导性培养方案（试行）》要求专业硕士的学位论文可以是“调查报告、案例研究、专业作品”等，但一些高校将其统一化为“学术论文”，究其原因，在于各高校对

① 黄钦，邓银行.新闻与传播专业学位硕士教育“学术漂移”的表征与成因[J].传媒，2021(1上)：79-81.

于学位论文评价体系、评价标准存在巨大差异,学术型硕士的考核标准、考核制度拥有很大的话语权。由于对专业硕士的毕业设计、毕业作品、实践报告、案例研究缺乏明确的评价标准,这些作品在外审、盲审的过程中特别容易被当作学术论文来评审,导致外审、盲审不合格的风险急剧升高,甚至出现过在毕业答辩环节有校外专家私下质疑答辩作品“四不像”。因而,很多研究生在一开始选择学位论文的形式时就直接选择“学术论文”,但这种趋势反过来也会影响学位点后续的水平评估结果。以笔者所在单位为例,2018 年毕业生中选择学术论文的占比 18.7%,到了 2021 年,选择学术论文的学生占比 59%。

再次,实习实践的评价考核标准不明确。在培养方案中,毕业生的专业实习实践占 4 学分,时长为 3—6 个月不等,这是在对学生培养过程中实践占比较大的部分,但实习实践的考核评价标准则较为模糊。我们通过调研得知,部分高校采取的是行业评价标准,即实习结束后由实习单位(通常是实习指导老师)给出实习鉴定,而实习鉴定的评价意见通常流于形式,不够精准和客观,侧重呈现实习态度、出勤率、合作意愿等,对实习生的专业水平及发展潜力表述不足。另有一些高校采取院内评价标准,即导师或导师组通过实习报告册中的实习报告和实习作品部分来评价学生的专业实习质量。实际上,单纯采用行业标准或学院标准都会有失偏颇,这也成为培养过程中的一个争议点。

最后,毕业资格要求过高,学位论文的准备和创作挤压专业实习时间。培养方案要求在专业实习环节,“应届本科毕业生的专业实习实践不少于 6 个月”。部分高校甚至要求学生作品需在主流媒体刊播,以此作为毕业资格,但这一做法对大部分学生来说难度较大。我们对西安外国语大学新闻与传播学院 2019—2021 年专业硕士生源结构进行分析发现,只有大约 32%的学生本科具有新闻传播类专业背景,其余非新闻传播类专业的跨专业考生在本科时基本没有进行过专业实习实践。这部分学生在专业实习时,主要精力用来补短板,想要独立做出达到主流媒体刊播水平的作品实属不易。此外,专业硕士的实习时间一般被安排在第三学期(两年学制),学生在这一学期要完成学位论文的初稿,以达到学期末参加预答辩的要求,因而难以全身心地进行专业实习。

(二)现有实践教育体系的弱实践、轻实践偏向

在专业硕士培养的实际中,培养目标的实践导向或应用型定位需要系统化的实践教育体系来实现,包含但不限于课程教材体系、师资体系以及教学实践平台的共同支

撑。我们在调研部分高校的专业硕士培养情况时发现以下几种情况。

1.实践类课程设置的占比偏低

实践类课程的设置对于培养新闻与传播专业硕士来说至关重要，我们查阅了几所外语类高校 MJC 的培养方案，发现在总数达到 20 门以上的课程计划中，实践类课程的数量设置只有 7 到 8 门，占比在 20%左右，最高的占比也仅为 35%，课程数量对培养目标的支撑力度较小。此外，部分院系专业硕士和学术型硕士的课程相似度较高，必修和选修课程设置里有一部分课程完全重复，难以体现分类培养的要求。

2.师资结构的学术化偏向

目前，国内大多数新闻院系的教师队伍中，具有丰富业界工作经历的师资非常少，专职教师来源以学院派师资为主，且在以科研为考核指向的背景下，教师个人的发展方向大多遵循学术路径。专业硕士导师缺乏业界背景也成为目前专业硕士培养中的一个痛点。虽然教指委的指导性培养方案中要求专业硕士培养全面实行“双导师制”，但行业导师因隶属关系、薪资报酬、合作方式等原因，无法深度参与培养过程，不确定性因素过多。

3.社会化实践教学平台的局限

实践教学平台建设和使用是专业硕士培养中的基础性条件，是培养学生实践能力的重要支撑，一般包含自建的校园媒体平台和校外专业实践基地。受多种因素制约，自建的校园媒体平台的类型较为单一，以微信公众号、校内电台或电视台、传统报刊、网站为主，受众(用户)数量有限，规模和影响力较小，与社会化的媒体平台有较大差距。校外专业实践平台则是新闻院校与媒体签署合作协议共同建设的，分期分批接收学生去媒体机构实习实践，合作单位类型虽较为广泛，但合作及交流的深度则略有欠缺。传统媒体单位提供的岗位较少，新媒体单位虽然提供岗位较多，但工作内容较为单一，难以提升学生的综合实践能力。

三、“规定动作”做到位:做强专业实践能力培养体系的西外探索

实践教育是专业硕士培养的重要环节，直接决定着人才培养的质量。专业硕士实践教育体系的建构是一个全方位、系统化的工程，需要投入大量精力、人力和物力，地方高校的专业硕士培养起步较晚，且因资源、区位、实施环境、社会条件等限制，其实践教育体系建构的质量往往与部属院校存在较大差距。因而，构建特色化、差异化的实

践教育培养体系应该成为地方高校新闻与传播专业硕士培养的核心要义。

地方高校专业硕士实践教育体系的建构需要遵循"规定动作+自选动作"的组合路径,在完成好"规定动作"(强实践)的同时,还需要有"自选动作"(特色化)的支撑,才能形成有竞争力的实践教育体系,才能提升学科发展水平和人才培养质量。地方高校要构建差异化、特色化的专业硕士实践教育体系,首先要强化对新闻专业实践体系的建构,只有在"专业实践强"的底色上才能凝聚特色。

在我们的调研中,一些高校的专业硕士人才培养目标一模一样,即培养"高层次、应用型新闻传播专门人才",但是支撑这一培养目标的实践教育理念还只停留在人才培养方案中,遑论其体系及实施路径。实际上,在全媒体的现实语境下,专业硕士实践教育体系需要通过课程体系建设、师资队伍建设和实践教学平台建设来共同实现,它是一个多层次、模块化、全程化的体系。近年来,西安外国语大学持续不断地丰富实践教育体系,夯实专业硕士培养"强实践"的底色。

(一)持续扩充前沿实践课程的数量和内涵

新的传播革命重塑了媒介生态,新闻业在新技术的冲击下不断变革,与新闻传播相关的新型职业不断涌现,互联网产品经理、数据分析师、网络营销师、主播经纪人等新兴职业方兴未艾。用过去"采写编评摄影"的路径对学生进行培养,学生很难适应当下多元化的传媒相关岗位。[①] 因而,构建丰富的实践教育体系应首先持续扩充前沿课程的数量和内涵,推动教学实践,加大实践课开设的比例,回应媒体融合发展命题。近几年,西安外国语大学对标行业需求,新增设了"数据新闻""融合媒体传播实务""数字图形与广告设计"等社会急需的前沿新闻课程,引入全球媒体与前沿领域最新案例,推动教学环节的实践化引导与作品化输出。

(二)引育结合,培养自己的实践型师资

"双导师制"在专业硕士培养中既是亮点也是痛点。"双导师制"在师资来源、管理与效果评估、校内外导师交流、校外导师与研究生交流等多方面都存在一定问题。[②] 实际上,西安外国语大学一直以来非常重视既有师资的实践化培养,学院成立之初(2006年)就鼓励青年教师到媒体和企业兼职,大部分教师在陕西电视台、《华商报》和

---

① 徐健,吴涵.我国新闻传播教育研究20年回顾与展望:基于CiteSpace的文献计量分析[J].传媒教育,2022(下):85-87.

② 胡沈明.新闻与传播专业硕士"双导师制"实施的困境与出路[J].教育传媒研究,2018(2):49-53.

智讯互动、麦道等4A广告公司长期兼职，而这些教师目前都已成长为专业硕士导师。同时，学院充分利用中央和地方有关政策，积极参加“高等学校与新闻单位从业人员互聘交流‘千人计划’”（以下简称“千人计划”），选派教师去新闻单位挂职交流。项目实施以来，学院先后有9位教师参加了“千人计划”，实现了业界交流。截止到目前，学院65％的硕士生导师具备业界工作经历。

(三)打造全息实践体系，拓展实践教育的内涵

为充分支撑人才培养的实践化定位，我们把课程体系凝聚为“专业基础课”“国际传播能力课”“新媒体实践课”三大课程群，共开设专业课程20门(次)，三大课程群结构为3∶4∶3，加速对接课程目标体系与行业需求。

在打破实践平台局限方面，我们将实务类课程列为必修课，依托国际舆情与国际传播研究院、“一带一路”跨语言大数据协同编译平台、环球网新闻编译中心等校内平台，搭建“PACE”等创作平台，推动课堂案例实践化、课程考核实践化、实践成果社会化，助推校园媒体实践课程化、学分化改革。

在校外实践平台建设方面，我们注重丰富实践办学的层次，着力挖掘媒体以外的资源，构建起包含各类企业和智库在内的“政府—企业—媒体—高校”协同发展的校外实践平台；同时，我们推进“新闻传播卓越人才培养计划”，与省政府共建“陕西对外传播实践基地”，与18家大型媒体建立共培机制，让学生在毕业时真正达到国家、行业所要求的人才标准。

(四)学位论文实践导向，选题注重解决社会实际问题

学院遵从“高层次应用型”的培养目标，历年来，专业硕士的学位论文选题彰显社会问题意识。学生通过深度检视社会现实问题发现选题，培养实操能力，解决实际问题，突出专业特色。学位论文类型丰富，包含非虚构写作作品、纪录片、调研报告、营销策划案等。还有一些学位论文体现为“应用型作品＋创作报告”的“双文本形式”，总体表现出内容务实、形式多元的特征。

在学位论文评审和答辩环节，学院全面引入业界评价指标。学位论文全部实现了盲审和外审，除校外专家，学院还邀请业界专家参与评审，导师不参与本学位点的论文评审。答辩组五位专家必须至少包含一位业界专家，以保证学生论文评审、答辩的实践导向和全面性、专业度。有部分论文能够有效转化，产生价值，赢得学界和业界专家的认可，还有多篇论文被相关主体采纳或使用，如《马嵬驿乡村游的国际传播执行方

案》《价值共创视角下相声剧场品牌社区的构建和维系》中提出的方案被景区、企业落地实施并获得良好传播效果。

(五)奖助学金实践导向,营造实践偏向型的学习氛围

实践教育体系的建构除了体现在课程结构、师资体系、实习实践、实践平台的建设等方面,相关制度的实践导向也起到了风向标作用。西安外国语大学有关研究生奖学金的评定细则中,专业硕士和学术型硕士有着明显不同的指标要求。对专业硕士以考察实践创新能力为主,兼顾科学研究的考察。关于实践创新能力的考察内容包括学科竞赛、校内外创新成果展项目、创新创业项目、与本学科有关的实践活动等,权重占到30%。此外,学生在国内外职场的相关准入资格、行业能力认证等也可以成为加分项。奖助学金体系的实践化偏向,完善了专业硕士实践能力培养的制度保障。

我们对以上课程体系建设、师资队伍培养、实践内涵拓展、学位论文改革、奖助学金支撑等五个方面的分析和展示,希望能够启发地方高校强化专业实践教育,扎实推进实践教育体系建构的"规定动作"(强实践),在此基础上培育差异化的"自选动作"(特色化)。专业硕士人才培养的特色一定是"强实践"基础上的特色化,缺乏强有力的专业实践能力,就无从谈起人才培养的特色化。

四、"自选动作"做出彩:构建中国特色的国际新闻传播实践教育体系

在研究部分高校的培养方案时,我们发现,培养单位普遍认同"特色化培养"的目标,在培养方案中也有相关描述,可是对"特色化培养"缺少规划。实际上,在特色化、差异化的实践教育体系建构中,有些单位会根据所在大学的优势学科和已有学科格局来凸显培养特色。地方综合类大学一般强调 MJC 培养的"宽口径、厚基础甚至跨学科"的特色;而地方专业类院校的 MJC 培养通常会依托本校的优势学科及学科格局,在一些垂直细分领域发掘亮点,凸显培养特色。比如,西北政法大学依托学校法学教育的优质资源,形成"法""新"结合的人才培养特色,[①]西安外国语大学依托学校的多语种优势和国际化资源,探索构建凸显中国特色的国际新闻传播实践教育体系。

(一)瞄准国家战略,探索具有中国特色的国际新闻传播人才培养的实践创新模式

2018 年,教育部印发了《教育部 中共中央宣传部关于提高高校新闻传播人才培

① 孙江.新时代新闻与传播硕士培养模式研究:以西北政法大学新闻与传播硕士培养方案为例[J].新闻战线,2015(10 上):105-107.

养能力实施卓越新闻传播人才教育培养计划2.0的意见》,要求高校要主动服务国家对外开放战略和“一带一路”倡议,培养新时代国际新闻传播“预备队”和“后备军”;深入实施国际新闻传播硕士人才培养项目,启动国际新闻传播本科人才培养试点工作,建立完善的“全媒体+国际+外语”课程体系,加强“国情教育+国际视野”的社会实践和国际交流。

此外,我国正在积极推进国际传播能力建设,这不仅是为了展现真实、立体、全面、可敬、可信、可爱的中国形象,更是为了构建同中国综合国力和国际地位相匹配的国际话语权。世界政治经济格局的变化也引发了国际传播秩序的重构,站在两个一百年的交汇点上,我国国际传播的现实语境发生了巨大变化,需要大量具有家国情怀,拥有国际视野,熟悉国际传播规则,外语能力强,能够讲好中国故事的国际化应用型新闻传播人才。在此国家战略背景下,西安外国语大学在MJC培养中着力构建有中国特色的国际新闻传播实践教育体系,在人才培养中以马克思主义新闻观为指导,增强实践育人理念,完善实践课程体系,引进马克思主义新闻观教育教学师资,提升学生外语能力,探索人才培养的实践创新模式。

(二)以马克思主义新闻观为指导,突出国际新闻传播人才培养的中国特色

地方高校新闻与传播专业硕士培养除了要夯实“强实践”的底色,还要凸显自己的特色,在“强实践”的基础上形成有特色的实践教育体系,以实现人才培养的差异化,更好地服务国家和地方的经济、社会发展。学院充分依托西安外国语大学多语种优势和国际传播领域的学术特色,积极服务党和国家“一带一路”倡议,特别是积极满足西北地区对外开放、加强地方国际传播能力建设的需要,以“全媒体”为培养语境,以“中国特色国际新闻传播人才培养”为特色,探寻差异化竞争路径。

1.加强马克思主义新闻观教育,凸显国际新闻传播人才培养的中国特色

马克思主义新闻观是国际新闻传播人才看待世界的根本立场以及开展国际传播工作的身份标识,①也是中国特色国际新闻传播教育体系的根本指导。因而加强马克思主义新闻观教育是凸显国际新闻传播人才培养的中国特色的必由之路。西安外国语大学在MJC培养之初就明确了马克思主义新闻观课程的重要地位,将“马克思主义经典新闻著作选读”等课程列为指定选修课,课程在中西比较视域下凸显新闻传播教

① 吴炜华,姜俣.国际新闻传播教育的理念创新与本土实践:基于马克思主义新闻观的教育传播研究[J].中国新闻传播研究,2021(1):68-84.

育的“中国特色”,更加透彻地阐释中国立场,展现中国态度。

2020年,我们引进了专业的马克思主义新闻观教育教学师资,加强了对马克思主义新闻观引领新闻实践的教学内容和相关项目的培育,学生在教师指导下完成了《建党百年以来陕西英雄模范人物多模态案例库建设》等成果。

2.设置一批融通国际特色和本土实践的课程及案例教学体系

“国际视野”是西安外国语大学专业硕士实践教育体系的又一鲜明特征,学院利用校内丰富的外语优势资源,积极推动双语甚至多语的融合教学模式,开设了“英语特稿阅读与写作”“英语新闻采访与写作”“网络新闻编译”等融合了国际特色和本土实践的课程。此外,在“新闻传播政策、法规与伦理”“整合营销传播案例研究”为代表的专门性案例教学课程中,学院充分利用多语种的教研优势,纳入国外最新的媒体伦理与法规案例、学术动态、国际舆情、智库报告等,形成了具有鲜明“中国风格、中国特色、国际视野”的案例教学体系。

3.利用好各类实践平台,讲好中国故事

学院鼓励学生讲好中国故事,创作内容优良、视角国际化的作品,并为学生作品创造国际发表的机会。在专业教师指导下,学生创办了全英文报纸 *PACE* 和新闻编译平台“西外译新社”。全英文报纸 *PACE* 关注本土新闻与文化的传播,报纸内容被上传至全球报纸分享网站,国际读者可以随意浏览。“西外译新社”为学界和业界提供国外最新学术资讯。

学院在专硕培养过程中设计了“四位一体”的实践应用转化体系,即“以高水平专业竞赛为引领+以专业课程联动应用转化为依托+以多元实习渠道为窗口+以毕业作品直通应用为倡导”,全面鼓励学生积极转化学习成果至应用领域,取得应用性成果。学生专业实践社团长期制作《老外带你看西安》双语节目宣传西安,部分节目曾在美国马萨诸塞州州立电视台播出。《老外带你逛丝博》等双语新媒体作品的制作,锻炼了学生的双语表达能力,同时践行了对外传播实务策略,相关作品在新华社客户端、陕西卫视、西安电视台、陕西省政府英文网站等被公开刊播。

学院还邀请美国《纽约时报》、《芝加哥论坛报》、《商业周刊》、《芝加哥太阳报》、法国 Corrier International、《人民日报》、《南方周末》、《经济观察报》等国内外媒体精英举办讲座,开阔学生视野。学院举办“国际交流与文明多样性”等专业论坛,邀请国内外专家学者齐聚一堂,共同研讨陕西区域形象国际传播等现实问题。学院选派学生参与美国林登州立学院、密苏里州立大学联合培养项目,组织师生赴德国进行采风报道,扩展学生国际视野。

五、结语

新闻与传播专业硕士的人才培养绝不是局限于技术层面的职业培训，而是强调将理论运用到实践中，从而深入地思考和解决现实问题。① 西安外国语大学在专业硕士培养中探索出了以课程实践为基础，专业技能实训为抓手，专业实习为延伸的模块化、层次化、全程化的中国特色国际新闻传播实践教育体系，强调人才培养的实践性和国际特色，注重国际特色和本土实践的高度融合，力求在差异化竞争中找到适合学科发展的道路，全面提升人才培养的质量。

总体而言，我国地方高校新闻与传播专业学位研究生教育起步较晚，尚未探索出一套完善有效的专业硕士培养模式，尤其是专业硕士的实践教育体系还不完备。因而在培养过程中，地方高校要尽早明确人才培养的定位，凸显培养特色，明确培养目标的实现路径，走专业硕士人才培养的特色化竞争之路。

当今世界正在经历百年未有之大变局，地方高校新闻与传播专业硕士的培养首先要瞄准国家战略，紧贴社会需求，找准自身优势，定位于有差异性的特色化实践教育体系，全面提升专业硕士的实践能力。

〔范晨虹，西安外国语大学新闻与传播学院副院长、副教授、硕士生导师；汪顺玉，西安外国语大学研究生院常务副院长、教授、博士生导师；牛瑾，西安外国语大学新闻与传播学院研究生〕

〔特约编辑：涂凌波〕

① 李庚.地方高校新闻与传播专业硕士培养模式探究[J].黑龙江教育，2015(6)：13-14.

高校媒体实验室的多重功能与应用模式研究*

——基于对高校新闻传播院系教师的问卷调查

A Study on the Multiple Functions and Application Models of Media Labs in Universities

—Based on A Questionnaire Survey of Teachers of Journalism and Communication Faculties in Universities

◎ 曹晚红　余思梦　余子奕

Cao Wanhong　Yu Simeng　Yu Ziyi

摘要:基于人工智能技术的发展与媒体转型对人才培养提出的新要求,目前国内高校媒体实验室建设呈蓬勃发展之势。本研究结合问卷调查和深度调研,调查新闻传播类院系媒体实验室建设和媒体实验室人才培养现状。研究发现,目前我国新闻传播类院系普遍建设了媒体实验室,但依然存在观念滞后、使用效率低、师资匮乏、运行机制不科学等问题,阻碍了媒体实验室的深度应用。本研究进一步对其问题产生原因以及媒体实验室的多重功能与应用模式进行分析,以期为高校践行实践育人理念、科学有效地应用媒体实验室、推动智媒人才培养模式转型提供借鉴与参考。

关键词:媒体实验室;智能人才;人才培养;功能;应用模式

Abstract: Due to the development of artificial intelligence technology and the new requirements of media transformation on talent cultivation, the construction of media labs in domestic universities is currently booming. Combining questionnaires and intensive research, this study investigates the current situation of media lab construction and media lab talent cultivation, and finds that media labs are commonly built in journalism and communication faculties in China, but there are still problems such as lagging concepts, low efficiency of use, lack of teachers and unscientific operation mechanism, which

* 本文系国家社科基金重大项目"我国新闻传播业人工智能应用现状与发展趋向研究"(项目编号:19ZDA327)的阶段性研究成果。

hinder the deep application of media labs. On this basis, this study further analyzes the causes of the above problems and the multiple functions and application models of media labs, in order to provide reference for universities to practice the concept of practical education, apply media labs scientifically and effectively, and promote the transformation of journalism and communication talents cultivation model.

Keywords: media lab, artificial intelligence talent, talent cultivation, function, application model

一、引言

人工智能、虚拟现实、无人机、大数据、区块链等智媒技术的发展推动了新闻传播行业的变革与创新。随着媒体融合的深入推进,新闻生产与传播流程被重塑,媒介生态与格局发生深刻变化。在这一背景下,传媒业界对新闻传播人才的素质与能力结构提出了新的要求,进而引发高校新闻传播教育的理念、方向与模式等的调整与变革。

2012 年,教育部发布《教育部等部门关于进一步加强高校实践育人工作的若干意见》,强调加强实践育人,强化实践教学,深化实践教学改革的重要性。① 新闻传播专业具有较强的实践性,但长期以来受传统文科框架的约束,"文科不需要实验室"观念的影响,实验室建设未受到重视。融媒体时代,媒体实验室,尤其是融媒体实验室的重要性与必要性不断被强调。为适应媒体深度融合的发展趋势,教育部于 2018 年 10 月印发《教育部 中共中央宣传部关于提高高校新闻传播人才培养能力 实施卓越新闻传播人才教育培养计划 2.0 的意见》,提出经过 5 年努力增设 20 个国家级新闻传播融媒体实验教学示范中心,建设 50 个新闻传播国家虚拟仿真实验教学项目。②

在媒介融合纵深发展的大背景下和教育部的积极推动下,国内许多高校应势建设媒体实验室,加强实践教学,实践育人,以培养适应智能技术发展和业界需求的新闻传播人才。在深度融合、交叉跨界的智媒时代,媒体实验室的建设与应用应当成为推动

① 中华人民共和国教育部. 教育部等部门关于进一步加强高校实践育人工作的若干意见[EB/OL]. (2012-01-10)[2021-11-14]. http://www.moe.gov.cn/srcsite/A12/moe_1407/s6870/201201/t20120110_142870.html.

② 中华人民共和国教育部. 教育部 中共中央宣传部关于提高高校新闻传播人才培养能力 实施卓越新闻传播人才教育培养计划 2.0 的意见[EB/OL]. (2018-09-17)[2021-11-14]. http://www.moe.gov.cn/srcsite/A08/s7056/201810/t20181017_351893.html.

智能人才培养,促进业界学界融通,增强跨学科互动的关键环节。

二、国内外高校媒体实验室发展历程与现状

(一)国外高校媒体实验室发展现状

国外媒体实验室起步较早。1985 年,由麻省理工学院时任校长罗姆·威斯纳和麻省理工学院教授尼葛洛庞帝创建的麻省理工学院媒体实验室(The MIT Media Lab),是世界上媒体实验室的先驱。当时,MIT 媒体实验室已经具有相当的前瞻性,在"反学科"的理念下,实验室的研究焦点包括合成神经生物学、数字货币、人工智能、情感计算、创新界面和社会化机器人等。① 麻省理工学院开辟了媒体实验室建设的先河,在媒体转型、媒介变革的背景下,国外媒体实验室建设快速发展。世界报业和新闻出版协会(WAN-IFRA)连续四年跟踪调查全球 29 个国家/地区共 123 个媒体实验室,发现媒体实验室建设是一个快速增长的全球现象,超过 85%的媒体实验室是在 2007 年后建设的,其中 67%的媒体实验室是在 2011—2018 年间建立的。根据该调查报告,近一半的媒体实验室(46%)是依托高校建设的,而加强研究与实践的联系是它们的核心研究内容之一。②

由于较高的媒介发展水平以及很早就建立了媒体实验室,美国媒体实验室的类型与功能都处于世界前列。美国媒体实验室类型非常丰富,囊括传统媒体教学实验室、跨学科实验室、人工智能实验室、大数据实验室、媒体融合实验室、行为科学实验室等。③ 例如,马萨诸塞州大学波士顿分校设有数字化媒体实验室,搭建媒体与研究者对话的桥梁,致力于将数字媒体时代的研究成果与知识资本应用于现实世界;④密苏里大学、蒙特瓦洛大学、北卡罗来纳大学等也下设数字媒体实验室;在前沿技术领域,北卡罗来纳大学设有里斯创新实验室,专注于对人工智能、AR、VR 领域的研究。⑤

在跨学科实验室建设方面,美国一些大学走在了前列,例如俄亥俄州立大学哥伦布分校的神经系统科学实验室、得克萨斯大学奥斯汀分校的失语症研究与治疗实验室等。美国高校在媒体实验室建设中强调以学生为主体,新闻专业的学生是创建实验室

---

① DU V M, MAJOREK M. Media labs-creative cooperation and mutual learning: case studies across Europe [J]. SHS web of conferences, 2018(48):7.

② NUNES A B, MILLS J. Trends in newsrooms #3: news labs[M]. Frankfurt: WAN-IFRA,2019.

③ 栾轶玫,苏悦. 融媒体时代中外媒介实验室比较研究[J]. 出版发行研究,2019(8):53-60.

④ 资料来源:马萨诸塞州大学波士顿分校官网,网址为 https://www.umb.edu/digitalmedia。

⑤ 资料来源:里斯创新实验室官网,网址为 https://reeseinnovate.com/。

和组织实验室活动的核心，例如哥伦比亚大学、堪萨斯大学、内布拉斯加林肯大学、斯坦福大学等。[①]

而英国高校媒体实验室以单一功能实验室为主，其中数据实验室相对比较发达。[②] 英国萨里大学与巴西圣保罗大学、圣保罗联邦大学三校共建数字世界研究中心，融合工程、通信、社会科学、商业、设计和艺术等不同学科，共同研究对社会和文化有特殊影响的媒体创新项目，是跨学科、跨国界共建媒体实验室的范例。[③]

（二）国内高校发展现状

1.早期：新闻实务实践平台

高校媒体实验室的发展脉络与媒介技术的更迭息息相关，高校媒体实验室在与技术的互动中不断革新。作为应用型学科，新闻的采、写、编、摄等业务是新闻传播人才培养中的主要内容。高校媒体实验室最早就是为辅助基础的新闻实践教学而建立的，早期的实验室主要是暗房、线性编辑机房、演播厅等，用以辅助新闻摄影、新闻编辑等课程的教学。[④] 这个时期，媒体实验室的规模较小且功能单一，[⑤]核心作用是为学生提供采、编、摄的实操平台，与其说是实验室，不如说是一个封闭的实践教学场所。例如，中国传媒大学电视学院的照明实验室、苹果机房等在电视人才实践能力培养上，起到了非常重要的作用。随着媒介技术的发展，单一功能的媒体实验室发展为多功能复合型实验室，具有了实验教学、成果研发与展示等功能，国内最早的多功能实验室是武汉大学新闻学院于2000年建成的实验教学示范中心。[⑥]

类似的实验教学实验室至今仍是新闻传播教育的主战场，也成为新闻传播院系的标配。例如，2007年，清华大学新闻与传播学院重新规划原有实验室，建设新闻传播实验教学中心，下设7个实验室，包括印刷媒体实验室、视听编辑室、摄影室、洗印室、彭博数据终端室、媒介调查实验室、全球财经新闻实验室，旨在通过实践教学，增强现代化传媒人才的采、写、编、评、播、摄能力。[⑦]

---

① MILLS J, WAGEMANS A. Media labs: constructing journalism laboratories, innovating the future: how journalism is catalysing its future processes, products and people[J]. Convergence, 2021:1-26.

② 栾轶玫，苏悦. 融媒体时代中外媒介实验室比较研究[J]. 出版发行研究，2019(8):53-60.

③ DU V M, MAJOREK M. Media labs-creative cooperation and mutual learning: case studies across Europe [J]. SHS web of conferences, 2018(48):7.

④ 贺小玲. 媒介实验室：融媒体时代新闻教育的关键抓手与发展方向[J]. 传媒，2020(4):85-87.

⑤ 栾轶玫，苏悦. 媒介实验室的三个阶段及未来发展趋势[J]. 传媒观察，2019(7):8-16.

⑥ 栾轶玫，苏悦. 媒介实验室的三个阶段及未来发展趋势[J]. 传媒观察，2019(7):8-16.

⑦ 资料来源：清华大学新闻与传播学院官网，网址为 https://www.tsjc.tsinghua.edu.cn/xygk/sys.htm。

2.21 世纪初：建设媒体融合实验室

随着媒体融合逐渐成为媒体发展方向，2006 年，南京大学金陵学院开设国内首个媒体融合专业(方向)，并于 2008 年建成媒体融合实验室。实验室不仅为学生提供开放性的操作平台与充足的实践素材，还能跟踪记录学生实践学习的过程，建立动态档案。①

融媒体背景下，建设媒体实验室成为新闻教育的重要抓手，为培养适应新业态且实践能力突出的全媒体、融媒体人才，各新闻传播院校积极投入，建设媒体实验室，将实验教学的理念贯彻到人才培养工作中，例如，四川传媒学院 2018 年建设了西南地区首个融媒体云操作实验室“川传云”，打造了具备教学、信息化在线教育、视听节目生产制作、产教研实践实训等综合功能的云平台。学院在建设实验室的基础上，进行专业课程改革，实现了实验与课程的有机结合，推动了新闻教育理论协同实践这一重要环节的发展。

3.当前：建设跨界合作的前沿媒体实验室成为未来趋势

随着智能媒介技术的发展，新闻传播教育面临变革，将 5G、大数据、人工智能等前沿技术融入实验室建设成为重要趋势。一些新闻传播院系通过跨界、跨学科、跨领域深入合作，将教学、科研、实践深入到前沿领域，增强了不同学科、行业的互动，拓展了传统高校媒体实验室的外延。更为重要的是，四家媒体融合领域的国家重点实验室于 2019 年被批准建设。

2018 年 10 月，中国传媒大学电视学院与北京北大方正电子有限公司共同建设校企合作实验室“智慧融媒体联合实验室”，充分整合并利用双方在资源、渠道、技术研发以及业界影响等方面的优势，在媒体融合、智能实训的研发与应用、数据服务、新闻传播人才培养等领域深入开展业务合作。

2019 年，复旦大学新闻学院联合中共杨浦区宣传部共同建设了“5G 媒体融合实验室”，探索新技术环境下，部校合作进行人才培养的新模式，为新时代融媒体的快速发展赋能。②

北京师范大学新闻传播学院建设认知神经科学与传播学创新实验室，将认知神经

---

① 搜狐传媒. 高校打造媒体融合实验室 传媒人才培养模式突破[EB/OL]. (2009-09-08)[2021-11-14]. http://media.sohu.com/20090908/n266565967.shtml.

② 杨浦时报. 沪上首个区校共建“5G 融媒体实验室”项目揭牌[EB/OL]. (2019-06-04)[2021-11-14]. http://www.yptimes.cn/html/2019-06/04/content_1_5.htm.

科学引入新闻传播学，开展前沿交叉学科的研究。实验室设有脑电仪、眼动仪、多导生理记录仪、虚拟眼动等多套先进设备，提供了教学与科研的演练场所。[①] 学院还与微软、封面新闻、Enigma 合作共建了我国首个 AI+媒体实验室——“人工智能与未来媒体”实验室，研究人工智能与媒体技术的深度融合，致力于为新技术发展下的媒体转型提供学术与技术支持。[②]

2019 年，科技部批准建设四家媒体融合领域的国家重点实验室，中国传媒大学媒体融合与传播国家重点实验室是其中唯一依托高校建设的实验室。实验室聚焦媒体融合领域重大科学前沿问题和国家社会发展的重点需求，主要研究方向为媒体融合传播与未来形态、媒体融合的服务模式和媒体信息智能处理等。[③] 这一依托高校的国家重点实验室同时还是媒体融合领域科学技术攻关、学科交叉融合和创新人才培养的孵化池，正在积极探索媒体融合专业高精尖人才的培养模式。

（三）小结

技术的变迁与发展是新闻传播业转型和新闻传播教育改革的内生动力。人工智能技术的发展与应用使新闻传播生态发生了深刻变化。智媒时代带来的数据化、智能化转向，使新闻传播人才的素质结构发生改变，复合、跨界、交叉、融合等成为新闻人才培养的重点。为增强学生的智能技术素养，用智能媒体形式呈现新闻素材，运用智能辅助设备表现专业内容，熟悉和掌握新的智能设备成为智能人才培养的重点面向。[④] 为培养适应智媒时代的复合型、技术型、实践型新闻传播人才，推动实践育人与实验教学，高校媒介融合实验室、前沿媒体实验室的建设力度不断加强。探究当前高校媒体实验室的发展现状，媒体实验室模式的人才培养情况以及存在的问题，是智媒时代下深化新闻实践育人改革必须研究的课题。基于此，本文将着重研究以下问题。

（1）我国高校新闻传播院系媒体实验室建设的现状如何？

（2）我国高校媒体实验室在新闻传播人才培养上发挥了什么功能与作用？

（3）智媒时代应当如何科学有效地建设和应用媒体实验室？

---

① 资料来源：北京师范大学新闻传播学院官网，网址为 https://sjc.bnu.edu.cn/xwdt/tzgg/113628.html。

② 本刊编辑部. 封面传媒联手微软、北师大成立全国首个 AI+媒体实验室[J]. 中国传媒科技，2017(9)：11-12.

③ 李旭彦，叶珲. 媒体融合领域成立国家重点实验室的历史逻辑与时代使命[J]. 现代传播（中国传媒大学学报），2021，43(4)：128-134.

④ 李华君. 智媒时代新闻人才培养的新挑战与新要求[J]. 青年记者，2019(22)：61-62.

三、研究方法与研究发现

本研究结合了问卷调查和深度访谈，问卷调查主要以高校新闻传播学院教师为对象，共回收了529份问卷。深度访谈集中于部分高校传播院系负责人。

问卷调查经筛查，剔除雷同答卷、答题时长过短答卷后，得到有效样本量527份。从样本基本构成看，14.04％的被调查者有正高职称，37.57％的被调查者有副高职称，46.86％的被调查者是讲师、助理研究员等。这意味着超半数的被调查者有副高及以上职称。另外，32.26％的被调查者的教龄在5年及以下；30.93％的被调查者的教龄在6—10年之间；20.30％的被调查者的教龄在11—15年之间，还有16.51％的被调查者的教龄在15年以上。也就是说，近七成被调查者的教龄在5年以上。就被调查者所教授课程而言，40.8％的被调查者教授新闻传播理论课程，40.42％的被调查者教授新闻传播实践课程。综合来看，本次问卷调查所覆盖对象的专业性较强，所得数据可以比较客观地描述我国高校新闻传播学院媒体实验室建设和应用的现状。通过对问卷数据进行分析，并辅以调研资料，我们有以下发现。

（一）人才供给与业界需求脱轨，多因素制约智能人才培养

就人工智能技术对新闻传播人才培养的影响的问题，九成（90.89％）的被调查者非常认同或比较认同人工智能技术的发展将对新闻传播人才培养产生巨大影响，不足一成（8.35％）的被调查者一般认同，仅0.76％的被调查者不太认同或完全不认同。为应对人工智能技术的影响，超过九成（90.90％）的被调查者非常认同或比较认同新闻传播人才培养模式应该做出调整改革，不足一成（8.73％）的被调查者一般认同，仅0.38％的被调查者不太认同或完全不认同。可见，人工智能技术对新闻传播人才培养有巨大影响和新闻传播人才培养模式需应势改革基本已经成为高校新闻传播教育者的共识。

调查显示，从智能人才培养的制约因素来看，近六成（56.90％）的被调查者认为学校人才供给与行业人才需求不一致制约了高校人才培养；55％的被调查者认为目前的教学内容过于陈旧；53.90％的被调查者认为目前的教学内容重理论，轻技术；51.40％的被调查者认为课程设置不合理也制约了人才培养；近一半的被调查者认为教学的设备条件落后（49％）以及培养目标与定位不明确（46.70％）也是重要的制约因素。另外，还有34.20％的被调查者认为学界与业界联系不紧密；31.50％的被调查者认为教

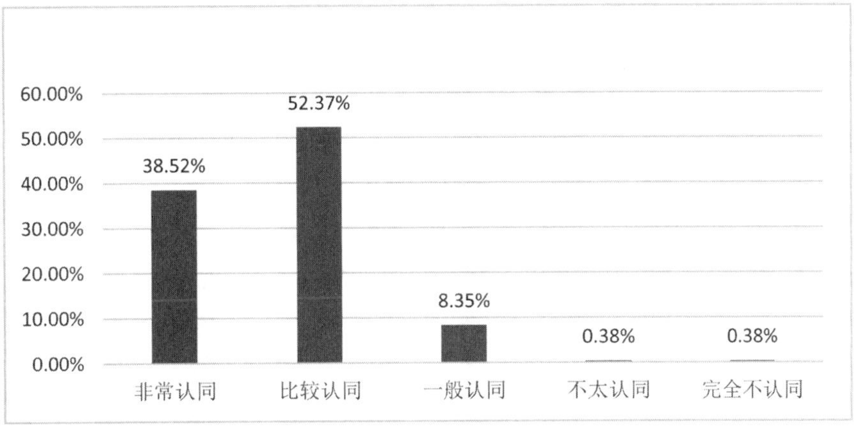

图 1　样本对于人工智能技术对新闻传播人才培养的影响的态度

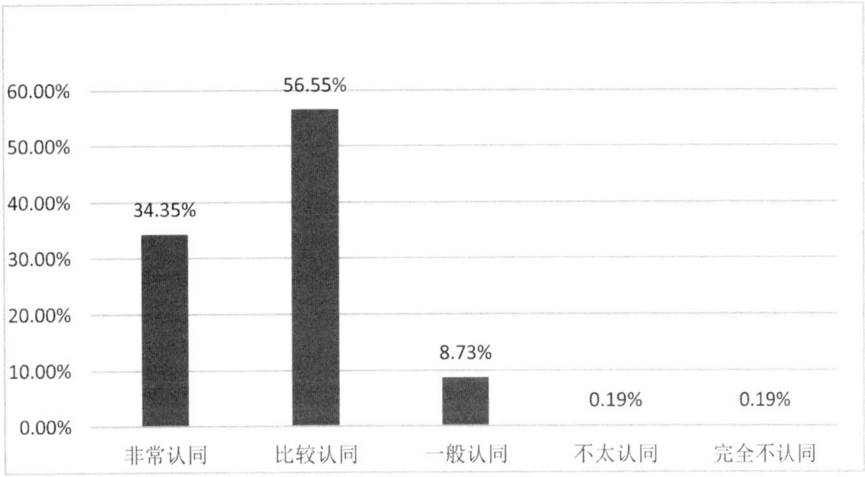

图 2　样本对于智媒时代新闻传播人才培养模式改革的态度

师自身能力不足也是制约因素。总的来说，当前学校人才供给与业界需求脱轨制约了新闻传播智能人才的培养。具体而言，高校新闻传播教育在课程内容、课程设置、教学设备以及培养目标设置、师资能力等方面都存在问题。

综上，人们尽管已经意识到人工智能技术对新闻教育产生了很大影响，但目前高校智能人才培养仍受到各方面因素的制约，人才供给难以完全满足业界需求。

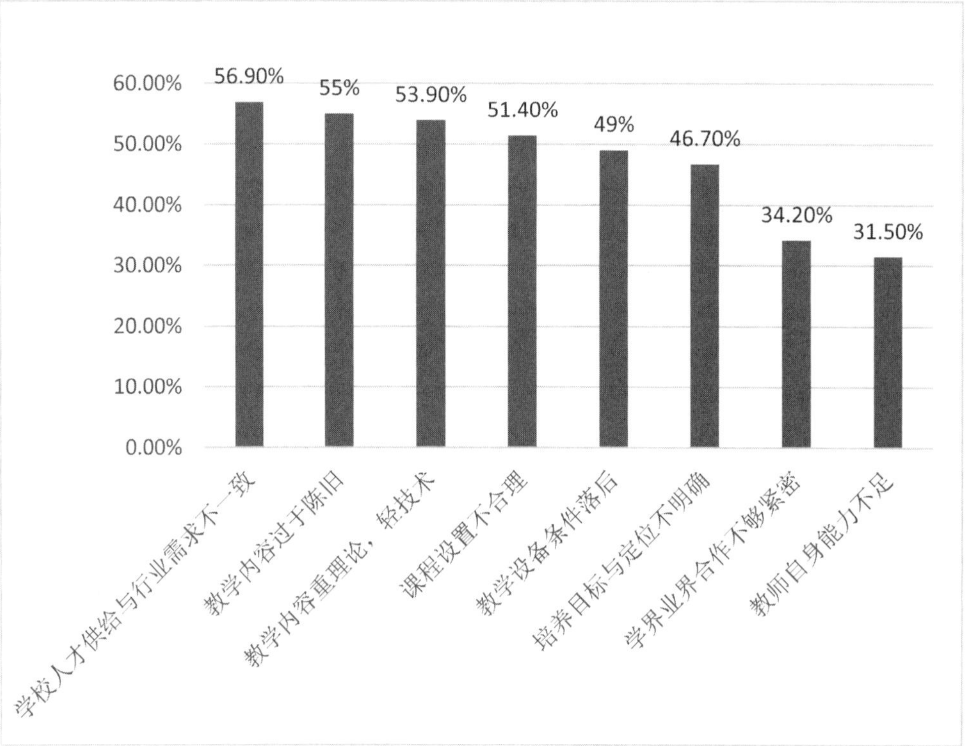

图3　样本对智能人才培养的制约因素的看法

(二)课程体系改革滞后于人才培养理念

为适应人工智能技术的发展,解决人才供给与人才需求脱钩的难题,许多高校在培养上做出调整。针对智媒时代下高校新闻传播教育的实际改革情况进行的调查显示,有78.37%的院校对人才培养模式进行了全部或部分调整。但是,在实际的专业改革与课程体系改革方面,所调查院系中,只有14.40%的院系增加了相关专业,21.25%的院系改革了课程体系,新增了相关课程。总的来说,为适应人工智能技术的发展,大部分新闻院系对人才培养模式做出了调整,但只有少部分院系进行了专业和课程的改革。新闻专业与课程体系的改革远远滞后于人才培养模式的调整,新闻教育改革实践滞后于新闻教学理念的发展。

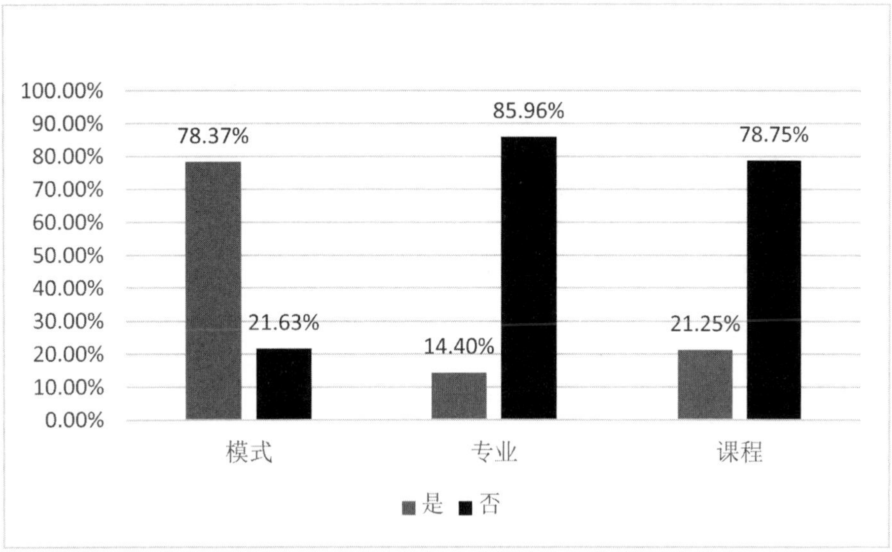

图 4　所调查高校新闻教育改革情况

(三)媒体实验室承担新闻教育的多种功能

对于智媒时代新闻传播人才应具备的素养，调查显示，超八成(81.20%)的被调查者认为前沿技术(数据素养、算法、编程语言、AR、VR 等)是关键，同时，也有超八成(81.10%)的被调查者认为新闻基本实践能力(采、编、摄等)是培养的重点。可见，掌握前沿技术与新闻实务是智媒时代新闻人才专业技能培养的重点。除此之外，48.40%的被调查者认为新闻传播理论知识的教授也很重要，认为政治素质、职业道德和综合素质培养很重要的被调查者人数占比相差不大，分别为 45%、42.50%和 41.60%。

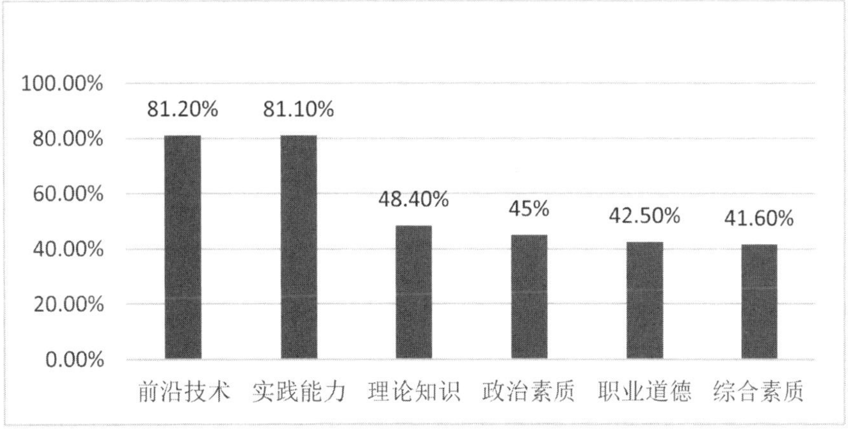

图 5　样本对智媒人才素养的看法

而对于如何培养这些能力、素养的问题，超七成(70.20%)的被调查者认为应通过实践项目培养学生的智媒能力，近七成(66.20%)的被调查者把媒体实验室实践看作智媒时代人才培养的重要方式。58.80%的被调查者认为课堂理论讲授在智媒时代人才培养中仍然不可或缺，57.90%的被调查者认为国内外学术交流也是重要的教学方式；53.50%的被调查者认为可以通过团队自主学习进行智媒人才培养，47.80%的被调查者认为企业实习也是培养智媒人才的手段。对于高校之间联合培养的方式，有37%的被调查者认同。可见，被调查者们认为，实践教学尤其是媒体实验室实践教学是智媒时代人才培养的最重要抓手。

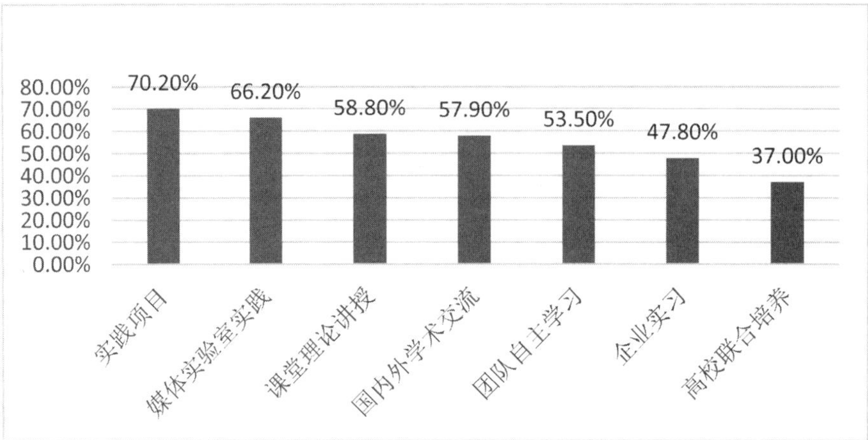

图 6　样本对智媒人才培养方式的看法

从所调查院系媒体实验室的建设情况来看，大部分院系(68.31%)建设了新媒体实验室(或融媒体实验室、智能媒体实验室、数据传播实验室等)。关于媒体实验室所承担的功能，超过八成(83.50%)的被调查者认为媒体实验室为学生提供了演练、操作机会，提高了他们的全媒体实践能力；近七成(68.50%)的被调查者认为媒体实验室作为科研孵化的重要基地，能为科研提供便利，提高科研效率；超过六成(63%)的被调查者认为媒体实验室能够提供教学辅助，能够提高学生对所学知识的理解；超过六成(61.50%)的被调查者认为媒体实验室能加强学界与业界的沟通，拓宽学生视野。仅有 2.70%的被调查者认为媒体实验室作用不大。由此可见，目前我国新闻院校媒体实验室建设状况良好，但在覆盖率上还需要进一步提高。另外，媒体实验室在新闻教育中承担着多样化的功能。

总体而言，在媒体深度融合的智媒时代，前沿技术和实践能力是新闻传播智能人才必须掌握和具备的。而媒体实验室在智媒人才培养中发挥着重要作用，建设媒体实

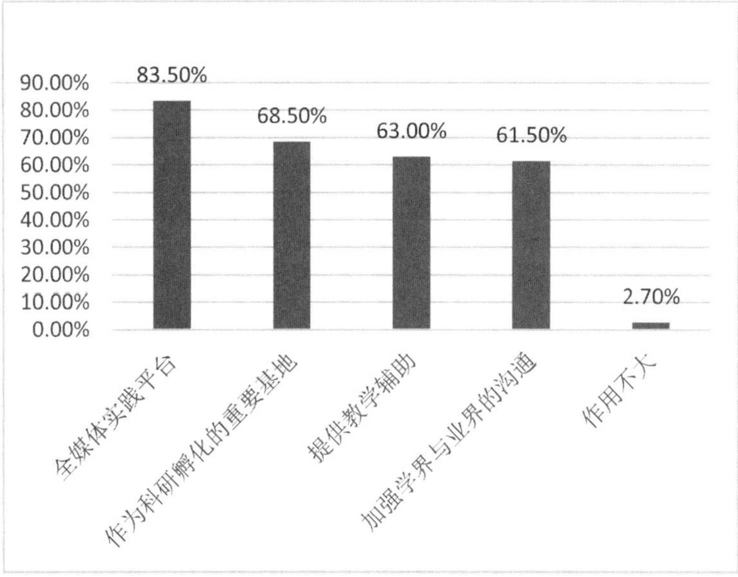

图 7　样本对媒体实验室功能的看法

验室已经成为普遍共识和必须要做的事。媒体实验室不仅承担着教学功能,还是实践平台、科研孵化基地、学界业界跨界合作的通道,对于提高新闻人才全媒体实践能力至关重要。

四、研究结论

结合问卷调查、深度访谈和相关文献,我们对前文所述的研究问题,对我国媒体实验室建设现状、存在的问题以及如何更好地承担功能等做以下总结。

(一)建设现状:普遍建设但应用程度不一

在思考培养智媒时代需要的技术型、复合型智能人才上,高校新闻传播教育者普遍将媒体实验室作为实践育人的关键抓手。从现状看,高校新闻传播院系普遍建立了媒体实验室,但许多媒体实验室设备没有及时更新,目前只有小部分高校建设了跨界合作的前沿融合媒体实验室。实验室功能没有得到充分发挥的主要原因有以下几点。

1.观念滞后

媒介技术的迭代与社会环境的嬗变影响媒体实践的同时,也引发了人才知识结构的调整,并具体体现在高校教育理念与学科建设的实践中。2018 年 8 月,中共中央要求“高等教育要努力发展新工科、新医科、新农科、新文科”。教育部高等教育司司长吴岩指出：“世界的新变革，使得新文科的改革势在必行”，“传统文科”向“新文科”的动态过渡是新技术革命下，社会对人文科学需求调整的显性体现。“新文科”概念内涵丰富，其中，在课程设置上强调跨学科交叉融合，在人才培养上强调实践是重要的方向之一。[①] 高校媒体实验室的建设契合了“新文科”建设的精神与规律，是高校新闻传播院系培养人才的重要抓手。

然而，由于长时间受传统文科教学理念的影响，“文科不需要实验室”的偏见无法被快速消弭，这导致一些高校对实践育人、实验教学的重视程度远远不够。新闻传播专业属于人文学科范畴，滞后的观念直接造成新闻传播院系在建设媒体实验室时出现资金缺乏、场地缺乏、软硬件设备缺乏、课程各自为政等实际问题，阻碍了实验室的建设与更新。

实验室在资金使用、管理运行、资源共享、考核评定、安全维护等各个方面都需要配套、完整、科学的体制机制作为保障。[②] 但由于起步晚、发展缓，我国高校媒体实验室的运行机制不够完善，例如资金使用上，存在效率低、盲目使用和随意使用的问题。[③]

2.使用效率低

我国高校媒体实验室普遍存在使用率不高的问题，很多高校的实验室在投资建成后进入闲置状态。例如，一些主要承担教学功能的实验室，由于没有和专业课程有机结合，导致课程与实验室或者课程与课程出现割裂现象，实验室在新闻业务实践中发挥的作用有限。一些主要承担科研孵化功能的实验室，存在开放性不足，与业界跨界合作、协同发展不足的弊端，学生无法使用实验室提供的技术与资源进行学术研究。

3.师资匮乏

实验教学中，实验室师资队伍不仅是实验室的管理者，更是实验教学的引导者和学术科研的组织者。实验室师资队伍的素质与能力关系着实验教学的效果与学科建设的成果。但许多实验室教师不了解实验教学的要求，缺乏前沿的媒体知识与科学的实操经验等。尤其在智媒时代下，媒体实验室往往配备高端实验设备，研究方向与前

---

① 于杨，尚莉丽．新技术革命背景下新文科建设的价值指向与路径探索[J]．教育理论与实践，2021，41(21)：3-6.

② 胡康林，乔健．文科学院中心实验室协同共建模式及对策研究[J]．实验技术与管理，2019，36(8)：263-266，275.

③ 石道成．媒介融合下传媒实验室建设的现状与探索[J]．计算机产品与流通，2019(2)：205-206.

沿媒介技术紧密结合，这更加要求实验室师资具备设备操作能力与前瞻性的知识素养。

此外，某些高校对实验教学人员存在考核标准不明、职称评定混乱等问题，影响了实验教学人员的积极性，阻碍了媒体实验室的可持续发展。

（二）媒体实验室承担多重功能

基于媒介融合背景下人工智能技术的发展与媒体转型的需求，目前国内高校媒体实验室的建设与改革呈蓬勃发展之势，它们在培养掌握前沿媒介技术和新兴传播规律的新闻传播人才方面可以承担多重功能。

1.新闻教育改革的依托

原有新闻传播人才培养模式下，学界培养与业界实践脱钩现象严重，新闻人才供给与需求不匹配的结构性矛盾突出。智媒时代媒体深度融合的趋势与“新文科”理念的深入发展要求新闻教育顺势而变，应势而改。部分院校对新闻专业和课程体系进行了改革，新增的专业有网络与新媒体、数据新闻、融媒体新闻、智能融媒体等；新增的课程有新闻传播与人工智能、网页前台技术、网络与新媒体、语言处理、图像识别、计算机技术及应用、计算机网络、大数据技术分析等。

新增专业与课程与新媒体、融媒体、智媒技术等联系紧密，课程教学强调对学生实践能力的培养，直接催生出对媒体实验室的强烈需求。例如，对于融媒体产品制作、短视频创作、大数据分析等新兴生产方式与 AR、VR、人工智能等媒介技术，学生只有通过实践与实验才能全面了解和掌握，而实验室为学生提供了“足不出校”进行实操演练的机会。因此，媒体实验室是当前高校新闻教育改革的依托，满足了新闻专业与课程调整革新的内在需求，是实现新闻教育“实践转向”的物质基础。

2.学术创新的支撑

媒体实验室是新闻传播专业学术研究的重要载体，汇聚顶尖科研人才、前沿思想、创新思维，是科研成果的重要孵化基地。

首先，媒体实验室可以为师生提供良好的科研环境，从而实现科研带动教学。通过科研，教师能更准确地把握新技术变革下传媒业态的嬗变，深刻了解业界对新闻传播人才需求的转变。教师学术水平的提高将直接反映在课程教学的方式与质量上，由此，学生对课程知识内部逻辑的理解也将更全面。

其次，学生通过参与科研项目深入研究前沿传播议题，能更深刻地把握智媒时代传播规律,提高应用创新能力。例如,在北京师范大学认知神经传播实验室中,学生先在老师的引导下参与基础培训和实验项目的基础工作,了解实验整体流程。在老师带领完成一两个实验后,学生可以提出自己感兴趣的课题,实验室专业教师团队帮助学生对整个课题的实验流程进行把关,使其最终完成自己的课题。在这样的培养模式下,学生日常学习、学术研究与实验室紧密结合在一起,有助于增强他们的科研能力和创新应用能力。

此外,作为学术创新的重要支撑,媒体实验室在开展前沿领域研究、解决新闻传播领域的关键技术问题、产出科研成果方面具有不可代替的作用。媒体实验室的建设加强了学科交叉融合,学科建设方面,媒体实验室以媒体融合中的科学问题、技术难题为牵引,加强同其他多学科优势团队的合作,从而在媒体融合前沿领域实现产学研的良性循环,产出创新性的科研成果。

3.跨界合作的通道

跨学科融合、跨界合作成为智媒时代媒体实验室建设的必然趋势。在智媒时代泛连接的背景下,媒体实验室是打破学科壁垒、实现学界业界有效对话的重要通道。

喻国明认为,以互联网为代表的技术发展引起的所有变化,已经重写了过去传播学的边界、重心、结构、价值,必须站在跨学科的基点上来解决当下问题。所以,媒体实验室的发展应从问题逻辑出发,破除学科边界,多学科交融发展。① 例如脑科学与智能媒体研究院,聚合理、工、艺术的综合优势,基于现代脑科学的人工智能理论、方法和技术创新,为现代传媒技术、智能计算、神经芯片、认知科学和现代教育技术等前沿科学提供理论基础与应用技术。② 汇聚不同学科背景人才,聚焦跨学科的研究领域,这样的媒体实验室是智媒时代培养跨学科复合型人才的重要基地。

(三)媒体实验室应用模式

在智能人才培养上,媒体实验室的地位越来越重要,它连接着新闻行业、新闻教育和媒介科技。③ 针对我国新闻院校媒体实验室建设现状和存在的问题,探索科学有效的媒体实验室应用模式是当务之急。通过对目前部分高校媒体实验室应用实践的调研,本文提出课程制、项目制、工作坊制三种应用模式。

---

① 资料来源:喻国明微博,网址为 https://m.weibo.cn/1003763994/4315230940968226。

② 资料来源:中传脑科学与智能媒体研究院官网,网址为 https://nimi.cuc.edu.cn/3262/list.htm。

③ 贺小玲. 媒介实验室:融媒体时代新闻教育的关键抓手与发展方向[J]. 传媒,2020(4):85-87.

1.课程制

课程制是我国高校媒体实验室应用的核心模式，是实验室成为实验教学平台的具体体现。在媒体转型的大趋势下，大部分高校设立了新闻采编摄、新媒体实务、融媒体实务、数据新闻创作等实践类课程，这些实践类课程需要教师在教学中使用媒体实验室作为辅助。这一模式在培养新闻传播人才的新闻实务能力方面已经发挥了积极作用，但是，随着媒体技术的发展和媒体实践要求的变化，这一模式在培养人才上也出现了一些问题。

目前的新闻实务实训课程将新闻生产流程分解为一个个独立的单门课程，分别对新闻生产的业务技能进行训练，①导致课程呈点状分布，课程与课程之间的内在连接性不强。② 这样一来，媒体实验室的资源无法被有效利用，课程的实验教学也处于割裂状态。

智媒时代媒体的深度融合要求新闻人才培养具备融合、跨界、协同的思维，因此，高校开设与媒体实验室配套的一体化课程成为重中之重。媒体实验室所搭建的新闻产品制作全流程仿真环境，应当综合新闻生产各个环节，例如信息采集、策划指挥、生产协同、数据分析、融合发布等，在此基础上进行一体化课程的研发，可以提高学生使用实验室的效率，使他们能融通理论与实践，扎实掌握新闻业务的全流程。

2.项目制

项目制是新闻传播院系和业界紧密合作，利用高校媒体实验室协同进行前沿领域研究、媒介产品研发的一种模式。在这一模式下，双方互利互惠。媒体、企业为院系媒体实验室建设提供资金保障，实验室则提供科研资源，产出的研究成果对媒体、企业产生反哺意义。目前，已有很多高校新闻传播院系利用这一模式充分发挥实验室功能。

例如，北京师范大学与百度公司合作建设的未来媒体实验室“百家号新媒体创想空间”就是采取的项目制模式。除了共建新媒体实践课程外，在数据科研层面，实验室立足互联网内容市场实际业务需求，依托北京师范大学新闻传播学院的科研资源，开

① 李琳. 新闻传播融媒体实验室的实践教学创新[J]. 新闻研究导刊，2021，12(12)：89-91.

② 卢小雁，许今茜，沈斌，等. 新形势下高校新闻传播学科融媒体实验室建设[J]. 实验技术与管理，2020，37(5)：22-25.

展关于信息流、AI+媒体应用等领域的研究项目。① 除此之外,北京师范大学还与微软、腾讯、字节跳动等达成了成建制、成规模的合作。喻国明老师在访谈中提出,借助外力能形成资源优势,带动整体的学科建设。在一流资源和一流合作者的支撑下,实验室产出的研究成果也比较前沿,从而更多优质资源被吸引过来,由此可形成产、学、研的良性循环。

3.工作坊制

工作坊也被称为"现代学徒制",最早是在德国"技术与艺术并重"的教育理念下产生的。在工作坊教学实践过程中,学生以"学徒工"的身份,在老师的带领下通过亲身参与,加强理论与实践的学习。②

工作坊作为一种独立的教学模式,已经被广泛应用在国外很多新闻传播专业院系的实践训练中,早在20世纪90年代左右,美国很多大学的电视台或者广播站就采用了实验室与工作坊的混合模式,来模仿媒体行业制作和播报音乐节目、新闻资讯等,取得了显著成效。以媒体实验室为依托应用工作坊模式,可以使学生以课外活动的形式参与实践,能极大地提高学生的积极性。但我国对实验室与工作坊两位一体的混合模式的应用还较少。北京师范大学新闻传播学院近几年做出了一些有益的探索,例如,北京师范大学新闻传播学院2021年举办的"认知神经传播学工作坊",集聚了国内外新闻传播学、心理学、认知神经科学等领域的研究者,开辟了跨学科对话场域。③ 以学院认知神经传播实验室为依托,工作坊采取"教授主讲+实操"的模式,实现了理论研讨与技术辅导的有机结合。

在工作坊模式下,专业和非专业学生都能使用实验室资源,来自不同学科角度的观点在此汇聚,实验室为跨学科的交流实践提供了平台,为学生探索媒体前沿技术提供了良好的实践基地。

五、结语:技术赋能,实践育人

在人工智能技术驱动的智媒时代,推动媒体实验室的建设与应用、创新新闻传播人才培养模式势在必行。目前,我国新闻院校普遍建设了媒体实验室,但依然存在观

① 中国记协网.北师大与百度合作成立"百家号新媒体创想空间"[EB/OL].(2019-01-08)[2021-11-14].http://www.xinhuanet.com/zgjx/2019-01/08/c_137727955.htm.

② 柳溪,杨珊.智媒时代新闻传播专业工作坊教学情境构建[J].记者摇篮,2021(1):109-110.

③ 资料来源:北京师范大学新闻传播学院官网,网址为 https://sjc.bnu.edu.cn/xwdt/tzgg/113628.html。

念滞后、使用效率低、师资匮乏、运行机制不科学等问题，阻碍了媒体实验室的深度应用。面对新闻传播业态的新变局，高校应重视媒体实验室在培养复合型人才、跨学科人才、应用型人才中的作用，充分发挥媒体实验室在技术赋能、实践育人中的多重功能，探索出符合本学科与院校培养方向的科学有效的应用模式。

〔曹晚红，中国传媒大学电视学院教授；余思梦，中国传媒大学电视学院硕士研究生；余子奕，中国传媒大学电视学院硕士研究生〕

全媒体时代高校国际传播人才培养的使命与路径

The Mission and Path of Cultivating International Communication Talents in the All-media Era

◎ 李星儒
Li Xingru

摘要:全媒体时代,传媒业界的巨大变革和国际环境的剧烈变动对国际传播人才培养提出了更高要求。为了"建强适应新时代国际传播需要的专门人才队伍",高校国际新闻培养要在思考培养模式短板的基础上创新,从厚植家国情怀、坚守国家立场、注重中华传统精神内核的提炼、加强多学科交叉协同培养、提升学生全媒体时代适应能力、重构实践教育体系等方面入手,提升国际传播人才的培养效能。

关键词:全媒体;国际传播;人才培养

Abstract:In the era of theall-media, the dramatic change in the media industry aswell as the drastic development in the international environment have raised the standards for training international communication talents. To "develop skilled professionals to meet the demands of international communication in the new era", the training of international journalism in colleges and universities should carry out reform and innovation on the basis of taking into account the shortcomings of their training methods. With an emphasis on cultivating national sentiment and adhering to the national standpoint, the training for international communication talents should also emphasize the classical core of the Chinese traditional spirit, enhance multidisciplinary cross-cultivation, enhance students' adaptability to the all-media era, and restructure the practical education system, thus improving the training efficiency.

Keywords:all-media,international communication,talent training

2019年第6期《求是》杂志发表《加快推动媒体融合发展 构建全媒体传播格局》，文中明确指出，媒体发展要从相加阶段迈向相融阶段，并最终通过媒体融合发展构建全媒体传播格局。构建对外传播话语体系、提升对外传播效果则是建设、发展全媒体传播格局的目的之一。① 2021年5月31日，习近平总书记在十九届中央政治局第三十次集体学习中进一步强调，“要深刻认识新形势下加强和改进国际传播工作的重要性和必要性，下大气力加强国际传播能力建设，形成同我国综合国力和国际地位相匹配的国际话语权”，同时特别指出“要全面提升国际传播效能，建强适应新时代国际传播需要的专门人才队伍”。②

从相关论述及要求来看，全媒体是新闻媒体未来的发展方向，加强国际传播能力建设、提升国际传播能力则是新闻媒体所面临的紧迫任务，我国的国际传播已步入了一个新的战略转型阶段，这给新闻教育提出了新的人才培养要求。

一、全媒体时代国际传播人才培养的历史使命与现实需求

习近平总书记指出，“两个一百年”奋斗目标的实现、中华民族伟大复兴中国梦的实现，归根到底靠人才、靠教育。③ 在新时代的国际传播中，人才队伍的培养是重中之重，因此，培养符合国家战略发展需要的高水平全媒体国际传播人才是新闻传播教育所要肩负的历史使命。

(一)当前国际形势对国际传播人才培养提出新挑战

自2019年起，新冠肺炎疫情在全球范围内反复蔓延，这一重大公共卫生危机对世界各国均造成严重冲击。新冠肺炎疫情加快了全球国际格局变革，也进一步加剧了国家间战略博弈的剧烈程度。世界已经进入大动荡、大变革、大发展的新时期，④ 其直接表现是更为动荡的国际政局和更为频繁的国际摩擦。西方长期以来奉行二

---

① 习近平.加快推动媒体融合发展 构建全媒体传播格局[EB/OL].(2019-03-16)[2022-04-28]. https://www.ccps.gov.cn/xtt/201903/t20190315_130410.shtml.

② 新华社.加强和改进国际传播工作 展示真实立体全面的中国[EB/OL].(2021-06-02)[2022-04-28]. https://baijiahao.baidu.com/s? id=1701405663376542126&wfr=spider&for=pc.

③ 罗宇凡，崔静，朱基钗.聚天下英才 圆复兴之梦：党的十八大以来人才工作创新发展纪实[N]人民日报，2017-09-16(1).

④ 李慎明.新冠肺炎疫情暴发后的世界格局、中美关系和中国面临的战略机遇与挑战[J].毛泽东邓小平理论研究，2020(8):1-20.

元对立的意识形态与价值观，一向致力于树立假想的敌对方。疫情与经济退行的双重高压让西方更为迫切地寻找可指责的“靶子”和可推卸责任的对象。正在日益走近世界舞台中央的中国成为当前最适合被塑造为假想敌的国家，本就已经经历了若干年重复演绎的“中国威胁论”进一步升级为“中国责任论”，针对我国的各种负面言论层出不穷。

这样的国际格局对我国国际传播能力提出了更高要求。除了做好对外宣介中国主张、中国智慧、中国方案，阐释中国精神、中国价值、中国力量的常规动作之外，新时代的国际传播者还必须具备两项重要能力，其一，在西方借助事件、设置议题对我国进行攻讦与抹黑时及时化解攻击并进行话语博弈的能力；其二，积极主动设置议题，掌握话语主导权的能力。

（二）全媒体时代的到来使社会对国际传播人才培养提出新需求

习近平总书记强调，“全媒体不断发展，出现了全程媒体、全息媒体、全员媒体、全效媒体，信息无处不在、无所不及、无人不用，导致舆论生态、媒体格局、传播方式发生深刻变化，新闻舆论工作面临新的挑战”，更特别指出，“要把握国际传播领域移动化、社交化、可视化的趋势”。[①] 当前媒介环境下，依托于移动互联网的各种新兴媒体，尤其是社会化媒体已成为国际传播的主要阵地，更是舆论交锋的主要战场，这就要求新时代的国际传播者在掌握传统媒体的报道、传播技能的同时，还要具备基于新兴媒体的特性与受众接受特点来生产内容、进行传播的素质。

二、全媒体时代国际传播人才培养的问题分析

对国际传播人才的需求随着时代与国家的发展已发生了较大变化，设有国际新闻专业的高校也正在努力针对这些变化进行调整与改革。为了了解国际传播人才培养的现状，笔者对中国传媒大学、中国人民大学、北京外国语大学、四川外国语大学、广东外语外贸大学等多所开设有国际新闻传播专业的高校的新闻传播学院院长和新闻系主任进行了小范围但指向性较强的调研，以探讨当前国际传播人才培养中存在的问题。

---

① 人民日报.加快建立全媒体传播体系［EB/OL］.（2020-01-17）［2022-04-28］.http://www.xhby.net/index/202001/t20200117_6477572.shtml.

(一)专业导向的外语能力培养不足

对于国际传播人才来说,熟练掌握一门以上的外语是其必备的基础能力。对国际传播人才教育来说,外语类课程应是重要的课程板块。但调研发现,目前在高校新闻传播人才培养中,外语能力的培养面临着几大问题。首先,非外国语类高校普遍存在外语教学师资不足的情况。一般此类高校非语言专业的外语教学是由学校统筹开设,教学内容与难度水平往往需考虑全校学生的平均水平,而国际传播人才培养对外语教学要求较高,一般难以达到。外语类高校相对来说外语教学师资更为充足,且教学的内容难度较高,课时数量也相对较多。但其外语师资大多隶属于外语教学部,只能为学生提供"大锅饭"性质的通开课程,无法基于国际传播专业特点对未来工作中所需要使用的大量专业语汇与特殊表达方式进行有针对性的教学。这导致国际传播人才外语能力的培养存在专业和外语融合程度不高、简单相加、专业导向不足的问题,学生在实践中熟练使用外语从事专业工作、解决专业问题的能力尚需提高。

(二)专业以外的复合能力培养不足

对于新闻传播工作者来说,掌握了新闻传播相关的能力有如厨师掌握了厨具的使用方法,国际局势、国际关系、国际政治、国际经济、国际文化交流等内容则是国际传播者的主要"食材"。仅了解厨具的使用方法无法成为优秀的厨师,还需熟悉食材特点,才能做出美味佳肴。同样,新闻传播专业能力的培养不应该成为国际传播教育的全部内容,仅掌握新闻传播专业能力无法满足国际传播工作的现实需求。国际传播本身与国际政治、经济、文化关联紧密,因此,对政治学、社会学、人类学等领域的关注本身就是应该的。[①] 在面对错综复杂的国际局势时,新闻传播工作者对这些领域缺乏基本了解就无法胜任国际传播工作。但目前国际传播人才的培养中,相关复合型知识与能力的培养颇有不足。很少有院校在课程体系中专门设置相关内容,一部分学校的全校公选课中会涉及相关内容,学生仅凭兴趣自主选课。少数学校虽然在课程体系中设置了此类课程,但也多为选修类课程,甚至受师资等因素影响并不真正开课。

---

① 段鹏.当前我国国际传播面临的挑战、问题与对策[J].现代传播(中国传媒大学学报),2021,43(8):1-8.

(三)中华传统文化教育的力度尚需加强

2020 年中共教育部党组印发《教育系统关于学习宣传贯彻落实〈新时代爱国主义教育实施纲要〉的工作方案》,强调要重视文化育人的重要作用,要大力弘扬中华优秀传统文化,把中华优秀传统文化融入教育教学全过程。在国际新闻人才的教育培养中,文化内核的培育具有格外重要的意义。国际传播人才需要始终坚持以国家和人民利益为出发点,进行真实、客观、全面的报道,为我国在国际领域获得更多舆论支持而努力。① 中华优秀传统文化教育具有固本铸魂打底色的作用,有助于帮助国际传播人才树立文化自信,塑造正确的世界观、人生观、价值观,并在未来的工作中坚定国家立场。同时,国际新闻人才肩负着对外宣介中国智慧,阐释中国精神的时代重任,只有自己先深切了解中华优秀传统文化的内涵,深入认识植根于中华民族血脉深处的文化基因,才能将其介绍和阐释给世界人民。但在目前国际传播人才培养中,普遍开设的是中国文学、现代汉语等偏向中文学科的课程,仅涵盖中华文化内涵的一小部分。通识选修课中相关内容体系性不强、覆盖面不广。此外,与中华传统文化相关的学生活动与实践活动等第二课堂教育的开展也需进一步提升。

(四)实践能力培养方法尚需革新

新闻传播是一门实践性极强的专业,自新闻传播教育诞生以来,无论是欧美还是中国,实践教育都被纳入了教育体系,并被视为重要的育人环节。1908 年,密苏里大学新闻学院的成立被认为是世界近代新闻教育的开端。建院伊始,首任院长沃尔特·威廉就基于自己多年的新闻实践经验开创了"理论与实践并重"的新闻教育方式,被称为"密苏里模式"(Missouri model)②。在我国,标志着中国新闻教育开端的是北京大学新闻学研究会的成立,它成立后也吸收了在当时具有先进意义的密苏里模式,将理论研究与实践考察相结合,主张将实践中特有的心得体会总结归纳成为较为系统的理论,并将思考与讨论的理论问题与现实联通。③

虽然实践性似乎是新闻传播专业的天然属性,但新闻传播教育与业界现实需求的分离也一直是新闻传播教育普遍面临的问题。④ 在当前国际传播人才培养中,这一问

① 章彦,张恒军.全媒体时代国际新闻人才培养创新模式探索[J].传媒,2019(20):80-82.

② 杨唯汀.沃尔特·威廉的新闻理念与"密苏里模式"的确立[J].新闻爱好者,2019(6):62-65.

③ 林牧茵.移植与流变:密苏里大学新闻教育模式在中国(1921—1952)[D].上海:复旦大学,2012:83.

④ 张昆,张晶晶."大实践观":对新闻传播专业实践教育的思考[J].中国编辑,2020(12):117-123.

题的出现有几方面的原因。其一,传媒业本身就是一个不断处在更新变化过程中的行业。当前媒介融合程度加深、技术革新不断涌现的环境更让包含国际传播在内的整个新闻传播业界都处于极为迅速的发展变化之中。而国际传播人才的培养因教育本身的规律而需要长达数年的周期,这造成人才培养与从业需求之间始终存在一定时间差,人才培养存在滞后性。其二,传统的国际新闻人才实践教育往往更注重训练学生的采写编评等基本功,但新闻传播界的创新发展往往由技术革新主导。在当前的全媒体新闻报道中,5G、4K 技术让全景高清直播逐渐走上常态化应用;人工智能、VR、AR 等技术已日益普及并趋于成熟,带给受众沉浸式、交互式、全息化的全新信息体验;无人机拍摄更是已经成为一种日常应用的技术。这就对国际新闻人才的实践培养提出了更高的技术与设备要求。在技术革新驱动的媒介环境下,可以让学生动手操练的相关实验设备成为衡量学院实力的重要标尺。① 但受师资和实践设备不足、更新滞后等因素影响,目前国际新闻教育中对相关内容的实践训练非常缺乏。其三,目前,国际新闻人才的培养还是以学校教育为主,虽然已有一些高校在尝试打通学、业界壁垒,通过共建实践平台、互派人员挂职等方式引入业界力量进行人才培养,但真正能落到实处、产出成效的实践合作项目依然不多。

(五)媒介技术革新对国际人才培养提出新挑战

很长时间以来,新闻传播一直被视为传统意义上的文科专业。但近年来大数据、数据挖掘、人工智能、虚拟现实技术等新兴技术不断出现并迅速被广泛应用于新闻传播领域,培养文理融通的国际新闻传播人才已是一种必然趋势。但打造文理融通的师资结构与课程结构并非易事,很多高校在近几年都致力于引进计算机技术、数据挖掘、人工智能等领域的师资,譬如中国传媒大学、复旦大学、武汉大学、北京师范大学等著名高校的新闻传播专业在近些年的招聘中均特别列出需要计算机科学与技术、电子科学与技术、信息计算技术、数据挖掘、大数据统计分析等方向的人才。但从实际招聘情况来看,因相关专业人才社会薪酬待遇较好,高校教职往往并非具有足够吸引力。知名度较高的学校的职位尚有一定吸引力,普通高校类似岗位的招聘往往困难重重,这让后续课程结构和培养方式的更新也举步维艰。

① 钟新,周树华.新闻传播教育的若干核心问题:对国外 20 所新闻传播院系的调研报告[J].国际新闻界,2006(4):7.

三、全媒体时代国际传播人才培养的路径创新

不同于国内或地方新闻,国际传播主要关注的是世界范围内涉及多个国家的重要事务,且报道内容往往与政治、经济、军事、文化等领域相关。在报道时,报道者应从所属的国家的角度出发。因此,国际传播人才须具有坚定的主体立场,熟悉相关领域,并具备良好的专业能力与语言能力,方能满足国际新闻报道的需求。结合调研中所发现的问题,笔者认为,对当前高校国际传播人才的培养应着重从以下路径进行思考与创新。

(一)厚植家国情怀,坚守国家立场

在国际传播专业人才的教育中,家国情怀与国家立场是后续一切培养得以成立的基础。需要看到的是,无论是从前还是现在,国际传播从来不是单纯的事实陈述,而是伴随着大量与事实相关的意义阐释与价值观输出。国际传播是国际博弈中一股极为重要的力量,甚至会在很大程度上左右国际局势的走向。而国际事件往往错综复杂,牵扯不同阶层,涉及多方利益。不同的立场属性会导致报道者在面对事件时产生完全不同的解读视角,基于不同的解读视角赋予事件大相径庭的意义。可以说,国际传播话语权的博弈并非是对事实陈述权的争夺,而是对阐释权的争夺。

正因为此,在国际传播人才的教育中,首先需要坚守的理念就是厚植家国情怀,坚守国家立场。必须始终明确,国际传播工作者必须始终坚持以国家利益和人民利益为出发点和最高价值,需要在国际舆论场中发出中国声音,让国际事件的报道角度变得更为多元、全面,为我国在国际领域获得更多舆论支持而努力。只有坚定了家国情怀与国家立场,国际传播工作者方能在错综复杂的国际局势中不至于随波逐流。

家国情怀与国家立场的培育非一朝一夕之功,需要贯穿于人才培养的全过程。国际传播人才教育,则需与课程思政、国情教育以及马克思主义新闻观教育等有机结合。摒除枯燥说教,借助课程专业内容、实践育人等手段让家国情怀与国家立场融进国际传播人才培养的底色之中。中国传媒大学电视学院曾多次组织国新班学生赴延安、井冈山、贵州、重庆、兰考、开封、郑州、福建、陕西、湖南等红色革命根据地和国家脱贫攻坚一线开展社会调查和新闻采访活动,学生采访报道的多条新闻被 CGTN 等中央媒体采用,体现了将理念教育与专业教育有机融合为一体。

(二)深耕中华文化,塑造精神内核

2016年12月,习近平总书记在全国高校思想政治工作会议上指出,要更加注重以文化人、以文育人。[①] 2018年8月,习近平总书记在全国宣传思想工作会议上指出,中华优秀传统文化是中华民族的文化根脉,其蕴含的思想观念、人文精神、道德规范,不仅是中国人思想和精神的内核,还对解决人类问题有重要价值。[②] 这一系列重要论述,为高校传承中华文化血脉,加强和创新思想政治工作,培养具有坚定文化自信的合格人才,落实立德树人根本任务提供了基本的遵循的标准;更对高校通过国际传播推广中华文化与中华精神,为解决人类问题贡献中国智慧与中国方案,积极构建人类命运共同体提出了目标。因此,在国际传播人才培养中,必须要重视中华优秀传统文化教育。

中华文化博大精深,其内涵极为丰富,包括哲学思想、文学、艺术、审美取向、伦理等一系列领域的内容。在国际传播人才培养的过程中,需要一方面增进学生对广博的中华文化的认知,另一方面促进学生对中华文化深入了解。在进行中华文化相关教育时,需多管齐下,通过多元的方法、活泼的形式构建文化培育场,使学生在长久的文化浸润中全方位提高对中华传统文化的认知与了解。北京第二外国语学院文化与传播学院在国际新闻人才培养中,探索出了"以文培基,以文培元,以文化人,以文育人"的四位一体式培养模式,将中华传统文化教育全方位融进国际传播人才培养中。以文培基,指通过构建通识教育与专业教育相融合的传统文化课堂教学体系筑牢学生中华文化知识体系。以文培元,指通过组织开展阳明学堂、"国学种子计划"、"师生共读经典"读书沙龙、国学经典诵读大赛等文化育人品牌活动构建师生学习践行共同体,引导学生主动学习、探究、传播传统文化,实现中华传统文化育人第一课堂与第二课堂之间的良性互动。以文化人,指通过构建帮助学生全方位体验中华传统文化和促进中外文化交流的平台来推进文化育人载体的贯通协同。譬如每年农历三月初三举办"春禊有约·东观雅集"诗书画笔会活动,承袭"流觞赋诗"之传统,使学生增进对传统文化的认同度;搭建传统文化节、翔宇国际文化节、中外文化艺术季等一系列促进中外文化交流的平台,向中外学生展示传统文化的魅

---

① 习近平.全国高校思想政治工作会议讲话[EB/OL].(2017-01-13)[2022-04-28].https://dxxy.shiep.edu.cn/e8/01/c3447a190465/page.htm.

② 张洋.举旗帜聚民心育新人兴文化展形象 更好完成新形势下宣传思想工作使命任务[EB/OL].(2018-08-23)[2022-04-28].http://media.people.com.cn/n1/2018/0823/c40606-30245183.html.

力。以文育人,则是指打造融合国内国外的传播践行平台,组织学生积极参与志愿服务与海外文化传播,促进学生的价值内化与知行合一。构建的四位一体式的全方位文化育人体系培育了国际传播人才的中华文化精神内核,使其切实承担起了促进中外人文交流、传播中国文化的历史使命。

(三)注重国际传播人才培养中的多学科交叉协同作用

当前阶段,国际传播与国际政治、经济、文化往来的互嵌性加强,展示真实、立体、全面的中国需要多学科人才通力合作,因此在国际传播人才培养过程中应有意识地加强多领域、跨学科人才的协同培养。① 对于国际传播人才来说,对国际时政的洞见能力、国际议题的分析能力及国际形势变化趋势的判断能力是其所需具备的重要素质。因此,教育界亟须在国际传播人才培养中探索打造多学科交叉的培养方式。

国外在国际传播人才培养上在十余年前就已意识到这一问题的重要性。以法国知名的社科类大学巴黎政治学院为例,自 2011 年起,巴黎政治学院的新闻学院与国际事务学院即合作开设了新闻学与国际事务的硕士联合培养项目。该项目将新闻专业与国际事务专业的教育紧密结合,学生需要在 4 个学期中至少修满 120 个学分,其中国际事务学院课程占 60—72 个学分,包括“国际环境政策”“人权与人道主义行动”“国际发展”“国际经济政策”“国际能源”“国际公共管理”“国际安全”等课程,在毕业后可获得新闻学与国际事务专业双硕士学位。这样的联合培养方式使学生在掌握新闻传播实践技能的同时,深入了解了国际政治、经济与文化,为未来从事国际新闻传播事业打下了坚实基础。②

在我国,也有高校在此领域做出了有益探索。在中国人民大学国际新闻与传播学专业的培养方案中,课程体系采取了模块式构建方式,除了一般的通识类课程和专业基础类课程外,还分别在部类基础课和个性化选修课程模块中设置了法学类、社会学类和国际政治类三个子模块。学生需要在部类基础课模块中的法学类、社会学类、国际政治类子模块中修满 6 学分课程,同时在个性化选修课程模块中的法学类、国际政治类、社会学类子模块中修得 16 学分课程。灵活搭配、互相支撑的课程模块实现了对学生的多学科协同培养,提高了学生跨学科综合素质和国际新闻制作能力。

---

① 段鹏.当前我国国际传播面临的挑战、问题与对策[J].现代传播(中国传媒大学学报),2021,43(8):1-8.
② 刘洪东.法国国际新闻传播人才培养模式探究[J].青年记者,2021(15):87-88.

(四)培养专业实用导向的语言能力,注重小语种国际传播人才培养

语言能力是国际传播者赖以工作的基础能力,在当前国际话语和意识形态激烈交锋的环境下,更是重要的作战能力。在国际传播人才培养中,首先需要明确语言能力不仅是外语能力,扎实的中文功底同样不容忽视,应通过持之以恒的阅读与写作练习提升中文基本功。

而在进行英语教学时,教师则要更加注重学生专业实用导向语言能力的提升,即提升学生专业英语——传媒英语的应用水平。长期以来,传媒英语一直被认为只是英语的一个分支。但在当前国际传播肩负历史责任,国际传播话语权争夺日趋激烈的环境下,传媒英语的专门性与特殊必要性已日益凸显。不同于一般性通用英语,传媒英语融合了英语应用语言学、翻译学、新闻传播学等多个专业的知识背景和能力结构,强调在具备了社会交际、跨文化交流等英语综合素质基础上,能够适应大众传播和国际传播从业需要,是具有鲜明职业化特征的专业英语。其根本表征为一种国际传播复合型、创新型、应用型英语素养,①这也是国际传播人才所应真正掌握的英语能力。在高校培养过程中,可考虑建设属于专业或学院自己的传媒英语教师队伍,以弥补普通大学英语大锅饭式教育的不足。广东外语外贸大学即组建了包括外教在内的这样一支教师队伍,直属学院的人员组织架构让这支队伍能够在人才培养过程中更为精准地针对本专业学生制定专业英语的教学方案与教学内容。上海外国语大学则直接将高达36学分的英语类课程纳入专业课程范畴,通过打造英语基础课复合全英、双语专业课的课程体系培养学生双语报道、双语传播能力。②

除培养中英双语报道的传播人才之外,小语种国际传播人才的培养目前也有较大缺口。目前,无论是在理论研究还是实践领域,基于英语国家和英语媒体的工作都占到了很大比重。英语虽然是全球主要语言,但在当前的媒介环境下,国际传播必须要向基于不同国家、不同文化区域精准化传播的方向发展。目前,我国小语种人才整体较为缺乏,能够基于小语种进行国际传播的人才就更为稀缺。因此,高校亟须进行人才培养模式创新,培养此类国际传播人才。当前可行的创新路径,一是以语言专业为

---

① 陈希.国际传播新形势下提升传媒英语应用水平:国际传播软实力建设的基本维度[J].新闻战线,2015(18):126.

② 雷蕾.国际新闻传播人才培养的实践探索:以上海外国语大学为例[J].传媒,2021(2):89.

主体，在小语种专业的基础上复合国际传播专业；二是通过在本科阶段设置小语种国际传播人才实验班，在硕士阶段设置小语种国际传播方向的方法，遴选小语种专业的优秀学生进入国际传播专业学习。

(五)提升学生对全媒体时代的适应能力

在当前媒介环境下，不同媒介形态之间的界限逐渐模糊，边界区分度越来越低，社交平台、短视频平台、直播平台的发展都在推动传播向多元多维的方向发展。受众心理与接受状态已有了极大变化。与此同时，新的媒介技术还在以极快的速度出现并被应用于传播实践，这使国际新闻教育面临巨大挑战。一方面，如果在人才培养中不增加相关内容，会导致学生专业能力无法匹配当前传播环境；但另一方面，部分高校为了跟上媒介技术的更新迭代，不断在课程体系中增删技术类课程，反复调整培养方案，影响了人才培养的稳定性与延续性。

为了解决这一矛盾，国际传播教育需要塑造更为合理的媒介观与技术观。一方面，要重视技术所带来的冲击，深刻认识媒介环境变化对国际传播的影响。另一方面则更需保持定力，要认识到，媒介技术变化的速度始终领先于教育革新的步伐，在面对更新迭代速度越来越快的媒介技术时，不能一味迎合看似轰轰烈烈的新技术或新概念，从而陷入对技术的盲目追逐之中。

在当前的国际传播教育中，更重要的是在提升学生对全媒体时代的基本认识的基础上，培养他们对剧烈变化的媒介环境与新技术的适应能力。即使是技术类课程，其教学重心也不应仅放在对于具体技术手段的掌握与应用上。“授人以鱼不如授人以渔”，学生真正应当掌握的是在面对全新技术时从零开始厘清框架、理解原理并迅速应用的能力。此外，更需要以技术哲学和技术人文主义的视角引导学生认识技术更迭的规律，思考媒介技术对人们生活、生存方式所造成的影响，思辨这种影响所带来的利弊，并进一步探讨全媒体传播环境对社会乃至世界所造成的影响。国际传播教育应通过提高学生的自主学习能力和理性思辨能力，达到提升其对媒介环境变化适应力的培养目标。

(六)构建大实践观指导下的实践教育体系

无论进行什么样的教育改革与创新，最终都不能只落在课堂和纸面上。培养出的人才是否能契合当前国际传播的需要，是否能将学到的知识应用于实践是检验高校人才培养成效的最终标杆。而实践教育就是勾连学生从课堂学习到一线工作的关键一环，可以说，实践教育的质量在很大程度上决定了国际传播人才培养的成效。而如前文所述，全媒体时代媒介环境和国际环境的变化对国际传播人才的培养提出了多角度、多层次的要求，这就意味着国际传播人才的实践教育需要摆脱以往仅注重新闻传播专业相关能力的训练的方式，将更多元素纳进实践教育设计中来，构建大实践观指导下的实践教育体系。

所谓的大实践观，指的是实践教育需要兼顾学界与业界、理论学术与技术技能、专业实践与社会实践、传媒素养与人格塑造。① 这一理念将实践教育视为一个综合训练场，所锻炼的并非学生某一单项能力，而是通过与现实接轨的实践内容对学生的综合能力进行训练。因此，在进行实践教育设计时要以系统论为指导思想和方法论，让学生在实践的过程中能够获得多方面的收益。

目前，已有多所高校在实践教学体系的探索中做出有益尝试，其中中国人民大学的探索最具突破性。该校在跨学科整体共建思路的指导下裁剪了培养方案中大量的规定动作课程，仅保留 2—3 门专业必修课，更注重通过以问题为导向的跨学科实践项目培养学生能力。在此方案下，学生可以有更多的时间和精力投入跨学科实践项目。同时，该方案打破学院行政壁垒，让不同专业的教师与学生在项目中进行交流学习。以脱贫攻坚口述史项目为例，该项目的带队老师并不局限于新闻传播专业老师，而是全校每个学院都派出指导老师，带领由不同专业学生共同组成的项目小组前往全国数十个县展开调研工作。在项目开展过程中不同专业的师生朝夕相处，产生了思想碰撞与交流，有效冲破了专业壁垒；走访村县的过程促使师生广泛接触社会，深入了解现实；口述史研究中的访谈与内容梳理、成果呈现等工作锻炼了学生新闻传播专业能力；脱贫攻坚的主题则指引学生价值观的塑造。

四、结语

全媒体时代的来临深刻影响着整个传媒业，国际环境与传媒环境的变化也对国际传播人才的培养提出了具有时代责任的更高要求。在这一机遇与挑战并存的历史时

① 张昆，张晶晶．“大实践观”：对新闻传播专业实践教育的思考[J]．中国编辑，2020(12)：117-123.

刻,高校更应在思考当前国际传播人才培养模式短板的基础上,升级培养理念,创新培养模式,优化培养体系,不断提升国际传播人才的专业基本功和跨学科综合能力,培养符合时代与国家战略要求的卓越国际新闻传播人才。

〔李星儒,中国传媒大学广告学博士,北京第二外国语学院文化与传播学院副院长、副教授,主要从事媒介内容与媒介传播研究〕

〔特约编辑:付晓光〕

智能媒体

新传播形态下中国地县级受众的媒介使用与新闻消费*

Media Use and News Consumption of Prefecture-level City and County-Level Audience in China in the New Communication Context

◎ 周葆华 刘恩泽

Zhou Baohua Liu Enze

摘要:新传播形态下,移动互联网与智能技术变迁带动社会发展。在此背景下,国家大力推动县级融媒体改革,但目前缺少对于地级市、县级及以下地区受众的一手实证研究。本文基于全国性受众抽样问卷调查数据,以地域比较的视野,从媒介使用、网络行为、新闻消费、本地认同感与生活满意度五个维度,描绘中国地县级受众的媒介使用与新闻消费面貌及其影响。研究发现,尽管地县级受众的网络普及仍有较大空间,但已日渐呈现出"移动互联网"生态特征;依赖"移动"、关注"视频"与"直播"成为地级市和县级及以下地区网民行为的重要特征;县级及以下地区受众的本地认同感最高(与直辖市/省会城市持平),地级市受众的本地认同感、生活满意度均最低,呈现"腰部沉降"现象;本地新闻是地方治理的重要部分,对提升地县市受众的本地认同至关重要,网络生活服务亦是提升生活满意度的重要因素。本文认为,面对潜力无限、兼具挑战的地级市和县级及以下地区传播生态,媒体深度融合应当立足融入地方治理,通过建设"数字地县",以及深耕本地新闻和服务两个路径,提升公众满意度,促进地方认同感。

关键词:媒介使用;新闻消费;县级融媒体;社会治理

Abstract: In the time of media convergence, mobile Internet and artificial intelligent, China is promoting media convergence at the county-level with great efforts. However, there is a lack of first-hand empirical study on audience at the

* 本文是国家社科基金重大项目"智能时代重大舆情和突发事件舆论规律及治理研究"(编号 20ZDA060),以及复旦大学新闻学院部校共建上海新媒体实验中心项目的阶段性研究成果,此刊为首发。

prefecture-level and county-level. Based on a nationwide questionnaire survey, this study focuses on the media use and news consumption of prefecture-level and county-level audience in China and their influences on the sense of local belonging and life satisfaction. It finds that audience at prefecture-level and county-level has gradually adopted "mobile Internet" to a notable extent, although Internet penetration rates in these areas are still lag behind. Using Internet heavily by "mobile", and preferring to "video" and "streaming" have become noteworthy features of their online behaviors. The sense of local belonging at the county-level is the highest (with no significant difference comparing to those from municipalities/provincial capitals), while the sense of local belonging and life satisfaction at the prefecture-level are the lowest. Local news use is found to be crucial to sustain a sense of local belonging and thus becomes a significant part of local governance. Digital life services are also an essential source for life satisfaction. Based on these findings, we argue that deeper media convergence should be integrated into the process of local governance. At prefecture-level and county-level, the main task for media convergence is to increase sense of local belonging and life satisfaction through the development of digitalization, and strengthening the qualities of local news and services.

Keywords: media use, news consumption, county-level mediaconvergence, social governance

新传播形态下,移动互联网渗透每一个角落。相对于一线城市,地县区域幅员辽阔、人口庞大,这对我国经济、社会发展至关重要。尽管它们在新传播技术扩散中曾处于"后发"位置,但在国家高度重视县级融媒体中心建设、互联网企业关注"下沉市场"与用户增长的新背景下,也呈现出蓬勃生机,值得关注。过去在传播研究视域中,针对地县级受众的媒介使用与新闻消费情况较为缺乏实证考察。我国地县级受众的媒介使用呈现怎样的图景?新闻消费呈现怎样的特征?与直辖市、省会城市等大城市存在怎样的差异?本文将聚焦地级市,以及县级及以下地区受众,从媒介使用、网络行为、新闻消费、本地认同感、生活满意度等五个方面,首次较为系统地描绘中国地县级受众的媒介使用与新闻消费面貌。

复旦大学计算与智能传播研究团队组织了本次全国范围的大规模随机抽样调查。调查采取分层多阶段概率与规模成比例(PPS)的随机抽样方法。全国受众总体被划分为25层,即4个特大一线城市(北京、上海、广州、深圳),按照7个经济地理区域划分的直辖市和省会城市(含除京沪之外的其他直辖市、省会城市和计划单列市)市辖区,其他地级市市辖区,以及县和县级市(以上三类各有7层,共21层)。对北上广深四个城市,分别按照PPS方式抽取出16—50个居委会(共100个);对直辖市和省会城市、其他地级市市辖区,以及县和县级市各层,则分别根据其人口比例首先按PPS方式抽取出3—11个区(县),再在所抽中的区(县)级单位(共100个)中分别抽取出4个居(村)委会;然后联系所抽中的居(村)委员会实地绘制辖区地图,并采用等距原则在居(村)委会辖区分别抽取16户,再采用Kish表在所抽中的居民户中随机选择一位年龄在18周岁以上的常住居民作为访问对象。央视市场研究股份有限公司(CTR)负责本次调查的现场执行,调查采用面访方式,于2018年12月至2019年3月进行,完成的问卷总量为8,206份(根据AAPOR公式1计算的回应率为28.2%),经过对样本进行二次抽样后形成的用于全国受众分析的样本总量为7,705份。经与全国人口统计数据比较,本次调查偏向年龄较低、教育程度较高的受众,故在计算总体结果时运用性别、年龄、教育程度和各层人口比重的统计数据进行多重加权,加权后直辖市/省会市辖区、地级市市辖区、县或县级市及以下地区的样本分别占比16.93%、21.18%、61.89%。

一、媒介使用版图:地县级受众的移动互联生态

(一)媒介普及率:基于区域比较

调查结果显示(表1),在县级及以下地区、地级市受众中,媒介普及率排在第一位的是手机,分别达到96.02%、97.18%,排在第二位的是电视(在县级受众中达到90.85%,在地级市受众中达到92.54%)。手机和电视在三级地区中,普及率均超过九成。排在第三位的是互联网。互联网的普及率在三级地区同为前三,但有着地区上的显著差异:在县级及以下地区受众中互联网普及率为60.91%,这一数值低于在地级市受众中的互联网普及率(75.41%)及在直辖市和省会城市受众中的互联网普及率(80.84%)。随后是报纸,报纸在地级市受众中的普及率最高(48.79%),在县级及以下地区受众中的普及率较低(26.05%)。

在县级受众中,普及率相对较低的媒介是杂志(24.40%)和广播(23.11%)。地级市受众中,普及率相对较低的也是广播(46.05%)和杂志(41.94%)。但地级市的传统媒体普及率(报纸、杂志、广播)高于其他两级地区,且在统计上差异显著。

从区域间比较中,我们可以发现:第一,各地区媒介普及率排序大同小异,前四位的均为手机、电视、互联网和报纸,只在最后两位(广播和杂志)排序上存在差异。第二,“手机+电视”成为在全国各地区都普及率最高的“媒介组合菜单”,这两类媒介在县级及以下地区、地级市、直辖市和省会城市的普及率均高于90%。县级及以下地区的高手机普及率表明县级及以下地区受众亦具有高度的移动化特征;第三,互联网普及率呈现地区间“梯度下降”态势,从直辖市和省会城市的80.84%,到地级市的75.41%,再到县级及以下地区的60.91%;第四,在地级市媒介普及“新旧相对均衡”,在媒介组合中,在地级市的四个传统媒体(报纸、杂志、广播、电视)的普及率均高于其他两级地区(其中电视普及率差异未达统计上的显著程度)。

表1 媒介普及率区域比较

	报纸	杂志	广播	电视	互联网	手机	排序
县级及以下地区	26.05%	24.40%	23.11%	90.85%	60.91%	96.02%	手机>电视>互联网>报纸>杂志>广播
地级市	48.79%	41.94%	46.05%	92.54%	75.41%	97.18%	手机>电视>互联网>报纸>广播>杂志
直辖市和省会城市	37.95%	30.32%	30.31%	91.87%	80.84%	98.16%	手机>电视>互联网>报纸>杂志>广播

注:N=7,705。经卡方检验,除电视外,地区间媒介普及率在统计上存在显著差异($p<.001$)。

(二)媒介使用时间:基于区域比较

表2 每天使用媒介时长均值比较

	报纸	杂志	广播	电视	互联网	手机
县级及以下地区	17.64分钟	19.92分钟	29.36分钟	129.21分钟	163.97分钟	134.56分钟
地级市	25.18分钟	15.48分钟	33.50分钟	119.44分钟	152.24分钟	149.09分钟
直辖市和省会城市	24.13分钟	13.96分钟	30.34分钟	114.61分钟	167.99分钟	156.88分钟

注:N=7,705。计算时排除了回答使用“极少”的用户,并剔除了三个标准差值。经均值检验,除广播外,地区间媒介使用时间存在统计上的显著差异。

调查通过两个问题(“每周使用媒介的天数”“在使用该媒介的那些天,平均每天使用多长时间”)来测量受众使用各类媒介的时长,将这两个问题的回答相乘后再除以 7 获得相应媒介受众平均每天使用的分钟数。结果显示:无论哪个地区,在使用媒介的人群中,网民平均上网时间均最长,手机用户使用手机时间第二长,观众观看电视时间第三长,用户使用这些媒介的时间远远超过使用其他传统媒介的时间。

就使用互联网的时间而言,直辖市和省会城市网民的日均上网时间最长(167.99 分钟),其次是县级及以下地区网民(163.97 分钟),然后是地级市网民(152.24 分钟),这说明尽管县级及以下地区互联网总体普及率不算高,但其网民的网络使用时间已经接近直辖市和省会城市网民的使用时间,并超过地级市网民的使用时间。手机用户的使用时间则呈现直辖市和省会城市——地级市——县级及以下地区“梯度下降”的态势。而电视观众的收看时间则与之相反,呈县级及以下地区——地级市——直辖市和省会城市反向“梯度下降”态势。

二、网络行为:县级及以下地区受众“移动+视频+直播”特征明显

当媒介格局变动、网络渗透日常生活,人们的网络行为呈现出怎样的特征?县级及以下地区受众、地级市受众的网络行为有何特点?本次调查通过四个问题比较区域间差异:一是测量上网设备特征;二是测量网民的网络行为特征;三是询问网民使用哪些网络生活服务;四是测量网民的移动 App 使用特征。

(一)上网设备:基于区域比较

表 3　上网设备的地区比较

	手机	台式电脑	笔记本电脑	平板电脑	有互联网的电视/盒子	游戏机	可穿戴设备
县级及以下地区	98.55%	18.55%	8.30%	5.23%	3.06%	0.45%	0.55%
地级市	97.89%	28.29%	21.53%	17.07%	7.64%	0.89%	1.06%
直辖市和省会城市	98.58%	33.08%	23.51%	13.08%	7.01%	0.19%	0.95%

注:N=5,190。经过卡方检验,除手机和可穿戴设备外,其余网络设备使用率分布均存在地区差异,其中台式电脑、笔记本电脑、平板电脑和互联网电视均在 $p<.01$ 水平上显著,游戏机在 $p<.05$ 水平上显著。

本调查设置一组多选题询问受众是否使用手机、台式电脑、笔记本电脑、平板电脑、有互联网的电视/电视盒子、游戏机、可穿戴设备等 7 种设备上网。结果显示,无论哪个地区,网民上网的主要设备均为手机,使用率在县级及以下地区达到98.55%,在

地级市为97.89%,在直辖市和省会城市是98.58%,可谓旗鼓相当(统计检验显示三地不存在显著差异)。随后的上网设备主要为台式电脑、笔记本电脑、平板电脑等,但值得注意的是,直辖市和省会城市网民使用台式电脑的占33.08%,在地级市这个占比为28.29%,但在县级及以下地区这个占比为18.55%;直辖市和省会城市网民使用笔记本电脑的占23.51%,在地级市该占比为21.53%,但在县级及以下地区该占比为8.30%;直辖市和省会城市网民使用平板电脑的占13.08%,在地级市该占比为17.07%,但在县级及以下地区该占比为5.23%;其他新终端(如电视机或电视盒子、游戏机、可穿戴设备等)的使用率相当有限。

由此可见,尽管不同地区上网的主要设备均为手机,但地级市以上的网民的上网设备相对多元,而县级及以下地区网民的上网设备相对单一,更依赖手机。

(二)网络行为特征:基于区域比较

表4 网络行为特征的区域比较

	关注网络新闻	观看/收听视音频	看网络直播	上传视音频	玩网络游戏	看网络小说
县级及以下地区	2.13 (1.30)	2.49 (1.64)	1.74 (1.59)	1.07 (1.37)	1.71 (1.73)	1.15 (1.42)
地级市	2.43 (1.19)	2.38 (1.45)	1.85 (1.43)	1.46 (1.37)	1.98 (1.58)	1.71 (1.49)
直辖市和省会城市	2.65 (1.25)	2.52 (1.52)	1.90 (1.52)	1.36 (1.40)	1.97 (1.74)	1.45 (1.54)

注:N=5,189。测量方式为六级量表:0=从不,1=很少,5=经常。括号中数字为标准差①。

本调查采用六个问题测量网民的网络行为特征("关注网络新闻""观看/收听视音频""看网络直播""上传视音频""玩网络游戏""看网络小说"),均采用六级量表测量,0=从不,1=很少,5=经常。

结果显示,"关注网络新闻"和"看网络小说"这两个问题在统计上存在地区间的显著差异。直辖市和省会城市受众"关注网络新闻"的程度最高(均值2.65,标准差1.25),其次是地级市受众(均值2.43,标准差1.19),县级及以下地区受众"关注网络新闻"的程度最低(均值2.13,标准差1.30)。"看网络小说"一项,地级市受众的程度最高

① 标准差是方差的算术平方根,在概率统计中最常使用,能反映一个数据集的离散程度。

(均值 1.71,标准差 1.49),其次是直辖市和省会城市受众(均值 1.45,标准差 1.54),县级及以下地区受众的程度最低(均值 1.15,标准差 1.42)。

县级、地级市、直辖市和省会城市受众在“观看/收听视音频”“看网络直播”“上传视音频”“玩网络游戏”等网络行为中没有显著差异。对县级及以下地区的受众而言,在这几类网络行为中,程度最高的是“观看/收听视音频”,第二是“关注网络新闻”,第三是“看网络直播”;对地级市、直辖市和省会城市受众而言,程度最高的是“关注网络新闻”,第二是“观看/收听视音频”,第三是“玩网络游戏”。由此可见,县级及以下地区受众的网络行为特征与地级市、直辖市和省会城市受众存在差异,除基本的新闻需求外,“观看/收听视音频”和“看网络直播”在他们的网络行为中占有重要位置。

(三)网络生活服务特征:基于区域比较

表 5　网络生活服务特征的区域比较

	网络消费生活	其他网络生活
县级及以下地区	2.61(1.04)	1.61(.80)
地级市	3.01(1.01)	2.16(.95)
直辖市和省会城市	3.07(1.05)	2.01(.87)

注:N 网络生活=4,978,N 其他网络生活=4,972。测量方式为五级量表:1=从不,5=几乎每天。括号中数字为标准差。

本次调查通过三个问题询问网络购物平台(上网购买商品或服务,如通过淘宝、京东、微信等)、网络付费(付款、转账或收款,如通过电子银行、微信、支付宝等)、网络外卖(上网叫外卖,如大众点评、美团、饿了么等)等网络生活服务应用的使用情况,将之加总平均综合为一项“网络消费生活”指数(1—5 级量表,1=从不,5=几乎每天,信度系数 α=.759)。“其他网络生活”指数(α=.939)则用网络约会、住宿、学习、运动、时间管理、理财、交通等 12 道问题衡量。

数据显示,县级受众的网络消费生活指数(均值=2.61)和其他网络生活指数(均值=1.61)均显著低于地级市受众与直辖市和省会城市受众($p<.001$)。地级市受众(均值为 3.01)及直辖市和省会城市受众(均值为 3.07)的网络消费生活指数无显著差异,在其他网络生活指数上,地级市受众(均值=2.16)甚至高于直辖市和省会城市受众(均值为 2.01)($p<.05$)。由此可见,县级及以下地区受众的网络生活服务具有较大发展空间。

(四)移动 App 使用：基于区域比较

表 6 移动 App 使用率的区域比较

	县级及以下地区		地级市		直辖市和省会城市	
1	微信	99.44%	微信	99.75%	微信	99.42%
2	淘宝	80.44%	淘宝	87.36%	淘宝	87.64%
3	抖音	76.03%	今日头条	82.22%	腾讯新闻	80.51%
4	腾讯新闻	69.99%	腾讯新闻	80.51%	今日头条	77.85%
5	今日头条	69.58%	抖音	76.42%	抖音	75.38%
6	拼多多	67.51%	拼多多	70.96%	拼多多	72.15%
7	快手	62.81%	快手	66.64%	快手	59.51%
8	趣头条	46.71%	天天快报	66.31%	微博	59.13%
9	微博	44.50%	微博	63.54%	网易新闻	54.18%
10	天天快报	43.12%	趣头条	63.05%	趣头条	51.14%
11	网易新闻	41.15%	网易新闻	61.09%	天天快报	47.91%

注：N=5,177(手机网民)。经过卡方检验，微信、抖音的地区差异不显著；其他 App 的地区差异显著。

我们测量了 11 款移动 App(微信、微博、淘宝、腾讯新闻、网易新闻、今日头条、抖音、快手、拼多多、趣头条、天天快报)的普及情况。其中，微信在各地区移动网民中普及率均在 99%以上，成为名副其实的“国民级”App。排在第二位的均为淘宝，在直辖市和省会城市移动网民中使用率达到 87.64%，地级市达到 87.36%，县级及以下地区为 80.44%。

位居第三至第五位的移动 App 均包括今日头条、腾讯新闻、抖音，但在三个地区之间的排序不同。在直辖市和省会城市移动网民中，位居第三的是腾讯新闻，其后是今日头条和抖音；地级市移动网民中，位居第三的是今日头条，其后是腾讯新闻和抖音；在县级及以下地区移动网民中，位居第三的则是抖音，其后是腾讯新闻和今日头条。值得注意的是，拼多多和快手均位列第六至第七位，其中被认为更“下沉”的快手，在地级市和县级及以下地区移动网民中的使用率分别达到了 66.64%和 62.81%，均超过了在直辖市和省会城市移动网民中的使用率(59.51%)。

由此可见，地县级受众在移动 App 使用方面的显著特征有两个：一是微信、淘宝两大“国民级”应用的使用率较高；二是抖音和快手的高使用率，无论是地级市移动网民还是县级及以下地区移动网民，他们抖音和快手的使用率均超过了直辖市和省会城市移动网民(快手的差异达到了统计上的显著程度)。

三、新闻消费

新传播形态下的新闻消费呈现出了怎样的景观？在去中心化的传播形态下，受众通过传统媒体和新媒体渠道的新闻消费整体情况如何？各地受众更青睐哪种获取新闻与公共事务信息的渠道？本次调查从传统媒体、网络以及社交媒体的新闻消费三个角度，速写地县级受众在移动互联网时代的新闻消费情况。

（一）传统媒体新闻消费

调查以五级量表衡量报纸读者的报纸新闻消费情况（1＝几乎不关注，5＝非常关注）。结果显示，无论哪个地区，报纸读者对本地新闻的关注度均最高，其次是国内新闻，再次为国际新闻。尽管县级及以下地区受众中报纸普及率相对较低，但在国内新闻消费上的均值高于地级市、直辖市和省会城市，在本地新闻和国际新闻消费上的均值均处于中间状态，高于地级市，低于直辖市和省会城市。地级市受众的本地新闻消费（均值为3.95）低于直辖市和省会城市受众（均值为4.17），地级市受众的国际新闻消费（均值为3.36）显著低于直辖市和省会城市受众（均值为3.68）。

表7　报纸新闻消费情况的地区比较均值

	本地新闻	国内新闻	国际新闻
县级及以下地区	4.05 (.95)	3.77 (1.10)	3.52 (1.22)
地级市	3.95 (1.08)	3.60 (1.19)	3.36 (1.24)
直辖市和省会城市	4.17 (.87)	3.71 (.98)	3.68 (1.01)

注：N＝636。测量方式为五级量表：1＝几乎不关注，5＝非常关注。括号中数字为标准差。地区间均值差异经过ANOVA检验比较，地级市、直辖市和省会城市间的国际新闻消费（$p<.05$）存在统计上的显著差异。

电视观众的新闻消费方面的数据显示（五级量表，1＝几乎不关注，5＝非常关注），与报纸新闻消费趋势一致，电视观众关注本地新闻的程度最高，其次是国内新闻，最后是国际新闻。在地区差异比较方面，直辖市和省会城市电视观众对本地、国内、国际新闻的关注程度均最高，地级市受众次之，县级及以下地区受众关注得相对较少。

表8　电视新闻消费情况的地区比较

	本地新闻	国内新闻	国际新闻
县级及以下地区	3.50 (1.15)	3.21 (1.26)	2.75 (1.32)
地级市	3.54 (1.16)	3.34 (1.11)	3.04 (1.19)
直辖市和省会城市	3.95 (1.06)	3.58 (1.09)	3.31 (1.18)

注：N＝6,091。测量方式为五级量表：1＝几乎不关注，5＝非常关注。括号中数字为标准差。

地区间均值差异经过 ANOVA 检验比较,除地级市与县级及以下地区的本地新闻消费情况外,均在统计上差异显著($p<.01$)。

(二)网络新闻消费

表 9　网络新闻消费情况的地区比较

	本地新闻	国内新闻	国际新闻
县级及以下地区	2.45 (1.50)	2.17 (1.52)	1.78 (1.52)
地级市	2.60 (1.35)	2.43 (1.39)	2.27 (1.39)
直辖市和省会城市	3.00 (1.46)	2.63 (1.47)	2.32 (1.49)

注:N=5,189。测量方式为六级量表:0=从不,1=极少,5=经常。括号中数字为标准差。除了地级市、直辖市和省会城市的国际新闻消费情况外,地区间均值差异经过 ANOVA 检验比较,在统计上差异显著($p<.01$)。

县级市及以下地区、地级市、直辖市和省会城市受众均更关注本地新闻,其次是国内新闻,最后是国际新闻。县级及以下地区受众对互联网上的本地新闻、国内新闻、国际新闻的关注程度显著低于直辖市和省会城市受众。地级市受众对互联网上的本地新闻、国内新闻的关注程度显著低于直辖市和省会城市受众。

整体来看,在报纸新闻消费、电视新闻消费、网络新闻消费中,“本地新闻”均是受众关注程度最高的内容。这反映了受众新闻关注的接近性、贴近性特征。相对于直辖市和省会城市,地级市、县级及以下地区受众对新闻的关注程度相对较低。

(三)社交媒体的新闻获取行为分析

本次调查还询问了用户从社交媒体或消息应用软件渠道获取新闻和公共事务信息的情况,渠道包括微信、微博、QQ。结果显示,在各类应用中,微信是各级地区受众最主要的获取新闻与公共事务信息的社交媒体。地级市和县级及以下地区互联网用户中,以微信作为获取新闻与公共事务信息主要渠道的占比分别达到了 64.99%和 60.12%,直辖市和省会城市、地级市用户获取新闻与公共事务信息的第二个主要渠道是微博,但县级及以下地区用户获取新闻与公共事务信息的第二个主要渠道是 QQ。整体上,县级及以下地区用户很少通过社交媒体或消息应用软件获取新闻与公共事务信息。

表 10　在社交媒体或消息应用软件上的新闻与公共事务信息获取行为

县级及以下地区		地级市		直辖市和省会城市	
渠道	占比	渠道	占比	渠道	占比
微信	60.12%	微信	64.99%	微信	64.27%
QQ	12.98%	微博	19.50%	微博	17.63%
微博	12.33%	QQ	19.19%	QQ	15.65%

注：N＝5,190。经卡方检验，均存在显著差异，$p<.001$。

调查进一步通过一组问题询问用户使用社交媒体或消息应用软件时关注三个方面信息更新频率的情况，包括“政治、经济等公共事务”“新闻时事”“娱乐、体育或文化”（1＝从不，2＝极少，5＝每天很多次）。在社交媒体或消息应用软件中，县级及以下地区受众对“政治、经济等公共事务”关注程度显著较低（均值＝2.23，标准差＝1.08）；县级及以下地区受众（均值＝2.92，标准差＝1.13）与地级市受众（均值＝3.00，标准差＝1.08）对于“新闻时事”的关注无显著差异，且均与直辖市和省会城市受众存在显著差异；县级及以下地区受众对于“娱乐、体育或文化”的关注程度（均值＝2.82，标准差＝1.09）低于地级市受众（均值＝2.94，标准差＝1.06），但与直辖市和省会城市受众的关注程度没有显著差异。这反映了县级及以下地区受众在社交媒体或消息应用软件中对“新闻时事”的关注程度与地级市受众相当，但对“政治、经济等公共事务”的关注相对较少。

表 11　受众在社交媒体或消息应用软件上对信息的关注程度

	政治、经济等公共事务	新闻时事	娱乐、体育或文化
县级及以下地区	2.23 (1.08)	2.92 (1.13)	2.82 (1.09)
地级市	2.55 (1.05)	3.00 (1.08)	2.94 (1.06)
直辖市和省会城市	2.41 (1.09)	3.15 (1.08)	2.90 (1.06)

注：N＝5,099。地区间差异经过 ANOVA 检验，除地级市和县级及以下地区受众在新闻时事上的关注程度无显著差异，直辖市和省会城市与县级及以下地区受众、直辖市和省会城市与地级市的受众在娱乐、体育或文化上的关注程度无显著差异，其他均存在显著差异。

在上文的数据中我们已知，微信是各级地区受众获取新闻与公共事务信息最主要的社交媒体。本次调查的一组测量进一步挖掘用户在微信上的新闻获取行为，包含在“新闻媒体的微信公众号”“其他个人或机构的微信公众号”“微信群”“微信朋友圈”获取新闻的行为。在微信内部的不同端口，“微信朋友圈”是获取新闻与公共事务信息的最主要渠道，在地级市和县级及以下地区微信用户中用该渠道获取新闻与公共事务信息的占比分别为47.86%和47.87%；其次是微信群，在地级市和县级及以下地区微信用户中占比分别为44.23%和40.47%;随后是新闻媒体的微信公众号,在地级市和县级微信用户中占比分别为13.42%和10.58%,其他个人或机构的微信公众号则在微信用户中的占比相对较小。

表12 微信中的新闻与公共事务信息获取行为

	县级及以下地区	地级市	直辖市和省会城市
微信朋友圈	47.87%	47.86%	48.18%
微信群	40.47%	44.23%	37.30%
新闻媒体的微信公众号	10.58%	13.42%	18.60%
其他个人或机构的微信公众号	2.97%	4.94%	4.41%

注:N=5,122,计算时不含选择"极少"的用户。经卡方检验,除微信朋友圈外,均存在显著差异,$p<.01$。

四、地县级受众的本地认同及媒体影响

(一)本地认同的区域比较

我们通过两个问题测量"本地认同感",包括"不管别人怎么看我现在生活的这个地方,我都非常不舍得离开""我对现在生活的这个地方很有感情"(1—5级量表),并将之加总平均构成一个"本地认同感"指数($\alpha=.677$)。县级受众与直辖市和省会城市受众的本地认同感均显著高于地级市受众($p<.001$),县级区域受众的本地认同感最高,均值达到3.96,地级市受众的本地认同感最低(均值为3.76)。

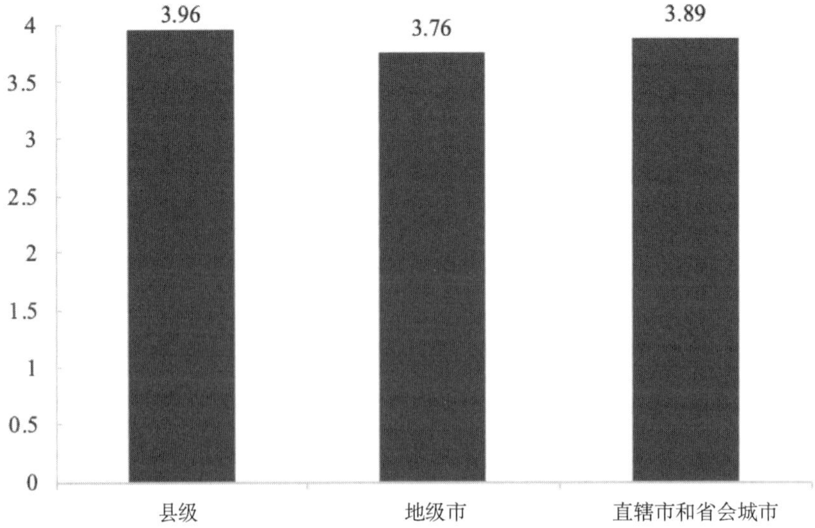

图1 本地认同的区域比较

（二）本地新闻关注度与本地认同感

表 13　本地新闻关注度对本地认同的影响的回归分析

	本地认同感
个体人口学变量解释百分比（%）	2.6***
地区变量解释百分比（%）	0.7***
本地新闻接触解释百分比（%）	1.7***
本地报纸新闻关注度	.043***
本地电视新闻关注度	.050***
本地网络新闻关注度	.018*
总解释的百分比（%）	5.0***

注：个体人口学变量包括性别、年龄、教育、收入、职业、城乡等。* $p<.05$，*** $p<.001$。

在控制个体人口学变量、地区变量后，本地新闻接触在一定程度上能够解释本地认同感（$\triangle R^2=.017$），本地报纸新闻关注度（$\beta=.043$，$p<.001$）、本地电视新闻关注度（$\beta=.050$，$p<.001$）、本地网络新闻关注度（$\beta=.018$，$p<.05$）与本地认同感呈正相关。换句话说，本地报纸新闻关注度越高，本地认同感越高；本地电视新闻关注度越高，本地认同感越高；本地网络新闻关注度越高，本地认同感越高。

五、地县级受众的生活满意度及媒体影响

（一）生活满意度的区域比较

受众的生活满意度如何？本次调查通过五个问题来测量，“在大多数方面，我的生活都接近理想状态”“我的生活在各方面都很好”“我满意我的生活”“目前为止，我已得到生命中想要的重要的东西”“如果我的人生可以再来一次，我基本不会选择改变任何东西”（7 级量表），然后将它们加总平均构成一个“生活满意度”指数（$\alpha=.882$）。统计检验显示，三级地区之差达到显著程度（$p<.001$）。直辖市和省会城市受众的生活满意度最高，均值为 4.61，标准差为 1.20；县级区域受众的生活满意度次之，均值 4.36，标准差为 1.01；地级市受众的生活满意度相对最低，均值为 4.22，标准差为 1.04。

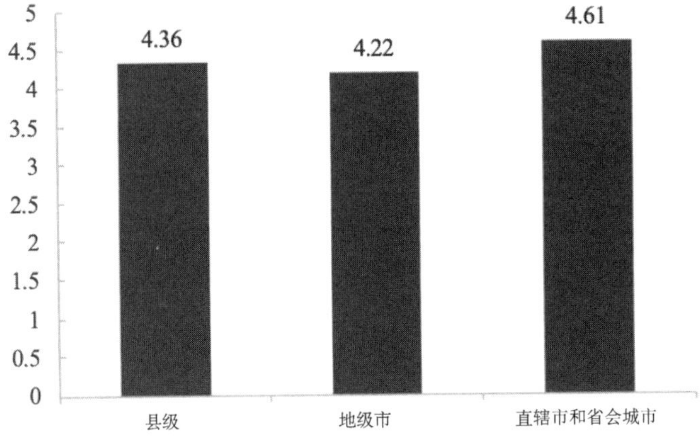

图 2　生活满意度的区域比较

注:N=7,705。

(二)本地新闻关注度、网络生活服务与生活满意度

表 14　本地新闻关注度对生活满意度的影响的回归分析

	生活满意度
个体人口学变量解释百分比(%)	3.1***
地区变量解释百分比(%)	0.9***
本地新闻关注解释百分比(%)	4.4***
本地报纸新闻关注度	.041***
本地电视新闻关注度	.091***
本地网络新闻关注度	.088***
总解释的百分比(%)	8.4***

注:N=7,705。个体人口学变量包括性别、年龄、教育、收入、职业、城乡等。*** $p<.001$。

关注本地新闻是否对生活满意度存在影响?我们从实证上加以检验,以本地报纸/电视/网络新闻关注度为自变量,生活满意度为因变量进行回归分析。控制变量包括性别、年龄、教育、收入、职业、城乡等个体人口学变量以及地区变量。结果显示,本地报纸新闻关注度($\beta=.041, p<.001$)、本地电视新闻关注度($\beta=.091, p<.001$)、本地网络新闻关注度($\beta=.088, p<.001$)均与生活满意度呈正相关。换言之,对本地报纸新闻关注得越多,生活满意度越高;对本地电视新闻关注得越多,生活满意度越高;对本地网络新闻关注得越多,生活满意度越高。

表 15　网络生活服务对生活满意度的影响的回归分析

	生活满意度
个体人口学变量解释百分比(%)	5.3***
地区变量解释百分比(%)	0.9***
网络生活服务解释百分比(%)	2.9***
网络消费生活	.170***
其他网络服务	.059**
总解释的百分比(%)	9.1***

注:N=5,190。个体人口学变量包括性别、年龄、教育、收入、职业、城乡等。** $p<.01$,*** $p<.001$。

为了进一步试探生活满意度的影响因素,我们在网民群体中,以网络消费生活、其他网络服务为自变量,生活满意度为因变量,控制个体人口学变量和地区变量,进行回归分析。结果显示,网络消费生活($\beta=.170$,$p<.001$)和其他网络服务($\beta=.059$,$p<.01$)与生活满意度呈正相关($R^2=.091$)。相对而言,网络消费生活对生活满意度的影响大于其他网络服务。

六、总结

本研究基于全国性的受众调查数据,系统分析地县级受众媒介消费、新闻消费的主要特征。本研究主要有以下发现。

第一,地县级受众与直辖市和省会城市受众一样,呈现出移动互联网时代鲜明的移动化、网络化生态特征。手机已经成为在地县级受众中普及率最高的媒介,互联网的普及程度在地级市已经超过 75%,在县级及以下地区超过 60%。值得注意的是,尽管县级及以下地区受众中网民数仍有较大上升空间,但县级及以下地区网民的上网时间并不少,且其上网设备与其他地域网民相比,更加倚重手机(有 98.55%的网民使用手机上网)。

第二,网络行为方面,地级市和县级及以下地区受众对视频、直播的热情与直辖市和省会城市的受众几无差异。在移动 App 使用方面,相同的是,微信和淘宝作为“国民级”应用,高度渗透地县网民;而同中有异之处在于,抖音和快手在地级市和县级及以下地区网民中的使用率相等,并高于直辖市和省会城市,这充分印证了视频和直播对网络生活的重要意义。与此同时,地级市和县级及以下地区网民对网络新闻的关注热情显著低于直辖市和省会城市受众;地县级,尤其是县级及以下地区受众在网络消费和生活服务领域的应用程度较低,发展潜力巨大。

第三,在新闻消费方面,“本地新闻”是地县级受众在传统媒体和网络新闻消费中最关注的内容,这在一定程度上反映了受众使用新闻的接近性、贴近性特征,以及融入生活的需求。

第四,本地认同感与生活满意度方面,县级及以下地区受众的本地认同感最高(与直辖市和省会城市持平),地级市受众的本地认同感最低;直辖市和省会城市受众的生活满意度最高,县级及以下地区受众次之,地级市的受众生活满意度最低。地级市受众的本地认同感和生活满意度“双低”,呈现出“腰部沉降”特征,值得高度关注。分析发现,本地新闻关注度对本地认同感和生活满意度均具有显著正向影响。本地新闻作为地方治理的重要部分,对提升地县级受众的本地认同至关重要。而网络生活服务也是生活满意度的重要影响因素,对生活满意度提升具有正向影响。

本研究的发现具有如下政策启示。

第一,发展“数字地县”。“数字鸿沟”的问题自提出以来,在全球数字化的背景下逐渐受到关注,它警示人们持续关注跨地域、跨群体的媒介采纳差距与使用差距所带来的影响。对全国三级地域受众的调查结果显示,整体受众层面上的普及率“数字鸿沟”依然存在,如仍有近四成县级及以下地区受众、近四分之一的地市受众未上网,徘徊在“媒体融合”门外。因此,在当前阶段,一方面持续推动数字化基础设施和内容、服务建设,推动“数字地县”建设任务紧迫;另一方面对地县受众,尤其是县级及以下地区受众,仍需充分应用更为普及的手机短信/彩信和电视,以达到传播效果。在关注“数字鸿沟”的同时,要审慎对待“数字鸿沟”,这一概念或将遮蔽在地级市和县级及以下地区受众中已经日益活跃的网络生活与媒介消费、新闻消费的丰富状态。在网民层面上,简单的“数字鸿沟”无法概括地级市和县级及以下地区受众的网络生活形态,三层区域在网民上网时间上已无显著差异,但在其他方面还存在各自的特色与差异,并且这种差异不能简单地理解为“直辖市和省会城市—地级市—县级及以下地区”的差序格局。例如,县级及以下地区网民的移动上网依赖性特征最明显;对视频和直播的关注程度不亚于大城市网民;对抖音和快手的使用率已经持平甚至超越直辖市和省会城市网民。

第二,深耕服务本地。移动互联网和媒体深度融合时代,媒介技术变迁带来传媒业乃至社会结构性发展变革,国家对县级融媒体建设给予高度关注和战略推动,县域媒体挑战与机遇并存。本次调查结果显示,县级及以下地区、地级市受众对传统媒体、新媒体新闻的关注重心均在本地新闻,但他们对新闻的关注程度总体又远不及直辖市和省会城市受众。因此,发挥"本地"优势,报道本地生活,是未来地县级地区融媒体发展的重要方向。要寻找地县级受众的媒介消费、新闻消费规律,优化县级融媒体,深耕本土服务,进一步提升居民的本地认同感与生活满意度。面对潜力无限、兼具挑战的地市和县级传播生态,媒介深度融合应当立足融入地方治理,通过本地新闻和服务两个领域,提升公众满意度,促进地方认同感。值得关注的还有地级市受众的"腰部沉降"问题,在关注大城市和县级融媒体改革的同时,应当对地级市这一"腰部"的媒体融合进程给予更多关注。

〔周葆华为复旦大学信息与传播研究中心、复旦大学全球传播全媒体研究院研究员,新闻学院教授、副院长,复旦大学"数据挖掘与计算传播"人文社科融合创新团队负责人;刘恩泽为复旦大学新闻学院博士研究生〕

〔特约编辑:涂凌波〕

生态、系统、核心:人工智能内容营销体系构建*

Ecology, System and Core: Construction of Artificial Intelligence Content Marketing System

◎王 菲
Wang Fei

摘要:本文探讨了人工智能内容营销体系的生态动因(why)、系统构成(what)和构建核心(how)。数字技术带来技术经济范式的变革,数字经济呈现出去中介化、分散化、非物质化的特征,广告业生态发生演化,表现为数字空间和物理空间的融合,平台和终端的融合,生产和消费的融合,营销和传播的融合,生产、沟通、销售的融合。广告业及各关联产业呈现出开放、多边、协同、共享的生产模式,人工智能内容营销体系所包含的系统层、应用层、体验层在此生产模式上运行。智能内容营销基于内容、方法、沟通、营销连接内容和消费者。叙事图谱和感官系统是智能内容营销体系构建的两个核心。智能内容营销以品牌核心价值为叙事核心,构建细致的叙事图谱,同时,将各种感官沟通有机组合起来,形成感官多元交互,为消费者创造全新体验。

关键词:人工智能;内容营销;广告业生态;叙事图谱;感官系统

Abstract: Digital technology has brought about changes in the paradigm of technological economy. Digital economy is characterized by intermediary, decentralization and immateriality. The ecology of advertising industry has changed, which is manifested in the integration of digital space and physical space, platform and terminal, production and consumption, marketing and communication, production, communication and sales. The advertising industry and related industries present an open, multilateral, collaborative and shared

* 本文是中国人民大学马克思主义新闻观研究中心科研项目"人工智能时代新媒体广告发展趋势研究"(项目编号 MXG202007)的阶段性研究成果。

production mode, on which the system layer, application layer and experience layer contained in the artificial intelligence content marketing system operate. Intelligent Content Marketing is based on content, method, communication and market to connect content and consumers. Narrative atlas and sensory systems are the two cores of intelligent content marketing systems. Take the brand core value as the core of content narrative, and build a detailed narrative map. All kinds of sensory communication are organically structured to form multiple sensory interactions and create new experiences for consumers. Meta-universe provides a new time and space for advertising activities, bearing more imagination and creativity.

Keywords: artificial intelligence, content marketing, advertising ecology, narrative atlas, sensory system

一、人工智能背景下广告业生态演化

美国媒介理论家尼尔·波斯曼认为,"技术变革不是数量上增减损益的变革,而是整体的生态的变革"①。在技术与经济的互动作用中必然会涌现出新经济,形成"革命性"的技术经济范式。② 人类在经历农业经济、工业经济之后,进入数字经济时代。数字经济是指以智能技术群为核心驱动力,以网络连接为基础,以数据为生产要素,具有技术经济范式转换内涵的各种经济活动的综合。智能技术群是指 5G、大数据、云计算、人工智能、物联网、区块链、VR、AR、MR、全息影像等众多技术的集群,集群中各技术组合催生出新的经济活动。智能技术带来了广告产业整体的生态变革。

数字经济具有去中介化、分散化、非物质化的特征,由此数字经济背景下的广告业的演化也呈现出三个直观特征:一是去中介化,广告主通过数字平台就可对接消费者;二是分散化,零碎的服务对接碎片化的消费者,传统的大体量、集中服务的广告代理模式已对接不了多样化的营销沟通模式;三是非物质化,即产品或流程从实物转向虚拟,以数字化交付的方式满足任何消费者在任何时间、任何地点获取任何产品或服务的需求。

由此,广告业及生产业、零售业、传媒业、互联网业等关联产业进行资源重组。不

① 波斯曼.技术垄断[M].何道宽,译.北京:中信出版社,2018:35.

② 阿瑟.复杂经济学:经济思想的新框架[J].杭州:浙江人民出版社,2018:57.

同媒介时期，稀缺资源的配置问题即为媒介经济学的基本问题。我们生活在个人物理时间与社会空间所构成的情景中。社会学家吉登斯认为："现代性的动力机制派生于时间和空间的分离和它们在形式上的重新组合。"①数字技术对时间和空间的组合呈现出交融和压缩的特征，打破了时空限制，导致了资源重组。所以，广告业资源重组的逻辑即任何人、任何时间、任何地点获取任何所需要的信息、商品和服务。

在"四个任何"的资源重组逻辑下，广告业的生态发生了演化，呈现为以下几组关系的融合。

（一）数字空间和物理空间的融合

数字技术对经济形态最根本性的影响就是在生产、沟通、销售的商品流、信息流、资金流的价值链条上出现了数字空间和物理空间的交融。社会生产方式出现了创新。数字化带来的产业融合消除了行业壁垒，生态网络中的各产业、各企业基于数据建立的拟态连接打破了物理环境对企业生产的约束，不仅提供了跨界的机遇，还消除了传统行业壁垒对潜在进入者的抵御。

（二）平台和终端的融合

平台（platform）是将不同用户聚集在一起的中介和用户活动发生的基础，②是实现关联方连接与互动的载体与媒介。平台直接连接生产者与消费者，为广告产业提供了创新机会。广告产业及各关联产业呈现出开放、多边、协同、共享的生产模式特征。

智能终端可以进行行为识别、情绪识别、轨迹追踪，创造出消费场景和体验。虚拟现实（VR）、现实增强（AR）可以高效、立体地获取终端数据，高算力分析数据，预测需求，提供个性化营销沟通服务。

平台和终端成为生产创新、消费创新和营销沟通创新的两大空间，平台和终端的数据以个人、企业、社会为基点形成关联，关联数据发生融合，打破时间边界、空间边界、现实与虚拟的边界、数据或数据集之间的边界，平台和终端交融，成为广告产业与关联产业协同共生的新生态。

（三）生产和消费的融合

消费者逆向生产信息和参与商品制造，共创价值，从而出现生产的定制化、社会化

---

① 吉登斯．现代性的后果[M]．田禾，译．南京：译林出版社，2000：14．

② 斯尔尼塞克．平台资本主义[M]．程水英，译．广州：广东人民出版社，2018：39．

和流动化特征。在生产领域出现了“创客”“网络社区智造”，甚至出现了全球网络化制造组织。区别于从供应商到顾客的单向流动，价值在不同地点以不同形式被创造、改变、交换和使用。广告的存在形式也随即发生了根本性变化，广告从大众传播为主的单向传播变为分众、社群甚至个人的双向沟通。传播方式从消费者被动接收的枪弹式变为主动参与的病毒式。企业和消费者沟通的目的从对外传播变为内部整合沟通。曾经，广告主和广告代理机构发布沟通内容，现转变为消费者在群体间自行传播。

（四）营销和传播的融合

广告服务所基于的平台是叠加了数字化升级中的制造业、零售业、服务业、传媒业、互联网业的复合平台，结构复杂，但都以消费者需求为核心，数据流动为纽带，被连接在复杂网络中。传统广告活动的服务核心是在生产者和消费者之间进行信息传递与沟通，但数字技术压缩了信息流和商品流的时空，简化了多维空间获取商品的复杂性，广告主在宣传的同时就可实现销售、营销和传播的融合。

（五）生产、销售、沟通的融合

数字经济中，商品价值由企业和消费者共同创造。不仅企业与消费者在生产大规模定制化产品的过程中是相互影响的，①而且企业与消费者交互就是价值创造和价值提取的过程。② 生产、销售、沟通各环节间边界模糊化，角色多样化，生产活动出现融合性、流动性的特征。

首先是生产的双向化。各国的制造业由“实体制造”向“虚拟制造”和“服务制造”转变。生产商原来在实体空间中自我决策，现在是网络中消费者的反馈、创造、定制需求反哺生产。企业战略从掌握独有内部资源和构筑竞争壁垒，转变为调动外部资源和激发社群活力。

其次是销售的全渠道化。零售出现了以消费者为中心的全渠道数字化融合趋势。③“新零售”依托人工智能技术，改造生产、流通和消费环节，重塑零售业生态，线上与线下深度融合。

---

① KAPLAN A M, HAENLEIN M. Toward a parsimonious definition of traditional and electronic mass customization[J]. Journal of product innovation management, 2006,23(2):168-182.

② PRAHALAD C K, RAMASWAMY V. Co-creation experiences: the next practice in value creation[J]. Journal of interactive marketing, 2004,18(3):5-14.

③ 汪旭晖，赵博，刘志.从多渠道到全渠道：互联网背景下传统零售企业转型升级路径：基于银泰百货和永辉超市的双案例研究[J].北京工商大学学报（社会科学版），2018(4):28.

由此,生产与销售间的沟通就变得更为重要,一方面是基于数据流动的沟通,另一方面是基于创新的沟通,即沟通在两端发挥作用,一是沟通为生产创新服务,二是沟通为销售创新服务。

广告业生态的演化使得广告业及各关联产业呈现出开放、多边、协同、共享的生产模式特征,各种营销传播参与者协同演化,形成相互合作、价值共创的互利共生机制。处于广告业生态演化之中的人工智能内容营销需要遵循开放、多边、协同、共享的生产规律,而目前的智能内容营销活动也逐渐显现出这些特征。

二、人工智能内容营销系统的构成

内容营销(Content Marketing)概念最早由美国内容营销协会创始人乔·普利兹在2001年提出。与传统的广告相比,内容营销强调消费者在信息沟通中的主动参与,而主动参与的动因就在于内容对于目标消费者具有高价值、高关联和高关注的特点,消费者不仅能够在冗杂的信息环境中注意到信息,还能够主动传播信息。在智能技术日趋丰富和成熟的背景下,内容营销逐渐具有了智能支撑,并逐渐形成系统化结构。瑞卡(Rekha)等人认为,人工智能营销是一种直接营销形式,它利用了数据库营销技术以及机器学习等人工智能概念和模型。① 所以人工智能内容营销就是企业利用人工智能技术在各种接触点与目标消费者进行内容创新沟通,从而实现营销目标。消费需求与内容生产之间的智能化对接,是人工智能内容营销活动的本质,围绕这一本质活动,人工智能内容营销系统由三个层次构成:系统层、应用层和体验层。

系统层即平台,这里的平台并不是指实体的技术平台或商业平台,而是指一个无形的由资源供给和市场需求构成的复合、立体的体系,即商业模式,面向的是广告主、代理服务商、互联网平台商、媒体、终端服务商等合作者,采用的是开放、多边、合作、共享的生产模式,勾连消费者需求。

应用层即基于智能技术的操作流程,包括智能创作、智能投放、智能经营。目前已经实现的是面向终端接触点进行的程序化广告投放,流程包括智能选择内容、智能计算程序和智能内容投放;还可通过人脸识别、语音识别针对场景进行定向营销。未来还要实现智能化内容创作,包括内容的智能策划、智能创造和智能审查。智能化内容

---

① REKHA A G, ABDULLA M S, ASHARAF S, et al. Artificial intelligence marketing: an application of a novel lightly trained support vector data description[J]. Journal of information and optimization sciences, 2016, 37(5): 681-691.

创作根据不同用户的需求和偏好，智能提取、组合数据库中的原始素材，创作出包含文字、图像或其他创造性元素的千人千面甚至一人千面的内容。①② 例如，阿里巴巴的人工智能系统“鲁班”，在 2016 年的“双十一”活动中，基于对大量设计海报的识别学习，针对海量商品自动抠图，创作出了 1.7 亿张海报。随着区块链技术应用的推进，智能化经营也是未来的重点突破领域。应用层作为服务模式，面向的是广告主客户。

体验层即接触终端，终端包含感知和认知两个维度。媒介以听觉、视觉、嗅觉、味觉、触觉的方式与消费者接触，一直在具身—离身之间塑造边界。古代的现场广告宣传，如卖酒，是通过悬帜、吆喝、品尝等沟通方式实现的，既有媒介与人身的分离，也有二者的合一。到了大众媒介时代，媒介与人身分离，感知变得单一，报纸为视觉媒介，广播为听觉媒介，电视也只是视觉和听觉媒介。随着 VR、AR 等智能技术的成熟，媒介从单一感知向多元感知演化，立体化感知成为媒介终端发展的新逻辑，需要构建多感官的感知体系。但是，在追求感官体验的同时，不能忽视了作为沟通根本的“认知”，打造沉浸式的感官体验更要明确其内在的沟通文脉，而不流于表面的感官刺激，感知要服务于认知。体验层解决的是沟通模式，面向的是用户。

在智能系统的三个层次中，算力、算据、算法贯穿其间，作为智能技术支撑体系赋予了内容营销智能化特征，并不断在技术发展中推动内容生产与沟通需求、商品/服务与市场需求之间的智能化对接。在生产与需求的智能化对接中呈现出开放、多边、协同、共享的生产模式特征。

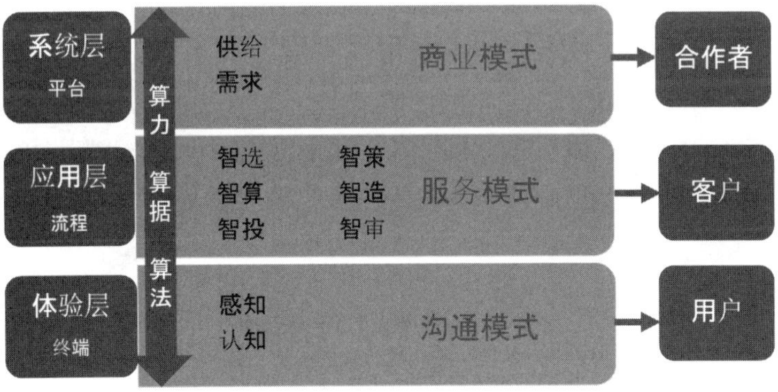

图 1 智能内容营销系统

---

① CHAN-OLMSTED S M. A review of artificial intelligence adoptions in the media industry[J]. International journal on media management, 2019, 21(3/4): 193-215.

② QIN X B, JIANG Z B. The impact of AI on the advertising process: the Chinese experience[J]. Journal of advertising, 2019, 48(4): 338-346.

三、人工智能内容营销基理

内容生产是人工智能内容营销的基础,而人工智能内容生产的特征是规模化和差异化,规模化指内容的规模化生产和消费者的规模化获取,差异化指面对不同消费者提供个性化的内容和服务。通过机器智能学习生成的海量内容作品汇聚成为内容池,其中的内容作品庞杂,需要将作品按照叙事图谱进行结构。同时,人工智能可以分析互联网平台上大量用户生成的内容,从而揭示用户的情感、态度、偏好以及潜在需求。大数据分析将消费者贴上个体标签或群体标签,与内容池中的作品标签相呼应。例如爱奇艺依托其DMP平台,通过PASSPORT、Wi-Fi、IP等打通了个人设备与家庭设备,通过家庭成员结构、观影搜索、消费兴趣等的相互识别与矫正,构建起了覆盖8,000万家庭的标签模型,并不断提升标签的结构性与完整度。[①]

除了遵循叙事图谱原则,内容池还需要有由各种感知形式的作品构成的立体感知系统。赫兹菲尔德(Michael Herzfeld)认为:感觉既是身体行为,又是文化行为,视觉、听觉、触觉、味觉和嗅觉不仅是理解物理现象的手段,还是传递文化价值观的渠道。感官作为"满载编码的仪器",将身体的体验用文化的形式转译出来。[②]

在内容池和消费者的连接中,内容(Content)、方法(Method)、沟通(Communication)、营销(Market)是四大领域,可以称为人工智能内容营销的CMCM基理。每一领域的活动都遵循开放、多边、协同、共享的生产规律。

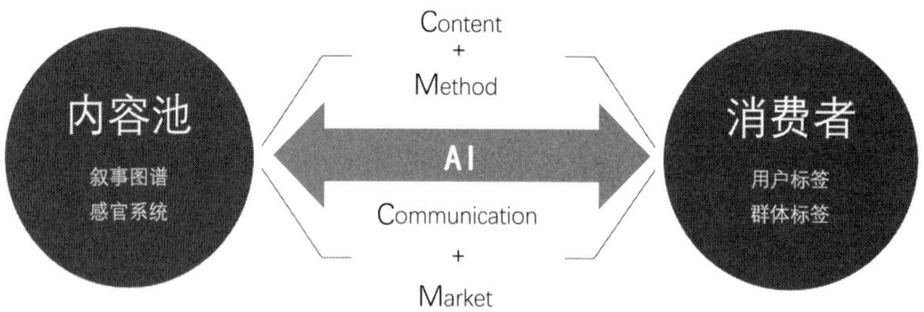

图2　内容营销CMCM基理

(一)内容

内容池中的内容需要规模化和差异化,即数量巨大且具有创新性,同时还需形成

---

① 高馨睿.创意+技术+生态:推动爱奇艺智能大屏营销升级[J].国际品牌观察,2021(3):50.

② 赫茨菲尔德.人类学:文化和社会领域中的理论实践[M].北京:华夏出版社,2009:135.

有机体系，以实现品牌构筑和商品销售的目的。有机可通过多对关系的协同而实现。

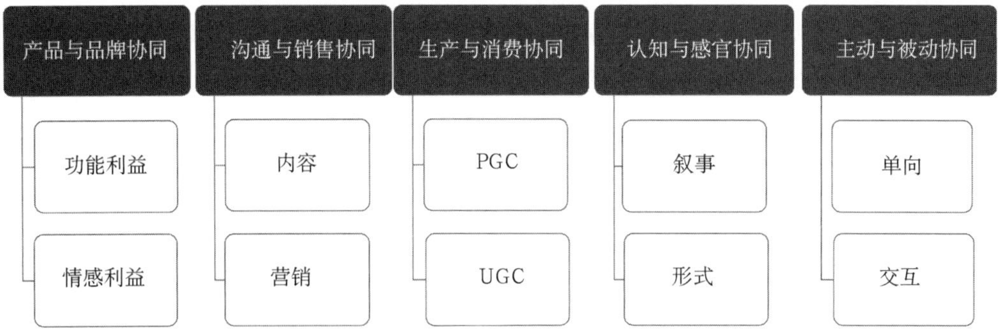

图3　内容协同

产品与品牌协同。企业与消费者的沟通要兼顾产品销售与品牌构筑，内容池中既要有功能利益诉求的作品，又要有情感利益诉求的作品，并且二者要有关联性，形成合力，对消费者的认知产生影响。

沟通与销售协同。内容的设计要具有智能时代最重要的特性——连接物理空间和虚拟空间，人们根据非物质性特征，在虚拟空间就实现了商品、资金的流通。例如人们在观看NBA比赛时就可识别体育明星脚上的耐克鞋并进行购买。在观看优酷网综时，用户利用手势观影、声纹支付等功能链接天猫商城和饿了么等平台进行购买支付。爱奇艺用户可在观看综艺《潮流合伙人》过程中使用AI功能“奇观”识别马克华菲、SMFK、KIKC、回力等潮流品牌的限量商品，并可进行一键购买，节目播出期间不少明星同款断货。

生产与消费协同，即让消费者参与生产和内容的创作，以共创的方式沟通情感，生产商品。例如肯德基在哔哩哔哩上设置“全民复刻原味鸡”话题，赋权热门UP主共创内容，召集消费者参与话题讨论及二次传播。《舌尖上的中国3》上映时，西贝莜面村发起了一个投票活动“你觉得哪一道菜适合西贝”，投票结果是水盆羊肉。于是西贝研发了这道菜，并且在全国11个城市推出了品鉴会。安慕希在哔哩哔哩发起“当燃要造”活动，让Z世代青年参与产品共创，还将产品创意和灵感纳入品牌储备库，并将20万脑洞创意基金奖励给评选出的前30名UP主。

认知与感官协同。各种感官内容要统合于共同的叙事文脉，所谓形散神不散。例如，一个汽车品牌的内容营销，过去在线上人们只能是看到各种产品的广告，在智能虚拟技术下，人们还可看产品的外观，听发动机轰鸣，触摸柔软的真皮座椅，闻内饰气味，体验超现实驾驶的快感，甚至对产品进行360度观察，全程体验从橡胶种植园、零件制造车间、玻璃厂家到最终装配工厂中的生产细节。但无论是什么感官内容,都要体现统一的诉求。

主动与被动协同,即指不仅要有单向表达产品属性及品牌理念的主观性内容,例如利用各种媒体和企业自媒体发布内容,还要基于互联网的双向沟通功能设计令消费者卷入沟通活动的内容,应用社交媒体实现品牌与消费者、消费者与消费者的充分沟通。例如,The North Face 自建了社区 Planet EXPLORE,为消费者提供一个发布、组织、参与户外活动的平台。Nike+从 2006 年推出至今,从一个简单的记录跑步里程的工具成长为一个全球运动爱好者分享经验、进行挑战、相互鼓励的数字社区。

(二)方法

各种沟通方法包括多终端、多节点、多场景、多方式构成的沟通体系。

多终端指多种媒体、多种触点,包括报纸、杂志、广播、电视、户外、楼宇、交通工具和站点、售卖点、直接邮件等传统广告媒体,互联网平台、OTT、小程序、App 等数字媒体,以及生活、娱乐、工作场景下的多种媒体终端,甚至包括设计、包装等产品终端或联名营销产品。多终端的协同首先是多种感官的协同。其次是多种表达方式的协同,如图形、视频等具象媒介和文案等抽象媒介的协同。最后是单向与双向的协同,例如电视大屏适合播出节目,手机小屏方便实现互动或购物,终端智能化是趋势。

多节点指作品被发布在同一场景中形成不同规格的系列和组合,在影剧综的前、中、后期,对作品进行动态、静态,单向、双向等全路径展示。爱奇艺 2020 年推出了智能广告服务产品 Supershow,资源包括开场秀、贴片、焦点图、信息流、暂停位高光一刻等,覆盖 PC 端、移动端、OTT 端。跨地域、跨资源、跨 DMP 实时竞价平台,通过智能化方式触达目标消费者,实现广告目标。腾讯视频在《清平乐》播出中为 Jeep 汽车设计了开机广告、选集页面广告和贴片广告。欢网设置了从用户开机到关机过程中共 23 个 OTT 广告触点。

多场景是指将多种内容沟通形式与多个时空场景有机对接,充分发挥各种内容形式的特征,并形成系统合力。全民 K 歌应用所属团队与芒果 TV《我想和你唱》节目组合作开展歌唱活动,不仅在电视端、手机 App 端和网页端播放节目和联合互动,也在多个城市开展活动,实现了线上娱乐内容在线下场景中的互动和再创作,实现了娱乐、生活、工作的跨场景营销。在线下销售场合展开的智慧营销,通过文字、语音、视觉、动作、环境捕捉等多种方式与顾客进行互动。

多方式指创新多种表现方式。内容营销与传统广告相比,其特点就在于形式多样灵活。内容营销按媒介分,有传统的平面、视频、文字、语音等形式;按显性隐性分,有硬广告和植入广告、节目定制等软性广告;按属性分,有娱乐营销、体育营销、公益营销、文化营销等;按功能分,有认知类、提醒类、形象类、竞争类、分享类等;按空间分,有线上、线下方式,线下方式有展示、活动、快闪、游戏等。数字时代出现了社群、直播、短视频、游戏等互动方式,另外还有搜索、微博、微信、流媒体、问答、贴吧、论坛、口碑、H5、弹幕、链接、AI创可贴、表情包等小微内容表现方式。短视频、H5等能够以短带长引导用户至主体内容,弹幕、AI创可贴等可盘活长尾内容,与热门IP资源形成联动,同时,也可以在信息流中植入产品广告和电商渠道,在沟通中就实现营销。

多种沟通方法彼此之间要以产品/品牌诉求、消费者行为特征和媒体属性等作为关联点,使纷繁的内容在细碎的时空中形成协同优势。

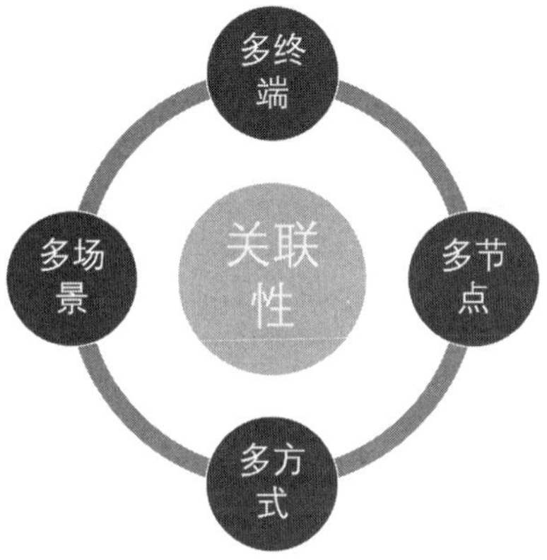

图4　方法关联

(三)沟通和营销

沟通和营销在数字化的今天已经不能分割。沟通要以"人""货""场"的连接为纽带。对处在场景中的消费者,需要对其进行从心理到行为的营销沟通,包括感知、兴趣、互动、购买、分享这几个核心环节。在与消费者的沟通中,要以系统性构筑品牌资产为目标,包括品牌的知名度、认知度、联想度、忠诚度的获得,此为"货"之含义。"场"是消费者与企业接触的时空,"场"要满足虚拟和现实的融合,平台和终端的融合,生产和消费的融合,传播和营销的融合。人工智能可以利用计算机视觉和机器学习等来衡量店铺中购物者的情绪，[①]即在“场”中不仅可以获得消费者的行为数据，还可以获得情绪数据。基于对用户的立体洞察，人工智能可以进一步预测用户的意图，更好地挖掘用户价值。[②] 例如IBM的Watson人工智能系统有一个语气分析器，该分析器在理解用户自然语言的基础上，还可以不断学习，能够洞察用户对不同方案的反应，并通过计算不断调整产品或服务。

“人”“货”“场”的连接以物联网为经络，物联网从“人”处收集个人数据，连接至“货”，“货”将信息推送至“场”。

图5 “人”“货”“场”的连接

营销沟通的核心就是用场景连接企业和消费者。场景是指人与周围环境的关系，包含场所、景物等硬要素以及相关氛围等软要素。媒介学者梅罗维茨认为，“场景”具有全新的情感内涵，即媒介信息营造出行为与心理的环境氛围。电子媒介最根本的不是通过内容来影响我们，而是通过改变场景产生影响。[③] 内容营销的目的是促进企业和消费者的沟通。而人工智能可以快速有效地分析处理数据，并从中不断学习，输出支撑营销决策的用户和市场知识。[④] 智能内容营销通过洞察和预测消费者需求，在合适的场景中将内容灵活、精准地推送给目标消费者，并监测、评估营销效果，不仅降低营销成本，提高营销效果，而且在与消费者的互动中可以改进和创新产品。企业获取竞争优势的途径不再是降低成本或提高质量，不再是运用传统意义上的以产品为中心

① PASCHEN J, KIETZMANN J, KIETZMANN T C. Artificial intelligence (AI) and its implications for market knowledge in B2B marketing[J]. Journal of business & industrial marketing, 2019, 34(7): 1410-1419.

② KIETZMANN J, PASCHEN J, TREEN E. Artificial intelligence in advertising: how marketers can leverage artificial intelligence along the consumer journey[J]. Journal of advertising research, 2018, 58(3): 263-267.

③ 梅罗维茨.消失的地域[M].北京：清华大学出版社，2002：219.

④ 朱国玮，高文丽，刘佳惠，等.人工智能营销：研究述评与展望[J].外国经济与管理，2021，43(7)：88.

的竞争策略，而是应该形成以情景体验为导向的共创价值的能力。市场不再只是现实生活中厂商与消费者双方进行价值交换的场所，市场已经成为厂商与社群消费者合作网络中各成员之间知识碰撞、交流与增值的场所，而顾客不再只是知识创新的另一种来源，他们既是参与者和建设者，也是直接受益方。① 开放、合作已成为人工智能广告时代的基础生产模式。

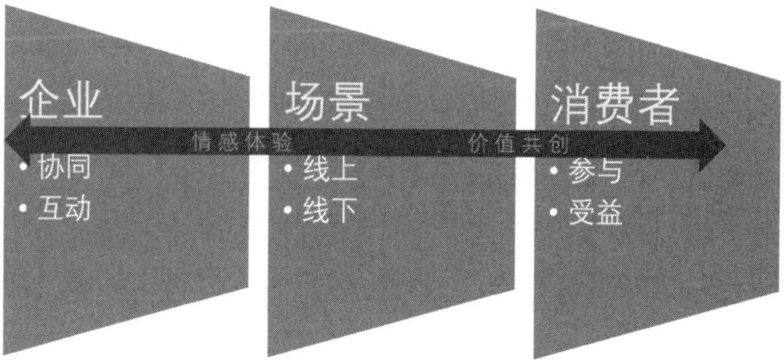

图 6　企业、场景、消费者的互联

四、人工智能内容营销体系构建的两个核心

如前文所述，在内容与消费者的互动中，认知和感知是消费者体验的两个维度，而海量的内容作品和沉浸式的感官体验是人工智能技术赋予内容营销的核心能力，所以构建人工智能内容营销体系的核心在于：一是将海量的内容结构化，形成消费者认知体系；二是将各种感官结构化，形成消费者感知体系。前者通过叙事图谱的构建实现，后者通过感官系统的构建实现。

（一）叙事图谱

人工智能应用图像识别和机器学习等技术，对大量素材执行自动化识别、聚合、提取、标记等操作，有效实现内容分类和标记，②并检查是否存在遗漏和编辑错误，控制内容质量。人工智能可以自动创建元数据，生成和附加标签，以简化内容管理和加快内容编辑。但是，和传统的营销传播一样，智能内容营销也要遵循沟通的基本原则，即围绕品牌核心价值进行叙事，而且在智能内容营销时代，由于内容的规模化，更应该将

① 罗珉，李亮宇.互联网时代的商业模式创新：价值创造视角[J].中国工业经济，2015(1)：97.

② CHAN-OLMSTED S M. A review of artificial intelligence adoptions in the media industry[J]. International journal on media management，2019，21(3/4)：193-215.

多元的内容作品归置于系统的品牌沟通体系中,才能保证品牌价值的成长和沟通内容的有效调节,虽然沟通内容纵横交错,差异很大,但脉络清晰,有逻辑可循,可构成一个有战略、可持续的品牌沟通体系。

叙事图谱就是内容池中纷杂的内容得以结构化的方式。品牌核心价值为内容叙事的核心,如同一篇文章的中心思想,为叙事体系这棵大树的树干。而核心价值的阐释,是通过对不同时机生发出的多个延伸价值的阐释实现的,如同段落大意,为叙事体系的树枝。而一个一个的内容产品就是每一次与消费者沟通的具体文脉,每一次的沟通都能激活品牌,如同修辞精妙独特的句子,为叙事体系的树叶。阐释核心价值、延伸价值的作品,包含情感利益诉求和功能利益诉求两个大类,无论是短期营销目标的实现,还是长期品牌构筑目标的实现,这两个方面内容产品都必须具备,进而又可将每一个内容产品标上标签,包括目标用户、主题、感性/理性、风格个性等。之后,智能平台根据已经标上标签的个人或群体在不同场景下的需求特征,智能化地实时匹配标签,将内容产品精准推送至目标用户那里。随着智能技术的不断进步,标签会更为细致、有效,层次会更为丰富。

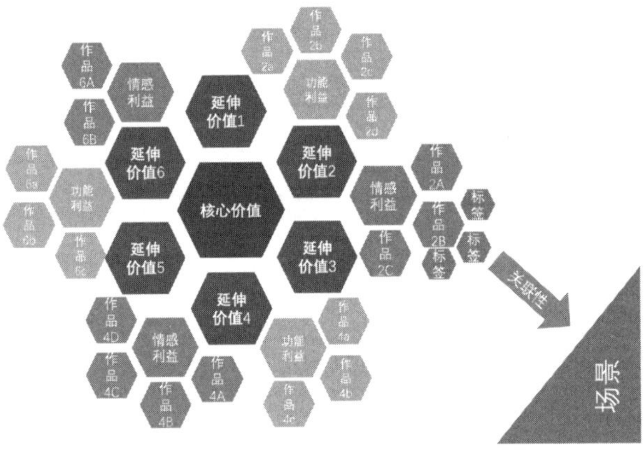

图 7　基于品牌价值体系的叙事图谱

(二)感官系统

大脑中心的海马体决定着是否注意并储存感官信息,海马体喜欢感官上更加刺激的信息。五感所产生的兴奋和满足,能够激发消费者的购买欲望,并增加产品价值。人类的感知活动并非静止的、单向的、孤立的,而是动态的、多元的、综合的,人类的各种感官构成了一个复杂的感知器官体系。所有感官得到的信息经过神经系统的传递,最终进入大脑，大脑处理信息的过程就是感知的文化加工过程。[①] 人们通过感官体验世界，也赋予这种体验以意义。媒介的发展就是对仿真性追求的过程，而媒介对感官的调动是循序渐进的。莱文森认为，媒介演化是由人选择的，其趋势是越来越符合人的感官的需求。[②] 麦克卢汉认为，任何发明或技术都是人体的延伸或自我截除。[③] 以报纸、杂志、广播、电视、电影为代表的传统媒体时代，人类主要依赖视觉和听觉，身体感官处于被截除的状态，人体全面的感官未能被调动起来去感知信息，身体对应媒介信息表现为较为单一化的感官感知。[④] 在互联网时代，用户在双向交流中充分发挥手、眼、耳、大脑的作用，在信息创造和传递中更多的身体感官被激活，在沟通场域，感官呈现聚合的状态。到了人工智能时代，借助 VR、AR 等虚拟技术，用户可以在虚拟场景中观摩、触摸，甚至进行肢体行动，用户不再是间接感知信息，而是直接体验情景，实现了全感官沉浸，是一种虚拟的真实在场。

虚拟现实集合了视觉、听觉、嗅觉、味觉、触觉等知觉，并对真实环境进行高度模拟和创新，用户借助智能装备将身体形象、感知、状态数据化，并与虚拟环境中的对象进行交互。智能媒介重塑和整合了感官体验，生成异质空间融合性和具身沉浸性的具身体验。在虚拟参与和虚拟互动中，人不再局限于传统媒介时代的内容选择和内容接收，而是参与了内容创作，全方位感官的参与互动使新的内容和情感被催生出来，进而被传播出去。身体感觉不只是身体现象和铭刻文本意义的主要载体，也是创造意义的主体。[⑤]

在内容营销中，需要将文本、语音、图像、视频、虚拟/增强/混合现实、裸眼 3D、全息影像、虚拟代言人等有机组合起来，形成感官多元交互，让消费者通过各种感官实践产生观赏、联想、想象、记忆、投射、参与等，生成多层次的认知和情感。智能内容营销的布局应以身体感知要素的全面激活和对场景的智能化建设为路径。

将智能终端所收集的用户的身体感官数据，与互联网空间中的行为数据相结合，就可以在后台构建智能虚拟身体，反过来为用户提供精准服务和完美体验。

---

① 张小军，杨宇菲.人工智能感官的主体性：感官人类学视角的思考[J].中央民族大学学报(哲学社会科学版)，2020(2)：36.

② 莱文森.软利器：信息革命的历史与未来[M].何道宽，译.上海：复旦大学出版社，2011：265.

③ 芒福德.技术与文明[M].王克仁，李华山，译.北京：中国建筑工业出版社，2009：112.

④ 杨佳雪.媒介环境学视阈中的具身传播观及具身传播演变路径[J].新媒体研究，2021(17)：21.

⑤ 张连海.感官民族志：理论、实践与表征[J].民族研究，2015(2)：56.

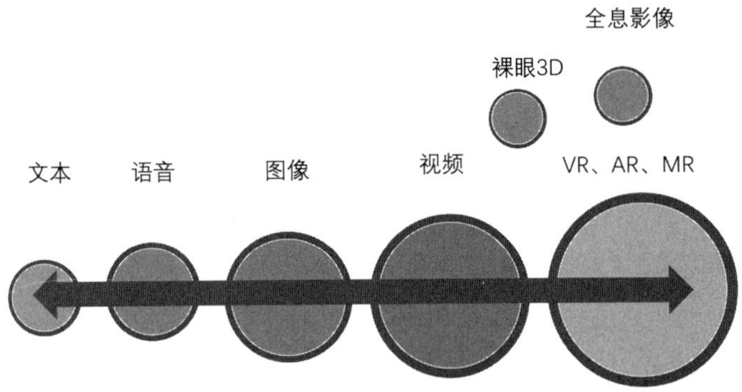

图 8　感官系统

五、结语

元宇宙被称为互联网的终极形态,其虚拟和现实的交融,为感官的终极开拓提供了可能。元宇宙指人们娱乐、生活乃至工作的虚拟时空,这个虚拟时空是对现实空间的映射和超越,它与现实世界形成叠加和互动。元宇宙融合身体、媒介、场景,在人机交互中捕捉用户语音、动作、眼动、触摸等立体化生物信息,以无缝、隐形的方式识别和分析个体,从而做出吻合目标的反应,为用户构建消弭虚拟与现实感知边界的沉浸式环境,使他们获得突破时空限制的在场感。元宇宙的运行核心是数字创造、数字资产、数字交易、数字货币和数字消费,伴随着劳动力的数字化迁徙,数字世界或将趋于无限,元宇宙为广告活动提供了新的时空,承载更多的想象力和创造力。虽然元宇宙的实现还有距离,但各种局部技术创新已经颇具成果。如玛氏开发了 ACE 测量系统,通过对广告视频观看者面部表情的智能运算,其可以识别多达 150 种不同的情绪,从而判断该广告是否有效,进而做出编辑或删除的决定。Facebook 推出了 VR 社交平台 Horizon。麻省理工学院机械工程系的皮肤感觉实验室提出了一种可以感受不同纹理与形状的可穿戴触觉解决方案。研发触觉技术的 HaptX 公司推出使用微电流技术将逼真触感反馈给用户的手套,该手套可以通过 130 个力反馈点感受虚拟物体的形状、纹理、运动、重量、冲击力,甚至温度。微软 CEO 萨提亚·纳德拉(Satya Nadella)提出“企业元宇宙”Azure 产品线的未来愿景,称其将高效打通企业的研发、制造、协作、分销、展示、终端、客户反馈等环节。虚实共生、高沉浸感、强产品连接的元宇宙将影响现实世界中大部分基于数字的产业,人们的生活、工作方式和商品的生产、销售方式都将发生深刻变化。

无论远近，人工智能营销沟通需遵循开放、多边、合作、共享的生产模式规律，协同认知体系和感知体系，秉持“以人为本”的价值观，不断探索与消费者沟通的新时空领域。

〔王菲，博士，中国人民大学新闻与社会发展研究中心研究员，中国人民大学新闻学院副教授，现代广告研究中心主任〕

〔特约编辑：曹晚红〕

全媒体时代的决策与素养:媒介可供性与分布式认知*

Cognitive Decision-making and Media Literacy in the Era of Integrated Media: Media Affordance and Distributed Cognition

◎ 蒋俏蕾 张自中
Jiang Qiaolei Zhang Zizhong

摘要:全媒体时代,媒体融合纵深发展,迅猛发展与日益普及的新兴信息传播技术提供了更加丰富多元的媒介可供性,使得分布式认知成为人们日常决策的新常态,媒介逻辑的深刻变化也对人们的媒介素养提出了新的要求。伴随着媒体不断深入融合与数字智能媒体技术的广泛应用,媒介可供性与分布式认知可以为理解、分析全媒体时代人们的认知决策和媒介素养提供兼具启发性与指导性的理论框架。分布式认知理论同时关注人与外部环境的交互以及群际间的信息共享,在全媒体语境下,数字智能媒体日常化、场景化以及具身化的趋势强化了媒介逻辑对人们日常决策的渗透,分布式认知的参与主体延展至平台、算法和普通公众。与媒介交互共荣成为分布式认知在全媒体时代的日常表现,也成为全媒体时代对人们的媒介素养的崭新要求。

关键词:媒体融合;媒介可供性;分布式认知;媒介素养;认知决策

Abstract: In the era of integrated media, more diverse media affordances are provided by deep media convergence as well as the rapid development and increasingly popularity of emerging information and communication technologies, which make distributed cognition as new routine in people's daily cognitive process, and new requirement for media literacy in accordance with profound changes of media logic as well. Along with the ongoing development of

* 本文系国家社科基金重大项目“智能时代的信息价值观引领研究”(项目编号:18ZDA307)的研究成果。

media convergence and the pervasiveness of digital intelligent media technologies, media affordance and distributed cognition approaches can provide an inspiring and instructive theoretical framework for the research on cognitive decision-making and media literacy in the era of integrated media. Distributed cognitive theory focuses on both human interactions with the external environment and information sharing among groups. With the penetration of media logic into people's daily life strengthened by dailiness, scenario-based and embodiment of digital intelligent media technologies, platforms, algorithms, and general public all become part of distributed cognition in the era of integrated media. Interaction and co-development with media become daily representation of distributed cognition as well as new requirements of media literacy in the era of integrated media.

Keywords: media convergence, media affordance, distributed cognition, media literacy, cognitive decision-making

一、引言

伴随着信息传播技术的迅猛发展和数字化进程的持续深入，媒介环境日新月异，媒体融合纵深发展、智能应用日益普及更是将媒介技术不断渗入人们生活的方方面面，全媒体时代带来了前所未有的机遇和挑战。2019 年 1 月 25 日，中共中央政治局就全媒体时代和媒体融合发展举行第十二次集体学习，习近平总书记主持学习并发表重要讲话，“全媒体不断发展，出现了全程媒体、全息媒体、全员媒体、全效媒体，信息无处不在、无所不及、无人不用”，强调要全面把握媒体融合发展的趋势和规律，加快构建全媒体传播格局。同年，在党的十九届四中全会上，“建立以内容建设为根本、先进技术为支撑、创新管理为保障的全媒体传播体系”的目标再次被提起。[①] 全媒体并非媒介渠道的叠加，而是媒介技术与人类行为交互的全新产物，“四全媒体”建设奠定了全新的传播格局，也为媒介研究提出了新的课题。

可供性(affordance)视角下，“四全媒体”基于其媒介可供性为人们提供了更多的

① 双传学. 坚定不移推动媒体融合向纵深发展［EB/OL］.(2020-01-04)［2022-02-06］. http://www.npc.gov.cn/npc/c30834/202001/fd56be5bcd49406cbc4f2a877c9c2bf6.shtml.

行动可能性,使受众参与媒体信息生产成为一种日常生活状态,媒介逻辑也因此深深嵌入大众生活轨迹。[①] 新兴媒介丰富的可供性赋予了使用者诸多新的可能性,但当人们在享受媒介技术带来的信息便利的同时,媒介逻辑也在一定程度上影响着人们对外界事物的认知与判断。[②] 因而,在全媒体时代,人们的认知与行为决策并不仅仅由个人意志所决定,它往往是内在个体意志与外部环境因素共同作用的结果,并且越来越受到媒介逻辑的影响。与此同时,现如今纷繁复杂的媒介形态与交互方式让用户拥有了更多维度的媒介参与方式,传统媒介素养研究的意涵与维度也在全媒体时代受到了挑战。面对全媒体时代人们在日常认知决策中所面临的新境况,本文从媒介可供性的视角出发,介绍并引入分布式认知(Distributed Cognition)理论,从而勾连并构建研究全媒体时代认知决策与媒介素养的理论框架。

二、媒介可供性:技术、认知与语境

可供性概念最早由美国环境学家吉布森(Gibson)提出,用以描述动物与环境之间的互补性关系。[③] 自然环境的可供性便是指自然环境可以为动物提供或准备“客观的、真实的、物理的”物质条件。吉布森强调,可供性是一种主客体之间的关系属性:一方面,可供性需要借助主体的实践实现效用,另一方面,主体的实践也会影响其对物体可供性的感知。[④] 学者诺曼(Norman)以人为主体进一步阐释可供性,认为可供性是可以被感知的,且人们可以通过发掘深嵌物体之中的功能化的可供性来重塑自我对可供性的认知。[⑤] 学者威尔曼(Wellman)首次将可供性概念引入传播学研究领域,指出互联网的动态与多媒体的属性,并进一步列举了更高带宽、时常在线、个性化、无线便捷化以及全球连通性这五个特点,认为互联网的可供性为其影响人们的日常生活创造了可能性。[⑥] 但无论是诺曼还是威尔曼,都把人与技术的关系视为主体与效用的关系,导致可供性研究长期陷于技术决定论的固有框架之中。学者李伏诺(Lievrouw)试图跳出这一束缚,不再把物或技术视为单纯的效用载体,而是发展出一套关系性视

① 喻国明,赵睿. 媒体可供性视角下“四全媒体”产业格局与增长空间[J]. 学术界,2019(7):37-44.

② 彭兰. 算法社会的“囚徒”风险[J]. 全球传媒学刊,2021,8(1):3-18.

③ GIBSON J J. The senses considered as perceptual systems[M]. Boston: Houghton Mifflin,1966:2.

④ GIBSON J J. The ecological approach to the visual perception of pictures[M]. Boston: Houghton Mifflin,1978:11.

⑤ NORMAN D A. The psychology of everyday things[M]. New York, NY: Basic Books,1988.

⑥ WELLMAN B, QUAN-HAASE A, BOASE J, et al. The social affordances of the internet for networked individualism[J]. Journal of computer-mediated communication,2003,8(3).

角下强调人与技术互动的可供性框架，用以探索人类行为、技术工具以及社会文化之间的交互与关联。[①]

近年来，传播学界也逐渐由站在功能主义与结构能动角度探讨可供性转向研究人与技术/物体之间的关系。[②] 传播可供性概念在2015年由学者施罗克(Schrock)提出，把移动媒体定义为移动的设备，并强调媒体的工具属性，关注主客体互动及其对惯习的影响，并且凸显了主体的能动性。[③] 在对传播学研究中关于可供性概念界定进行系统综述与归纳的基础上，埃文斯(Evans)等人提出了判定可供性的三个标准，即(1)可供性既不是物体也不是物体的特质；(2)可供性可以引发行为与结果，但并不是结果本身；(3)可供性存在着可变性。[④] 学者瑞斯(Rice)认为，可供性在本质上与媒介勾连，因而进一步提出媒介可供性的概念。媒介可供性描述了人们认为自己能够根据媒介的特性、能力或局限性，从自身的需求或目的出发，在特定的语境中使用一种或多种媒介展开行动的可能性。[⑤] 媒介可供性在媒介决定论和受众感知之间提供了一种平衡的视角，从而让人们更好地理解人与媒介技术以及所在语境的互动与关联。[⑥⑦]

三、分布式认知：内涵、类型与观点

分布式认知的概念最早由加州大学圣地亚哥分校学者哈钦斯(Hutchins)等人提出，并据此解释了在飞机驾驶舱中驾驶员与操作系统是如何协调交互实现飞行目标的。传统的认知科学研究强调对个体信息处理路径的关注，而忽略了外部环境与认知的交互。在认知主义反复被挑战的背景下，哈钦斯等人在20世纪80年代首先提出了分布式认知的概念，“我们更希望了解决策是如何从系统层面体现的，而不是仅仅从个

---

① LIEVROUW L A. Materiality and media in communication and technology studies: an unfinished project [G]// GILLESPIE T, BOCZKOWSKI P J, FOOT K A. Media technologies: essays on communication, materiality, and society. Cambridge, MA: MIT Press, 2014: 21-51.

② 孙凝翔，韩松．“可供性”：译名之辩与范式/概念之变[J]．国际新闻界，2020，42(9)：122-141.

③ SCHROCK A R. Communicative affordance of mobile media: portability, availability, locatability, and multimediality[J]. International journal of communication, 2015(9): 18.

④ EVANS S K, PEARCE K E, VITAK J, et al. Explicating affordances: a conceptual framework for understanding affordances in communication research[J]. Journal of computer-mediated communication, 2017, 22(1): 35-52.

⑤ RICE R E, EVANS S K, PEARCE K E, et al. Organizational media affordances: operationalization and associations with media use[J]. Journal of communication, 2017, 67(1): 106-130.

⑥ BUCY E P, AFFE R B. The contributions of net news to cyber democracy: civic affordances of major metropolitan newspaper sites[G]//LI X. Internet newspapers: making of a mainstream medium. London: Routledge, 2013: 227-242.

⑦ ZHOU S, KIESOW D, GUO L. The values of print: affordances and sensemaking for newspaper consumers [J]. Journal ism practice, 2021: 1-18.

体认知层面去探讨认知”。[①] 分布式认知的概念引领了反思认知现象的新范式，主张将人与物/技术共同组成的整体系统作为分析的基本单位。罗杰斯（Rogers）认为，分布式认知是一种从知觉、社会与组织等多角度来探索人类多层次认知的混合方法，这一路径强调了对个体认知边界的突破。[②] 学者约翰尼·蔡（Johnny Chuah）等人认为，分布式认知是一种对人大脑中的内部表征与外在环境中的外部表征进行信息加工的过程。[③]

早期关于分布式认知的研究多集中于飞机驾驶、舰船导航、空中管制、软件工程、自动驾驶等领域。哈钦斯曾关注飞机驾驶操作系统，这一系统的主要目标是执行一次完整的飞行，但飞行目标并不是相对于个人而言的，因而无论对于个体的认知研究有多深入，都无法真正理解系统是如何实现目标的。因此，只有关注到个体与仪器的交互，将驾驶舱视作一个统一的认知系统，了解系统中每部分的作用，才能更好地洞察目标实现的过程。[④] 学者霍兰（Hollan）等人进一步总结了分布式认知的三个准则。[⑤] 其一，分布式认知存在于社会交互（social interactions）之中。社会组织往往被视为一种特殊的认知结构，因为组织往往可以决定内部信息流通的方式。比如，学者明斯基（Minsky）认为，每个人的大脑都可以被视为由数百个不同的机器共同构成的实体，机器间的相互联系促进了“脑内社会”的形成，[⑥]而活动的协调性则影响到人类目标的实现。分布式认知生成于人类的交互之中，不仅可以解释人内传播的信息分布与流通，也可以帮助我们厘清人与人、人与媒介的互动关系。其二，分布式认知是具身性的。头脑不仅被动地建构外部事物的内在表征，而且可以主动与外部世界的物和技术进行交互，个体内部的能力如注意力、记忆力等也会参与到交互之中。因而，外部的物/技术不仅是单纯的刺激物，还是认知系统的一部分。例如，对于盲人而言，盲杖也是感知外部环境的重要工具。其三，分布式认知将文化也纳入认知系统。文化能够为个体提供物质材料、精神支持和社会结构，因此对认知的研究不

---

① HUTCHINS E. Cognition in the wild[M]. Boston, MA: MIT Press, 1995.

② ROGERS Y. A brief introduction to distributed cognition [EB/OL].(1997-08-01)[2022-02-06]. http://mcs.open.ac.uk/yr258/papers/dcog/dcog-brief-intro.

③ CHUAH J, ZHANG J, JOHNSON T R. Distributed cognition of a navigational instrument display task [C]//Proceedings of the Twenty First Annual Conference of the Cognitive Science Society. East Sussex, UK: Psychology Press, 1999: 789-789.

④ HUTCHINS E. How a cockpit remembers its speeds[J]. Cognitive science, 1995, 19(3): 265-288.

⑤ HOLLAN J, HUTCHINS E, KIRSH D. Distributed cognition: toward a new foundation for human-computer interaction research[J]. ACM transactions on computer-human interaction (TOCHI), 2000, 7(2): 174-196.

⑥ MINSKY M. Society of mind[M]. New York: Simon and Schuster, 1988.

能忽视个体所处的社会文化语境，应关注文化如何超越个体界限塑造系统认知的。

如今，分布式认知的研究不仅聚焦人类的认知是如何在个体意识、外部认知以及人群间分布的，同时也关注认知在时空维度上的分布，研究议题也进一步拓展至工程领域之外，涉及公共卫生、文学写作等众多主题。[①][②] 学者所罗门（Solomon）指出，认知在分布式环境中呈螺旋式上升，个体之间相互独立又互相影响。[③] 分布式认知有两种典型的类别，即基于个体间认知的共享认知（shared cognition）和基于人类心智与外在事物的分出负载（off-loading）。[④] 关于共享认知存在两种不同的观点。其中，还原论（reductionist）观点认为群体的认知属性可以完全由个体的认知属性决定，因而了解群体的前提是关注个体认知；而互动论（interactionist）观点则认为个体在互动中会产生一些偶发的群体属性，而这些群体属性并不能通过还原为个体属性来解释。但总体而言，分布式认知强调协作的意义，个体间的分布式认知可以通过共享与分布缓解记忆负担与任务压力，形成认知共享，并且所遇到的问题也可以被交叉验证，群体效率可以显著高于个体效率。分出负载用来指称人与人造物品/技术（artifacts）之间的分布式认知。表征是认知科学中的重要理论构成，包括了内部表征（如心理图式、神经网络等）与外部表征（如物理符号、外部规则等）。分布式认知强调外部表征不仅仅是对内部表征的刺激，本身也具有重要的功能，例如外部表征可以降低认知负荷。[⑤] 此外，在分布式认知活动中没有中心单元，人与物被视为平等的存在，而物品/技术也并不只是高科技产品，无论是电脑、电视，还是人们日常使用的纸笔、篮球，只要物品或技术在认知的耦合关系中发挥了作用，便进入了分布式认知系统。[⑥] 恩拉迪（Nradi）等学者就曾关注电子表格作为一种协调性工具是如何促进组织内部知识的分布与交流的，[⑦] 这在洪灾和疫情中的互联网共享编辑文档中也有突出体现。学者们认为分布式认知

---

① LEE S, YEO J, NA C. Learning from the past: distributed cognition and crisis management capabilities for tackling COVID-19[J]. The American review of public administration, 2020, 50(6/7): 729-735.

② CLAYSON A. Distributed cognition and embodiment in text planning: a situated study of collaborative writing in the workplace[J]. Written communication, 2018, 35(2): 155-181.

③ SALOMON G. No distribution without individuals' cognition: a dynamic interactional view [G]// SALOMON G. Distributed cognitions: psychological and educational considerations. USA: Cambridge University Press, 1997: 111-138.

④ ZHANG J, PATEL V L. Distributed cognition, representation, and affordance[J]. Pragmatics & cognition, 2006, 14(2): 333-341.

⑤ ZHANG J, NORMAN D A. Representations in distributed cognitive tasks[J]. Cognitive science, 1994, 18(1): 87-122.

⑥ 于小涵，盛晓明. 从分布式认知到文化认知[J]. 自然辩证法研究，2016，32(11)：14-19.

⑦ NARDI B A, MILLER J R. Twinkling lights and nested loops: distributed problem solving and spreadsheet development[J]. International journal of man-machine studies, 1991, 34(2): 161-184.

概念可以回应吉布森最初定义的可供性,即关注环境与有机体的互补性关系,并将其进一步推广至分布式认知的框架之下。故而,可供性可以被理解为一种桥接外部表征(环境)和内部表征(有机体)的分布式表征。① 伴随着媒体融合发展与智能媒体技术的泛在化,将媒介可供性与分布式认知联系起来可以为全媒体时代的传播研究提供新的理论思路与启迪。②

四、全媒体时代的分布式认知:案例与思考

彼得·罗素(Peter Russell)曾陈述人类大脑与互联网的平行关系,并提出全球大脑(The Global Brain)的概念。③ 罗素认为个体不是孤立的存在,而是快速整合的全球网络的一部分,是全球大脑的神经细胞。互联网与云端技术的出现将这些神经细胞连接起来,人类和非人类主体通过互联网的桥接形成全球大脑,这个新大脑拥有自己的认知能力,表现超越其中每一个独立的个体,④"它就像一个活的有机体,为了达到目的而不断自我调节"。互联网与云端技术为分布式认知提供了大量鲜活案例。例如,在维基百科、百度百科等维客应用上,人们通过链接与贡献个体知识而形成群体认知,人与媒介组件之间的交互促进了知识共享的生成。⑤ 全媒体给媒介生态带来深刻变化的同时,也在悄然重塑着人与技术的交互关系。

分布式认知强调理解人类认知与行为时需要考虑非人类主体的影响,而在全媒体时代背景下,媒介逻辑更为凸显,分布式认知的参与主体也日渐趋向多元,从专业的媒体从业者扩展到算法技术与普通公众,越来越多的人工智能技术与机器人逐渐参与到日常的分布式认知过程之中。其中一个典型的案例莫过于聊天机器人——用户可以通过和聊天机器人对话获得相应帮助,比如获取天气资讯、预订会议等,聊天机器人与人类的互动几乎可以涉及全球各种网络服务与应用终端,在这种实时交互中传统人类认知的边界得以拓展。此外,在维基百科等开放协作类内容

① ZHANG J, PATEL V L. Distributed cognition, representation, and affordance[J]. Pragmatics & cognition, 2006, 14(2): 333-341.

② D'ANGELO G, RAMPONE S. Chapter 9-cognitive distributed application area networks[G]//FICCO M, PALMIERI F. Security and Resilience in Intelligent Data-Centric Systems and Communication Networks. Cambridge, UK: Academic Press, 2017: 193-214.

③ RUSSELL P. The global brain: the awakening earth in a new century[M]. Edinburgh, UK: Floris Books, 2006.

④ LOGHRY J B. The recreation of consciousness: artificial intelligence and human individuation[D] CA: Pacifica Graduate Institute, 2013.

⑤ RUIZ J-L. The cloud and the crowd: distributed cognition and collective intelligence [EB/OL]. (2013-12-14) [2022-02-06]. https://blogs.commons.georgetown.edu/cctp-797-fall2013/archives/699.

应用中也有大量机器人的参与，这些机器人的主要工作是查找纠正一些恶意破坏性内容，以维护维基网络的内容编辑环境。① 机器人帮助人类协调内部表征与外部表征，人机交互让机器人和人类都与外部环境紧密相连，促进了全球大脑的生成。与此类似，在全媒体时代，越来越多的普通公众已然卷入分布式认知过程。例如，网约车打车软件将出租车司机、私家车车主、乘客、平台与算法的交互都纳入共享经济认知实践的体系结构。又如，在数据标注或信息核查的众包项目中，既有大量的人工标注员或审核员参与其中，人员之间彼此交叉验证，以保证信息的准确性，又有人工智能的参与，即将人工标注的信息用于人工智能的训练，从而实现人机交互与认知共享。② 近年来，随着人工智能技术被广泛应用，群际共享与人机交互呈现平行化的态势。

全媒体时代也重塑了人们生活的外部环境，媒介嵌入日常生活的程度日益加深。首先，全媒体时代媒介的日常化趋势显著。伴随着智能移动设备的不断更新与快速普及，媒介设备不再只是作为传播的介质，还深嵌于人们日常生活和人际交往之中，在交互中人机界限逐渐模糊。人们已经习惯向智能音箱询问天气预报与交通状况，也热衷于使用外卖软件选购美食，各种媒介应用中内置的推荐算法无时无刻不在影响着人们的日常决策，人们与智能应用的交互构成了完整的认知过程。其次，媒介场景化也进一步强化了媒介技术对生活的浸入。一方面，智能终端不断占据着人们的碎片时间，将人类行动与其媒介使用绑定在一起；另一方面，诸如智能家居等物联网设备充分将信息传播技术融入家庭应用场景，使得每一次人机交互都是隐形的训练，深化着人类与智能媒介的贴合程度，也逐渐强化了认知过程中人与物/技术之间的平等性。再次，全媒体时代个体享有更高的具身感。麦克卢汉曾提出媒介是人体的延伸，是人与外在世界的连接。人们曾经用身体感知世界变化，而如今还可以利用智能媒介洞悉一切。技术融入人类的身体并延展感知，在不断提升人类主体性的同时，技术的干预能力也更加强大并且隐蔽。例如，健身类应用利用可穿戴设备将人类身体数据化，使其可测量、易感知，该应用还伴随数字逻辑进一步影响人们的行为活动。③ 因而，也有学者认为伴随媒介技术进一步沉浸化，人体亦会成为媒介的延伸，一个因人与媒介技术交互

---

① TRAN K-N, CHRISTEN P. Cross-language learning from bots and users to detect vandalism on wikipedia [J]. IEEE transactions on knowledge and data engineering, 2014, 27(3): 673-685.

② 曾资颖，黄煜，张引，等. 信息诊断系统设计思路：人工核查、广众参与和人工智能的三合一运用[J]. 全球传媒学刊，2021，8(1)：35-62.

③ 付若岚. 健身 App 用户的具身性媒介实践与身体问题的自我建构[J]. 社会科学研究，2021(5)：206-212.

而生成的被技术穿透、数据浸润的赛博身体正在成为新时代的媒介。[①] 在全媒体时代背景下,更加日常化、场景化与具身化的智能媒介建构了崭新的外部表征。与此同时,媒介技术与人类交互的广度与深度均有显著提升,媒介技术以更加隐蔽的姿态参与人们的日常决策。因而,在探讨人类决策的时候,不仅需要考虑人的认知,还需要将人与媒介的交互作为统一的认知系统进行考量。媒介可供性视角下的分布式认知成为全媒体时代日常生活的典型特征。

五、全媒体时代的媒介与信息素养:延续与发展

全媒体时代在智能媒介技术可供性的驱动下,媒介技术不断参与人们的日常决策,分布式认知的参与主体与外部环境都发生了改变,媒介逻辑已然渗入每个媒体使用者的思维,对人们的媒介素养也提出了新的要求。

媒介素养是指人们能在不同情境下获取、分析、评估和生产信息的能力。[②] 作为一个综合性的概念和视角,媒介素养涉及了一系列多元的观点。例如,欧盟委员会在定义媒介素养时强调其批判性,指出"媒介素养是一种获取、理解且批判性评价不同层面的媒介信息,同时在不同的语境中创建沟通的能力"[③]。学者奥夫德雷德(Aufderheide)则将媒介素养定义为一种运动,旨在"帮助人们理解、生产、协商图像、文字与声音的文化意义",强调对媒介背后政治与商业逻辑的认识与理解。[④] 媒介素养概念的包容性体现出这一研究领域的开放创新性,过往研究关注媒介内容、产业、效果、受众,以及假新闻、媒介暴力、隐私等各种媒介相关议题,涉及内容主要包括日常认知与媒介文化,以及关系着社会情感的认知过程。[⑤]

伴随着媒介融合的持续深入与新兴媒介技术的迅猛发展,新媒介素养(new

---

① 刘宏,周婷.场景化时空:一种理解当今社会的结构性视角[J].现代传播(中国传媒大学学报),2020,42(8):27-32.

② LIVINGSTONE S. Media literacy and the challenge of new information and communication technologies[J]. The communication review,2004,7(1):3-14.

③ EUROPEAN COMMISSION. A European approach to media literacy in the digital environment [EB/OL]. (2009-12-20)[2022-02-12]. https://www.cedefop.europa.eu/en/news/european-approach-media-literacy-digital-environment.

④ AUFDERHEIDE P. Media literacy: a report of the national leadership conference on media literacy[M]. Washington,DC: Aspen Institute,1992:1-37.

⑤ COIRO J,KNOBEL M,LANKSHEAR C,et al. Handbook of research on new literacies[M]. London,UK: Routledge,2014.

media literacy)产生。全媒体(panmedia)覆盖使新媒介素养能够涵盖对各种媒介所呈现出的文本符号的解读,[①]从而回应全媒体语境下的新挑战与新博弈。作为媒介影响力对社会全方位渗透的回应,新媒介素养也不断延展成为更加多元化的概念,如包含视听素养、算法素养、健康信息素养等,分布于人们生活的各个方面,渗透到人们的日常认知过程之中。由于不同代际的人们成长于不同的媒介生态环境下,随着媒介变革迭代的不断加速,新媒介素养越来越强调贯穿人类终生(across life-span)的理念。处于认知敏感期、易被媒介影响的儿童、青少年群体,以及被称为"数字移民""数字难民"的中老年用户和数字弱势群体都应提升媒介素养。全媒体时代的代际文化传播,形成了后喻(post-figurative)、并喻(co-figurative)和前喻(pre-figurative)共存的文化环境,媒介素养的代际传递与反哺逐渐成为弥合数字代沟的关键,越来越多的老年用户通过子代孙代的数字反哺或朋辈同侪的交流学习提升媒介素养。[②]

随着媒介可供性视角下人与媒介技术的交互中呈现出越来越多元的可能性,媒介素养的维度与层次中也逐渐区隔出消费素养(consuming media literacy)与产消素养(prosuming media literacy)的不同类型,以及功能素养(functional media literacy)与批判素养(critical media literacy)的不同层次。具体而言,功能消费素养指代使用和理解媒介的能力,批判消费素养指分析和评价媒介的能力,功能产消素养包含生产和发布的能力,而批判产消素养则涉及参与和创作的能力。全媒体时代,人们不再是被动的内容接收者,而是同时承担着内容消费者与内容生产者的身份。作为一名"产消者"(prosumer),人们不仅需要理解媒介功能,拥有参与媒介内容创作和传播的能力,同时在产消过程中还要能够充分分析、评估媒介的逻辑和语境。[③] 因此,全媒体时代的媒介素养既在空间维度分布于人们日常决策的方方面面,又在时间层面贯穿于个人成长发展的整个历程。

媒介素养,于个人而言,关乎知识技能、思维意识与精神气质;于社会而言,关乎媒介教育与媒介治理。媒介素养的提升使人们认知、应对快速发展变化的媒介生态环境

① LIVINGSTONE S. Media literacy and the challenge of new information and communication technologies[J]. The communication review, 2004, 7(1): 3-14.

② ALCALÁ L A. Media literacy for older people facing the digital divide: the e-inclusion programmes design[J]. Comunicar, 2014, 22(1): 173-180.

③ LEE L, CHEN D-T, LI J-Y, et al. Understanding new media literacy: the development of a measuring instrument[J]. Computers & education, 2015(85):84-93.

的能力得以提高,人们还能通过去神秘化来对媒介的负面影响形成“免疫”并实现媒介赋权。基于媒介可供性,全媒体时代的分布式认知广泛存在,媒介逻辑的变化使得媒介把关的权力不再集中于专业的媒体机构或媒体从业者,而是分散分布于普通的媒介产消者、平台乃至算法等智能技术领域,由此引发了一系列关于算法透明性、算法偏见、信息茧房、信息疫情、隐私风险、网络暴力等议题。媒介素养的培养及相关的媒介教育与媒介治理的开展有助于推动全社会积极应对全媒体时代媒介逻辑变化形成的各种挑战。

正如前文所述,全媒体时代丰富的媒介可供性拓展了人们媒介参与维度的同时,也呼唤着全媒体、终生化的媒介素养培育与提升。对个体发展而言,媒介素养关乎知识技能、思维意识与精神气质,渗透于日常并贯穿始终;对社会而言,媒介素养有益于公民教育和媒介治理,助力全媒体时代社会的发展。当下,如何在算法丛生的媒介生态环境中批判性地选择适宜的内容,如何不被动地陷入选择性接触的“陷阱”,都是全媒体时代人们日常所面临的媒介素养考验。分布式认知作为全媒体语境下的新常态,也被纳入詹金斯(Jenkins)等学者提出的新媒体时代的十二种媒介素养范畴。在詹金斯等学者的观点中,人们需要了解媒介技术与应用的可供性,并在此基础上理解如何协调与媒介技术的关系,从而有效地使用媒介;同时还需要知道如何利用媒介技术工具进行团队协作,促进集体智慧的生成。① 当前,与数字智能媒介共存交互、和谐共荣既是对人们的媒介素养提出的新要求,也是分布式认知在全媒体时代的具体表现。人们需要意识到日常认知决策过程的媒介化特性,从功能维度和批判维度认识其背后的媒介逻辑,更好地实现全媒体时代的产消合一。

六、结论与讨论

本文从媒介可供性的视角出发,关注到全媒体时代语境下人们日常决策与媒介素养的变化,并引入分布式认知概念作为理论框架。分布式认知一方面将人与机器/技术视为整体的认知系统,关注人与媒介技术的协调互动关系;另一方面注重人们的集体智慧,强调通过媒介技术促进人们的知识信息分布与共享。互联网的崛起与云端技术的日臻成熟让全球范围内的分布式认知成为可能,而在全媒体时代,分布式认知的

① JENKINS H, CLINTON K, PURUSHOTMA R, et al. Confronting the challenges of participatory culture: media education for the 21st century[R]. Chicago, IL: MacArthur Foundation, 2006: 72.

参与主体由专业的媒体从业者逐渐拓展至普通大众与平台算法，而数字智能媒介技术的日常化、场景化以及具身化趋势也进一步强化了媒介逻辑对人类日常决策的影响。分布式认知的视角与框架同时也为全媒体时代下的媒介素养培养提供了启示，当人们面对日益纷繁复杂的媒介功能时，强调人与技术协调交互以及群体协作的分布式认知理念更有助于人们媒介素养的培育和提升，从而使他们更好地与日趋智能化的媒介和谐共存、共抉择。

分布式认知的概念自2002年被引入国内，[①]目前已过20载，国内关于分布式认知的研究多集中于心理学与教育学，在新闻传播领域引发的重视尚显不足。将分布式认知与媒介可供性视角相结合纳入传播学研究这一举动，强调了对媒介技术、媒介逻辑与媒介语境的关注。当研究者们讨论媒介效果时，应该同时考虑到受众个体及其所属的媒介环境的共同作用，将受众与媒介技术的交互置于认知系统进行探讨。这一理论框架在某种程度上也会推动传播研究方法的拓展与创新，当传统的问卷调查难以深入讨论媒介语境时，情境实验、认知民族志等研究方法可能成为有益的路径。此外，分布式认知视角还可以帮人们更好地理解传播过程。传播研究中常常关注媒介技术对于受众的正向或负向效果，但媒介技术的使用到效果形成之间存在一定的时间间隔，分布式认知关注人与媒介技术交互的过程，在传播效果“结果论”的基础上添加了对认知过程的考量，从而以更加全面的视角关注媒介技术与人类认知行为的关联性。

随着虚拟现实与人工智能技术的继续发展，未来的媒介生态环境将更为沉浸化与更富交互性。人们借助于种种智慧终端进行具身化实践，媒介技术作为中介将全方位重塑人们的听觉、视觉等信息处理通道，[②]为人们提供更加多元的行动可能性。万物皆媒的物理环境将人类的认知范围无限延展，媒介与非媒介、人类与非人类的边界都将进一步模糊，也将更加突显分布式认知研究在认知过程中将人与物/技术平等对待的理念。[③] 相较于当下强调的人机交互，脑机接口等新技术将会引入“人机一体”的全新交互模式，进一步弥合人与物/技术之间的距离。当要用智能设备实现大脑与信息的直接交换时，人的意志与媒介技术的配合将至关重要。智能媒介技术的参与及集体智慧的共享将在未来带来怎样的效果目前尚未可知，但在当下的全媒体时代，分布式

① 周国梅，傅小兰. 分布式认知：一种新的认知观点[J]. 心理科学进展，2002(2)：147-153.

② 喻国明学术工作室，杨雅，陈雪娇，等. 类脑、具身与共情：如何研究人工智能对于传播学与后人类的影响：基于国际三大刊 *Science*、*Nature* 和 *PNAS* 人工智能相关议题的分析[J]. 学术界，2021(8)：108-117.

③ 彭兰. 万物皆媒：新一轮技术驱动的泛媒化趋势[J]. 编辑之友，2016(3)：5-10.

认知将成为人们越来越日常的认知决策模式，从而推动媒介可供性的感知和媒介素养研究与实践的进一步发展。

〔蒋俏蕾，清华大学新闻与传播学院副教授、博士生导师，主要研究领域包括人与媒介交互、信息传播技术与社会变迁、数字融入与信息无障碍、计算社会科学等；张自中，清华大学新闻与传播学院新闻传播学专业博士生〕

〔特约编辑：付晓光〕

人"意识内爆"与元宇宙的探究

A Probe into Human "Consciousness Implosion" and the Meta Universe

◎陈　默
Chen Mo

摘要:数字化智能网络技术使人的中枢神经系统都延伸了出来,这是人被延伸的最后一个阶段——从技术上模拟人意识的阶段,技术模拟人的意识、感知、人脑思维活动。这正是麦克卢汉提出的"意识的内爆",人的意识的延伸会带来人工智能时代,也会带来与物理现实世界一样的虚拟平行世界,此被称为数字孪生的镜像世界,也是当下令全球沸腾起来的元宇宙。元宇宙是互联网生态进化的下一个目标,将使互联网从二维世界升到三维世界,让人体验多样可能世界里的数字生活。区块链与 NFT 技术成为元宇宙的基础,它承载人的资产权益和社交身份,保护人的数字资产,使虚拟与现实两世界融合成一体。数字生活让人越来越成为"数字人",人类将进入人机合一、虚实共存的新文明世界。

关键词:意识内爆;元宇宙;数字化身;数字孪生;区块链与 NFT

Abstract: Digital intelligent network technology will extend out of the central nervous system, technology will extend the last stage of the people — from the technology to simulate the stage of human consciousness. Technology touch anthropomorphic consciousness, perception, human brain thinking activities. This is exactly the "implosion of consciousness" proposed by McLuhan. The extension of human consciousness will bring the era of artificial intelligence, and also extend the virtual parallel world which is the same as the physical real world. This mirror world called digital twin is also the current global boiling metauniverse. The meta-universe is the next goal of the ecological evolution of the Internet, which will upgrade the Internet from a two-dimensional world to a three-dimensional world, allowing people to immerse themselves in experiencing the digital life in a world of diverse possibilities. Block chain and NFT technology have become the basis of the meta-universe, which ensures the protection of people's property rights and social identity, and realizes the integration of virtual and real world life. Digital life will make people become more and more "digital people", and human beings will enter into a new civilization of human-machine integration, virtual and real coexistence.

Keywords: consciousness implosion, meta-universe, digital avatar, digital twin, blockchain and NFT

数字化浪潮汹涌而来,媒介技术已将人的身体与中枢神经系统都延伸出来了。麦克卢汉说:“我们正来到人类延伸的最后一个阶段——从技术上模拟意识的阶段。”此阶段正是人工智能阶段,技术模拟人脑思维和意识活动,创生性的认知将会在社群中被普遍延伸出来,并进入人类社会的一切领域,正像我们的感觉器官和神经系统凭借各种媒介得以延伸一样。这正是麦克卢汉预言的“向内的爆炸”——人的意识的延伸。

一、下一个互联网:进化成“元宇宙”

习近平总书记在中央政治局集体学习中强调:“近年来,互联网、大数据、云计算、人工智能、区块链等技术加速创新,日益融入经济社会发展各领域全过程,数字经济发展速度之快,辐射范围之广,影响程度之深前所未有,正在成为重组全球要素资源,重塑全球经济结构,改变全球竞争格局的关键力量。要站在统筹中华民族伟大复兴战略全局和世界百年未有之大变局的高度,统筹国内国际两个大局,发展安全两件大事,充分发挥海量数据和丰富应用场景优势,促进数字技术与实体经济深度融合,赋能传统产业转型升级,催生新产业新业态新模式,不断做强做优做大我国数字经济。”数字化网络为我们提供全球高度的视野和新型的思维方式,以及一种全新的感知心智。人类生成包裹地球的数字化网络,它是人类有史以来最大的创造物,它成为我们生活中的永不停止更新的全球性的新平台。

2021 年,“元宇宙”令全球沸腾！元宇宙可以说是互联网生态进化的产物,三维的平行宇宙是人类下一代互联网生态。未来20年,元宇宙将更加深远地影响人类社会,它联通现实世界和虚拟世界,将开启人类新文明。

元宇宙(Metaverse)一词,诞生于1992年的科幻小说《雪崩》,小说描绘了一个庞大的虚拟现实世界。电影《阿凡达》讲了人的化身阿凡达进入一个外星球的平行世界里与入侵者战斗。2021年5月,脸谱网表示将在5年内转型成一家元宇宙公司;而随着脸谱网、谷歌、微软、苹果、英伟达、字节跳动、腾讯、百度等科技公司进入元宇宙,它们将以区块链、云计算、数字孪生等新技术不断融合生成人类未来的数字化生活。

元宇宙的确是人类走向虚拟世界的终极形态。元宇宙能够容纳全世界的人随时随地进入与退出。元宇宙可以产生跟现实社会一样的价值。元宇宙是平行于现实世界的另一个世界,一个立体的互联网。在虚拟世界里你可以重构自己的人生,从物理世界中解脱而获得更自由的生存空间,可能创造另一种文明,体验各种人生。

二、麦克卢汉的"内爆"是人感知意识的延伸

内爆理论是麦克卢汉很重要的理论,在他看来,内爆是当代社会中"电子"媒介造成的结果。在机械时代我们完成了身体在空间范围内的延伸,电子媒介延伸了人的中枢神经,让我们能拥抱全球。就我们这个行星而言,时间差异和空间差异已不复存在。我们正在迅速逼近人类延伸的最后一个阶段——从技术上模拟意识的阶段。首先,内爆是指与"身体的延伸"相对立的"意识的延伸",前者是机械时代的特征,后者是电子信息时代的特征。相对人的心理来说,内爆使地理意义上的距离变近,甚至消失,人具有了拥抱地球的能力,地球变为"地球村"。谷歌的全息激光显像技术,使无论距离多远的人,都能面对面进入三维立体虚拟空间交流,真正实现了全球人都"天涯若比邻",而且完全身临其境。其次,内爆导致虚拟时代的到来,对真实的模拟开始统治人们的意识,成为人们认识事物所依赖的基础。元宇宙的数字孪生就是根据物质的真实世界而模拟出的数字化的虚拟世界。人类将进入数字空间成为数字人过着数字化的生活。

从人的"意识"学科来看,意识是指人的心灵感觉和感知系统,是人的非物质身体的"心灵"。VR技术正是模拟人的各种意识知觉和感官感觉的技术,人们需要戴上立体眼镜、数据手套等特制的传感设备。最近两天Meta展示了其研发触觉手套的进展,这种手套能够在虚拟环境中再现一系列的感觉,包括纹理、压力和振动。一种三维的模拟现实,使人似乎置身于一个具有三维的视觉、听觉、触觉甚至嗅觉的感觉世界,并且人与这个环境可以进行信息交互。这正是麦克卢汉所说的"内爆",人的感觉意识

被延伸出来，是内在“意识”的爆炸，人的中枢神经系统被延伸为可感知的智能式的“数字化的互联网”。比如，GPS就能帮助人足不出户看到地球上任何一条街道上的任何一栋建筑物，能为全球的人和车导航，GPS将人的宇宙意识都延伸出来了，提升了人的感知力，人因有了GPS而具有了万里眼的“神通”力。

麦克卢汉说：“意识的内爆导致虚拟现实时代的到来，对真实的模拟开始统治人们的意识，成为人们认识事物所依赖的基础。”[①]虚拟现实技术综合了计算机图形技术、计算机仿真技术、传感器技术、显示技术等多种学科技术，它在多维信息空间创建一个虚拟信息环境，能使用户具有身临其境的沉浸感，具有与环境完善的交互作用能力，并有助于启发思想。虚拟现实技术的最终目标是，通过延伸人类所有感官，将人带入另一个世界。它让互联网世界从二维升至三维，超越现实的物质宇宙，让人进化成一种“数字人”。虚拟现实技术让人们的意识从肉身分离出来，进入数字空间，让人们过一种虚拟数字人的自由生活。数字虚拟并非虚假的，它能使人过更沉浸和有更丰富体验的生活，也可以说，庄子在“坐忘”中体验的自由自在的意识境界的生活，可能在元宇宙中实现！

三、“内爆”生出数字孪生的镜像世界

内爆与我们通常熟悉的“整合、聚合、融合、交叉”等概念相关。

麦克卢汉还用“中枢神经系统”隐喻内爆效应，认为内爆是一种功能的“有机”的系统整体效应：电子媒介技术使我们的中枢神经系统本身（包括大脑）实现外化。中枢神经系统是不受切割的统一场，电子媒介以光速传播，具有时空同步性。有机的感知性是我们的神经系统的特性，因而互联网将地球包裹起来形成一个整体的能够被感知到的生态环境，这被凯文·凯利称为“全球的心智”。手机智能平台使我们每个人都被放大和延伸，互联网也将让整个社会结构与它相适应，一切都要适应数字化生态环境才能够生存。

电子媒介之前的机器技术媒介只是将人的身体和视觉感官延伸出来了。比如，汽车、机器生产线将人的体力和双手延伸出来；机器技术线性的延伸导致人的认知与思维呈线性和时空序列性，人对世界的感知是片段的和分裂的，整体的世界在人的这种线性和时空序列性的认知中被分割肢解，形成各种专门化的分类，社会也形成“中心—边缘”的等级和序列结构。这一切都是机器技术媒介导致的“外向爆炸”，是分割和

---

① 麦克卢汉.理解媒介[M].何道宽，译.南京：译林出版社，2011.

扩张。

我们认为，电子媒介是“意识内爆”，光速传播使全球时空瞬间一体化。也就是说，电子媒介使人的各种感官及思维同时被延伸出来，重新回归整体平衡的感知世界。光速传播的信息瞬间的时空同步性，使各种彼此分割的功能都融合在一起了。在数字化网络时代更是如此，各媒体都彼此融合与整合成融媒体与全媒体，一切信息都在大数据平台上被整合与分发，平台型媒体已超过了机构媒体的势头。过去一切分离的东西及功能都在数字网络媒介的作用下重新聚合起来，这些都是“内爆”的整体同步性带来的新媒介生态。

去年，凯文·凯利首次对互联网之后未来30年的科技发展趋势进行预测，概括起来就是两个词——Mirror World(镜像世界)。镜像世界是未来20年将出现的一次重大变革的产物，这一变革将当今存在的数字世界(如物联网、3D模型、SLAM等)层层叠加到现实的物理世界中。在他看来，“将现实世界与人造事物相混合的混合现实将成为下一代平台。我们都知道虚拟现实其实是人造空间，但下一代平台是混合空间。将现实世界和人造事物进行混合，有时又被称为MR。当你走进虚拟现实世界时，你会产生身临其境的感觉，我们称之为沉浸感，你会觉得自己就在那里。而在混合现实中，透过智能眼镜，你会看到现实世界，并获得存在感，即在这个世界中有物体存在的感觉。这就是这个新平台的主要特质：存在感。我把这个世界称为镜像世界”①。镜像世界将物理世界与虚拟的数字信息链接起来，在人与计算机之间创造出一种无缝的交互体验。在未来世界里，真实世界里的每个东西都会有一个芯片，整个世界都将被数字化，一切都将在虚拟数字世界里有一个复制品。

人类正在将物理现实世界的事物通过数字化建模，将它以1∶1的比例全仿真放入数字虚拟世界，映射出一个与现实世界一样的虚拟世界。2012年，NASA给出了数字孪生的概念描述：数字孪生是指充分利用物理模型、传感器、运行历史等数据，集成多学科、多尺度的仿真过程，它作为虚拟空间中对实体产品的镜像，反映了对应物理实体产品的全生命周期。数字孪生体是指在计算机虚拟空间存在的与物理实体完全等价的信息模型，可以基于数字孪生体对物理实体进行仿真分析和优化。当然，我们也是希望在最终能够把整个世界都映射下来，对世界上所有存在的空间和建筑进行数字化绘制，任何一个实物在这个世界中都会有一个数字孪生体，可以叠加到真实的物体上面。大家可以想象一下，你行走在数字世界，从A点到B点，就像是在现实世界中

① 凯文·凯利在2021年12月27日百度Create大会主论坛上的讲话。

行走一样。如果构建起来一个数字世界，它可以成为一个比智能手机更加重要的平台，我们都可以通过摄像头或者眼镜等装置看到虚拟世界。人类增添了元宇宙的眼睛，看到了一个处在现实物质世界与梦境之间的一个 XR 混合现实世界，它是人们创造出来的一个世界，这个世界神奇美妙。

扎克伯格正在进军元宇宙，若他能与麦克卢汉在元宇宙里遇见，他会说："先知，您半个世纪之前所预言的对'真实世界的模拟'的平行宇宙，我们正在将它创造出来。当今数字技术的发展可能还会超出您的想象！"元宇宙是融合各种高科技的下一代互联网，是体验逼真的沉浸式虚拟现实。虚拟空间又给平台、企业和个人以巨大的创造性空间，每个人可以在虚拟世界中构建自己的数字孪生体，在虚拟世界中不仅可以游戏，也可以开会、上课、购物、听演唱会，而这个虚拟世界又与现实高度融合，成为我们的数字生活的一部分。

元宇宙需要消费者、开发者、创作者、企业家等一起创造。脸谱网会将社交平台与 XR 混合现实技术结合，打造一个丰富多彩的元宇宙社交平台，建设一个用户与用户、用户与商业的多宇宙空间互动平台。国内的腾讯与抖音也适合走向这条赛道，将社交、办公、教育、娱乐、游戏、购物、数字金融等融合为一体，用 XR 混合现实、区块链、数字孪生、脑机接口等技术创造未来的元宇宙社交平台。

如今，人类使用的是大数据平台，而下一个数字平台就是镜像世界，它将整个现实世界都 1∶1 映射变成数字社会，大数据、AI、区块链都将作为基础技术被加以应用。当真实和虚拟进行叠加，整个世界都会变成机器可读的世界。

当你改变了看世界的方式，你就改变了你所看到的世界。

四、元宇宙的基础：区块链与 NFT

麦克卢汉直接指出互联网将延伸出元宇宙，人类进入一种虚拟现实的新文明。世界著名的未来学家凯文·凯利说："下一个平台是增强现实或混合现实。"他表示，增强现实世界是未来的发展方向，他还表示："为了保证不可篡改和可信，我们需要区块链技术。在沉浸式虚拟世界，有很多金融操作和商业利益操作，而这需要区块链。"[①]区块链必然成为元宇宙发展的最优土壤。区块链技术有着分布式、去中心化、不可篡改、智能合约、节约人力成本等诸多优势，可摆脱第三方控制，生态完全开源，例如，游戏中的玩家既可以免除黑客攻击的风险，又可以自由发挥创新，让元宇宙游戏的可拓展类

① 凯文·凯利(《连线》主编)2018 年 4 月在博鳌亚洲论坛上的演讲。

型丰富起来，进而不断拓展元宇宙的想象边界。

随着越来越多人使用这项技术，人们共同生成了大量数据，这些数据都被上传到云端，世界上更多的部分更微小的物件都被映射下来。元宇宙是由用户创造出来的人类共同的家园，这个家园还可无限连续地被创造下去。这个镜像世界是一种分布化的形式，每个人都可以将他生活中的一切场景和物件的数字版上传云端，模式是去中心化的，底层技术就是区块链。

现在元宇宙的落地方向指向了NFT。NFT是数字世界中“独一无二”的资产，它可以被买卖，被用来代表现实世界中的一些商品，但它存在的方式是无形的。元宇宙的起飞必须要搭乘区块链。人们除了想获得元宇宙中的体验感，他们还想通过虚拟世界更好地确立自己的所有权，实现个人价值，保护好自己的资产。无论是从虚到实，还是由实到虚，区块链真正能够充分保证新环境的成功构建，实现虚拟世界和现实世界的映射。

区块链的核心在于可信地承载人的资产权益和社交身份。这使得元宇宙成为任何用户都能参与创造，且劳动成果受到保障的平台。而在区块链世界，非同质化代币NFT恰恰也在解决这样的问题。将来，我们拥有的东西，都是既看得见又看不见的。虚拟世界与现实世界将产生交叉融合，NFT也将在其中扮演重要角色。元宇宙里将会凝聚更大的市场，更大的行业，更多的开发者和创造者在虚拟现实和元宇宙中发展数字事物，而不是在物理世界中创建事物。所有这些东西在元宇宙中都将比在我们的宇宙中大很多倍，并有更多的资产类型将被纳入元宇宙，包括土地、房产、游戏、道具和艺术收藏品，未来预计还包括服装、潮牌等都会成为资产类型。

五、数字经济与新媒介生态的启示

习近平强调，“发展数字经济是把握新一轮科技革命和产业变革新机遇的战略选择。一是数字经济健康发展有利于推动构建新发展格局，数字技术、数字经济可以推动各类资源要素快捷流动，使各类市场主体加速融合，帮助市场主体重构组织模式，实现跨界发展……数字经济健康发展有利于推动构筑国家竞争新优势，当今时代，数字技术、数字经济是世界科技革命和产业变革的先机，是新一轮国际竞争重点领域，我们要抓住先机，抢占未来发展制高点”[①]。

麦克卢汉给我们的启示是，新技术的推进带来新媒介环境生态和新的人类文明形

① 习近平在中共中央政治局第三十四次集体学习时强调的内容。

态。电子媒介取代印刷媒介带来电视时代,之后的互联网开始将人们连接起来,当进入移动互联网时代,手机平台取代了电视媒体的优势。现今,以虚拟现实技术、区块链技术、人工智能技术为主导的时代,将推进互联网进化成更高级更复杂的生态系统,互联网下一个风口,将会是从二维世界进入三维世界的元宇宙。另一启示是“用户为中心”:扎克伯格认为,进化到元宇宙的核心动力,是用户体验的进步。移动互联网的大数据平台时代,要求数据流量是去中心化的,确立的是用户为中心。脸谱网在全球月活用户数近30亿,引领全球的社交媒体平台,它的推送算法是去媒体机构中心的,是以用户公平权利作为互联网平台原则,用户自传播的社交媒体平台占据全球媒体前十。扎克伯克推断,元宇宙的核心依然是以用户为中心。他告诉 The Verge,VR 技术能让人获得各种难以通过二维应用或网页获得的体验,VR 让人们在虚拟世界里更有“在场”的感觉,能够自然和准确模拟人在现实世界的行为。我国的腾讯、字节跳动、网易、阿里巴巴等都积极入场元宇宙,用增强虚拟现实技术争夺全球的“用户数”。我国文化战略也应对互联网的“自下而上”的“用户中心”做出战略部署,在国际传播中应获得全球“用户数”上的优势,不然将错失争得话语权的良机。

总之,数字化的互联网进化表明,人类只是生存在物理现实的宇宙中是不够的,数字互联网会为人类生成可能的平行宇宙,也就是将物质宇宙在数字虚拟空间里延伸,人们可成为“数字人”,可以分离出多个虚拟化身进入平行宇宙中体验有各种命运的自己,经历丰富的生活。正如科幻小说家吉布森在《神经漫游者》一书中所宣布的:“我们建立起全球的社会空间。这个赛博空间由交易、关系和思想本身构成,它们像一道永恒的波浪,在我们的交流之网上部署着。我们的世界无处不在,又无处可寻,我们的世界不是肉体存在的世界。”

人类的未来是走向马斯克倡导的星际文明呢,还是扎克伯格倡导的元宇宙?

当前人们的感觉是:这两个路径都同时正在发生着……

〔陈默,中国传媒大学电视学院教授、博士生导师〕

媒体融合

媒介进化论视域下的VR现场直播价值内涵与实践路径

The Value Connotation and Practical Path of VR Live Streaming from the Perspective of Media Evolution

◎ 郭艳民　刘　培

Guo Yanmin　Liu Pei

摘要:技术在媒介进化过程中发挥着至关重要的作用,满足"人性化需要"是技术进步的终极目标,也是决定技术发展方向和使用方式的戒尺。VR现场直播是虚拟现实技术应用的重要部分,新技术进一步提升了人类感受和认知世界的能力,需要探索新的语言语法体系以充分实现新技术带来的可能性。本文立足虚拟现实技术的发展现状,从媒介进化角度思考其可预见的未来,认为同步在场、视听沉浸、自主选择是其本体优势,技术、工具与人性需要的落差是其现实缺憾,技术赋能和媒介融合共生是其基本的实践路径,提出了一系列优化VR现场直播效果的实践方法。

关键词:媒介进化;虚拟现实;VR现场直播

Abstract: Technology plays a crucial role in the process of media evolution, and meeting "human needs" is the ultimate goal of technological progress and the basic guideline for determining the direction of technological development and usage. VR live streaming is an important field of virtual reality technology applications. As new technology further extends and develops the abilities for human to experience and perceive the world, a new language grammar system needs to be explored to fully realize its possibilities. Based on the current development of virtual reality, this paper considers its foreseeable future from the perspective of media evolution. It argues that synchronous presence, audiovisual immersion and autonomous choice are its ontological advantages, that the gap between technology, tools and human needs is its realistic shortcoming, and that technology enablement and media convergence is its basic practical path. The paper proposes a series of practical methods to optimize the effect of VR live streaming.

Keywords: media evolution, virtual reality, VR live streaming

在媒介发展过程中，技术发挥着至关重要的作用。按照媒介进化论的观点，媒介技术的进步为人类提供了观察和感知世界的新方式、新可能，不断修正和“补偿”原有技术的缺陷，持续增强人类认知事物的能力，所有技术的运用都必须建立在“人性化需要”的基础上。虚拟现实技术的发展和运用也是如此，只有符合人的生理条件、心理感知规律的技术才能够存在下去，对新技术功能进行深入研究和合理应用，才能有效实现其“服务于人”的终极目标。

VR 现场直播是能够给受众带来最强烈的沉浸感、在场感、共时感的媒介传播形式，用户只要戴上头显设备，就可以体会到身临其境的感觉。近几年，360 度全景影像采集技术得到快速发展，4K、8K 甚至更高清晰度的全景摄影机不断被推出，360 度全景影像的自动缝合技术也越来越成熟，导播和切换系统可以保证多机位高质量信号无时延切换、实时在线包装，并生成虚拟影像即时播出，具备了完成高质量 VR 现场直播的基础条件。

从 2019 年开始，中国、美国、韩国、日本、英国等世界主要国家都正式开启了 5G 商用，数据信号网络传输速率得到了成倍提高，一定程度上为 VR 现场直播解除了远程信号传输的瓶颈，有助于推动其进一步发展。

在基本技术问题得到解决后，创作层面的探索就显得更加重要。VR 影像与传统影像的生产和传播有本质不同，VR 视听作品中，很多传统视听艺术的语言语法失效，必须探索其独特的规则，构建新的语言语法体系。

一、人类感官的“延伸”与“拓展”：VR 现场直播的本体价值

麦克卢汉提出了“媒介即人的延伸”的观点，认为所有媒介技术都是人类器官的延伸，以增强人类获取信息、处理信息和与世界交往的能力。在麦克卢汉理论的基础上，保罗·莱文森继续创新和发展，提出了“媒介人性化趋势”和“补偿性媒介”理论，强调新的媒介技术对原有媒介技术的完善和革新作用，有助于我们认识新旧媒介技术之间

的关系，以及媒介进化的意义。“人性化作为媒介进化的核心，启发人们认识在媒介进化过程中人类需求的第一性，即在人与技术的关系中，人始终具有选择的主动权并具备选择理性。”“技术的存在是为了延伸人，发展人，使人借助技术进行一种与自身生物进化不同的体外进化。”[①]虚拟现实技术为人们带来了一种新的感知世界的可能，它不仅继承了传统媒介技术，更是创新和发展了传统媒介技术。

(一)视听沉浸：让用户同步置身于现场

VR现场直播的影像来源主要有两个：一是360度全景摄影机拍摄的影像；二是在实拍影像基础上实时加入的虚拟影像，如加入定制的背景、LOGO、动画、数字影像等素材。VR现场直播还可以收录全向域的现场声音，并实时向用户传输，通过VR头显设备，用户“沉浸”于拟真的现场情境中。

现阶段，VR现场直播的基础是360度全景摄影。经过一百多年的发展，摄影术具有了“复原物质世界”的本体优势，能够将客观事物的光影形象记录下来，并予以客观、真实地还原。360度全景摄影的全视域视野，进一步增强了现场影像的记录能力，可以将摄影机周围所有景物都拍摄下来，突破了传统摄影机单支镜头视角的限制。

目前，所有的360度全景摄影机都有两个以上的镜头，所谓的360度全景影像，就是将每只镜头拍摄到的有限视角的影像“缝合”起来形成的影像。理论上讲，单支镜头影像分辨率越高，最终的360度全景影像的质量就越好；镜头数量越多，每只镜头的视角就越窄，影像的畸变也就越小，最终的360度全景影像的质量就越好。当然，镜头数量越多，单支镜头影像分辨率越高，各支镜头采集到的总数据量也就越大，后期缝合难度就越高，所以，并不一定是镜头越多越好，而是要根据需要决定。现在，能够较好地承担VR现场直播任务的单台专业级全景摄影机通常会有4支、6支、8支甚至更多镜头。完成现场直播任务通常需要3台以上的全景摄影机，大家可想而知，其总体数据采集和传输量是远远超出传统视听媒体的现场直播的，需要重新再造其直播流程的各个环节。

不同镜头拍摄的影像都有一定的视角限制，需要将各镜头影像完美“缝合”才能获得360度全景影像。VR现场直播主要通过算法自动“缝合”影像，全景摄影机或专用的计算机将各个镜头采集的数据信号“缝合”为360度全景影像输出。随着影像“缝合”技术的快速发展，现在，人们已经能够即时完成超高清质量影像的“缝合”。再加上

---

① 单小曦，别君华.人性化与自主性：媒介智能化进化的内在机制与双重结构[J].中国新闻传播研究，2019(12)：53.

影像压缩和数据传输技术的提高,人们已经可以无延时地完成对多个影像采集端(360度全景摄影机)的数据进行的“缝合”、切换、包装、输出等工作。

与此同时,适配 VR 作品的录音技术也得到了进一步发展,声音录制的空间感、层次感、方位感、距离感等多方面都得到了改进和提高,声音专家正在努力研究新的技术,以实现随着不同 VR 体验者注意力的转变即时提供相应方位声音信息的目标。使用专业级头显设备和声音还原设备,在视觉和听觉两个方面,受众仿佛置身于事件现场,可以获得非常强烈的在场感和真实感。

VR 现场直播,可以极大地突破直播现场空间的局限,使得广大受众可以借助虚拟现实技术“穿越时空”获得身临其境的感受。比如,世界杯足球赛决赛是全世界足球迷都希望到现场观看的赛事,但是,受到球场空间、球票数量、工作安排、国际旅行法规等多种因素的限制,能够到达现场观看决赛的球迷只是极少数,借助 VR 现场直播技术,就可以较好地满足广大球迷的愿望。与此类似,大型文艺演出、重大新闻事件等都是人们希望亲身参与、亲眼见证的活动,也都非常适合进行 VR 现场直播。

(二)自主选择:个性化、差别化用户体验

VR 现场直播可以为用户提供全视域现场影像,将 360 度全景摄影机周围的事物“尽收眼底”,可以突破“画框”限制,为用户提供现场“场信息”,大大增加了影像的信息量。VR 现场直播可以在现场的不同位置设置多台 360 度全景摄影机,每台摄影机为用户带来不同的影像,用户仿佛置身于现场的不同位置。

VR 现场直播可以在同一时间呈现现场的多个对象、多个区域,用户可以根据自己的需要,自主选择观看重点,控制关注时长,而传统的 2D 或 3D 现场直播节目,在同一时间只能选择不同的景别呈现现场的全景或局部,观众只能观看导演、导播切换出来的镜头内容,被动地接受节目制作团队的创作意图。

VR 现场直播可以由专业团队将多个 360 度全景摄影机信号进行切换、包装,再依靠高速网络传输给受众,即汇集成单路信号实时播出;也可以同时为用户提供现场多路实时信号,用户可在不同的信号源之间自由选择,即多路信号实时播出。前者有些类似于传统的电视现场直播,后者则更符合网络化传播特点,能够更多满足受众个性化、差异化的需求。

二、人性化需要与现实落差：VR 现场直播的技术瓶颈与审美缺憾

按照保罗·莱文森的观点，“媒介如果想要存活下来，在重现前技术时代的环境方面，较之于其他媒介，必须具有‘净优势’”[①]，新技术是对原有技术缺陷的补偿，是对其满足“人性化需要”功能的完善，但是，如果新技术只在少数方面超越了原有技术，而在其他方面与人类感知世界的方式存在明显差距，那它将难以生存和发展。

虚拟现实浪潮近年来出现起伏正是因为此，尽管 2019 年以来 VR 现场直播的前期制作、信号推送环节获得了长足发展，全景影像自动“缝合”、超高清影像无延时切换、即时包装、同步发送等技术日趋成熟，但是，在信号传输、用户体验、运作方式等方面，现阶段仍存在着明显的“瓶颈”。

（一）传输网络速率

传输网络速率是制约 VR 现场直播发展的主要因素，从 2019 年开始，5G 网络的推广和普及可以较好地满足 VR 现场直播远程信号传输的需要，使 VR 现场直播在专业制作和播出段突破了这一信号传输的瓶颈。

首先，与 4G 相比，5G 具有低时延、高速率的特性，这使得超高清信号传输成为现实，4K VR、8K VR 等超高清、大数据量视听信号流畅传输的实现，为虚拟现实、增强现实产品的传播和接收打破了技术瓶颈。5G 的商用，为 Cloud VR 产业的快速发展创造了良好条件，创造了一种智终端、宽管道、云应用的全景商业模式。

其次，5G 技术传输速度快、时延较低，这可以很好地支持异地互动及多点内容协同合成，为作品创作提供了更多可能。

再次，5G 使得虚拟现实头显、眼镜和增强现实头显、眼镜等设备可以真正发挥出其技术优势，给观众带来高清、流畅的视听信号，切实满足受众沉浸感、互动感方面的需求。

5G 技术为 VR 现场直播奠定了良好的技术基础，但是，现阶段 5G 网络在普通用户中的普及率还不高，加上专业 VR 头显设备价格昂贵、优质 VR 视听作品资源相对匮乏，用户接收和使用环节还存在着明显不足。用户使用习惯和市场需求尚未形成，“生产”与“消费”不能同步高质量进行，是当下 VR 现场直播的致命缺陷。

技术的进步并没有带来媒介的自然进化，市场、文化、国际政治等成为影响虚拟现

---

① 莱文森.人类历程的回放：媒介进化论[M].邬建中，译.重庆：西南师范大学出版社，2017：124.

实技术应用的重要社会因素。

(二)头显笨重,视点固定,互动不足

作为对传统媒介技术的补偿,头显设备在VR视听作品传播过程中发挥着至关重要的作用。分辨率低、体积和重量较大、将现实世界与虚拟影像世界分割开来的VR头显设备,与正常人眼观看、人脑感知世界的方式存在明显差异,目前还远远不能满足人们的生理和心理需要,这也成为影响虚拟现实视听作品传播的重要阻碍因素。

此外,受到360度全景摄影技术特点的限制,现阶段如果全景摄影机运动拍摄,需要开发专门的遥控运动承载设备(因为摄影师无处藏身),对于信号传输也有更高的要求。同时,全景摄影机运动摄影有时还会带来“晕动症”问题,造成受众感官上的严重不适。因此,VR现场直播中,全景摄影机机位通常是固定的,但是,机位固定的话,用户戴上头显体验时,就只能停留在全景摄影机位置向四周观看,并不能自由移动,也不能和周围的人和事物进行真正的互动。用户虽然“到了现场”,但是,被束缚在一个或几个固定的点位上,依然只是现场的“旁观者”。用户可以感受现场的气氛,却往往处于“幽灵视点”,不能真正参与其中。

(三)空间表现能力受限

在现有技术条件下,VR现场直播在场景中能够设置的360度全景摄影机数量相对较少,而且,每台360度全景摄影机基本都是由多个广角镜头组合而成,所拍摄的影像在空间透视关系呈现上,通常会有一定程度的夸张,景物之间的远近距离感会被增强。所以,在进行近距离、小场景拍摄时,其呈现的视觉效果和人眼正常视觉感知接近,用户体验相对较好。如果远距离拍摄或进行旁观式大场景拍摄,拍出来的物体、场景就不够清楚,用户体验就会较差。如VR演唱会现场直播中,用户经常觉得看不清舞台上的歌星;足球比赛VR现场直播中,用户会觉得只能看清360度全景摄影机附近有限距离内的比赛情况,而对于球场其他区域的比赛情况则只能看到“一群小人儿在混战”。

VR现场直播场景可以分为两大类:可进入场景、外围旁观场景。前者是指360度全景摄影机等现场直播器材可以置身其中的场景,如会议、庆典、演出活动等;后者是指360度全景摄影机等现场直播器材不能进入,只能在其外围进行旁观式拍摄的场景,如足球比赛、篮球比赛、排球比赛等体育比赛等。

一般情况下,直播机位如果能够进入所拍摄的场景,更容易给用户带来身临其境的沉浸感，也容易满足用户的好奇心理，使用户产生一种“角色身份置换”的感觉。直播机位不能进入所拍摄的场景，用户就不能从根本上改变其“观众”身份，其获得的沉浸感、体验感都会受到一定程度的影响。

当然，“旁观者清，当局者迷”，现场直播场景内外的机位各有所长、各有所短，最好的方式是在直播场景内外都合理地设置足够的360度全景摄影机，有效地将“进入”与“旁观”结合起来。技术在不断进步，努力在原来不可进入的场景设置可进入的360度全景直播机位，是VR现场直播持续研发和实践的方向。

对于可进入的大场景，VR现场直播可以将其划分为若干表现重点不同的小场景，分别设置机位，并在各机位之间适时切换，以保证现场信息的顺利传达。而对于不可进入的大场景，VR现场直播就显得力不从心。现在，通常采用将传统电视直播画面植入VR现场直播影像的方式，以实现“点面结合”，弥补这种场景中VR现场直播“细节呈现不足”的缺陷。这种传统的电视直播影像信号可以由活动官方组委会协调提供，也可由VR直播团队单独增设传统拍摄机位来获取。

(四)常与传统现场直播套拍，制作自由度受限

因为VR现场直播刚刚起步，还没有形成良好的工作机制和盈利模式，而传统视听媒体现场直播经过几十年的发展，已经形成了比较成熟、完善的工作机制，在视听媒体传播中也占据着主流地位，再加上很多VR现场直播（如新闻、体育等）不能进行彩排，只能在事件发生发展的同步完成制作和传播。因此，很多VR现场直播只能与传统现场直播套拍，VR现场直播基本都是作为传统现场直播的补充，处于从属地位，在机位设置、现场拍摄、光线照明、声音录制、人员配备等环节，必须优先保证传统现场直播的需要，不能完全从最佳位置，采用最佳方式进行影像摄制和声音采集。直播现场的被拍摄者、活动组织者也往往优先考虑配合传统现场直播的需要。这样的制作方式，也使得VR现场直播的优势得不到充分发挥。

尽管虚拟现实已经为人类提供了“高度重现现实社会环境”①的基本技术，也描绘出了美好的理论图景，但是，在现实操作中还存在着诸多缺憾，虚拟现实技术需要继续寻找“其他的可能性”，努力寻找真正属于自己的“人类生态位”，要想成为主流媒介技术，其还将“在进化过程中激烈蜕变”，需要进行更多理论研究和实践探索。

---

① 莱文森.人类历程的回放：媒介进化论[M].邬建中，译.重庆：西南师范大学出版社，2017：122.

三、技术赋能与媒介融合共生:VR现场直播的进化实践

虚拟现实的理论构想已经为人们描绘了理想化的媒介进化效果,令一些研究者欢欣鼓舞,“相较于之前的口语、文字、电视、电话等所有媒介品类,虚拟现实无疑在再现真实世界的水平和维持原始媒介的时空延伸方面都有了历史性的提高”①。然而,在实践层面,虚拟现实面临着诸多难题,其技术进化过程并非一帆风顺。

和其他虚拟现实视听作品的创作一样,VR现场直播也是从拷贝、模仿传统视听媒体现场直播起步的,许多VR直播中使用的设备都是在传统现场直播设备的基础上升级、改造而成的,相对成熟的传统视听媒体现场直播为VR现场直播提供了诸多经验。随着实践的积累,人们逐渐认识到两者之间使用的技术手段存在明显差异,用户接收方式和审美心理大相径庭,VR现场直播需要探索自己独特的摄制、传播方法,总结具有自身本体特性的创作规律。现阶段,优化VR现场直播效果,可以从以下几个方面入手。

(一)前制—云端—接收:基本技术框架

VR现场直播需要强大的技术支持,在现有技术条件下,VR现场直播的基本流程和传统视听媒体现场直播有些类似,其基本技术框架是:依靠千兆以太网或5G网络连接直播的拍摄、制作、包装、传输各个环节,通过多台360度全景摄影机采集现场影像和声音,通常要保证4K或8K的高分辨率,也可以采用具有更高分辨率的360度全景摄影机拍摄,清晰度越高,数据量越大,对信号压缩、信号传输技术的要求越高;现场采集的影音数据被传送至VR导播切换系统进行切换、包装,可以实时添加字幕、音乐、特效、解说等;经过处理的信号再被传输到云服务器,通过云服务器最后被输出到移动端(手机和平板电脑)、PC端(台式机或笔记本电脑)、VR头显等设备,实现360度无死角实时直播。

经过几年的发展,VR现场直播进步很快,现在已经可以做到超高清、无延时同步直播,而且,越来越多的转播商将数字制作的虚拟影像和现场实拍、实采的影音信息融合起来进行直播,这样可以更好地发挥VR现场直播的优势,优化用户体验。

---

① 贺红花,黄学建.“再现”和“延伸”:媒介进化论视角下的虚拟现实[J].中国新闻传播研究,2016(12):25.

(二)影音采集与镜头切换

人们在观看视听媒体现场直播时,主要需要满足两个方面的需求,一是客观了解现场的真实情况;二是主观体验参与者的感受。以此为基础,我们可以把现场直播中的机位分为"旁观机位"和"参与机位",前者通常位于直播对象活动现场的外围,发挥"客观再现"的作用;后者往往置身于直播对象活动现场,发挥"主观表现"的作用。

传统视听媒体现场直播的机位设置,通常遵循"三角形机位原理",即在被摄场景的对面和左、右前斜侧方设置主要机位,对面的顶角机位可以通过变焦距镜头推拉拍摄现场的全景或小景别画面;左、右前斜侧方机位主要拍摄被摄对象的中景、近景画面。在设置"三角形机位"的基础上,还可以根据各种直播的具体要求,增设多台摄像机。顶角机位属于"旁观机位",左右斜侧的机位属于"参与机位",如果增设游机,直播带来的参与感则更强。

VR 现场直播的机位设置,在"三角形机位原理"基础上,更加强调"中心点原则",即在相互联系的主要对象之间、现场活动的群体参与者中间设置核心机位,以便充分发挥 360 度全景摄影机呈现全视域影像的优势,这种机位也属于"参与机位"。VR 现场直播中,也会在活动现场外围设置 360 度全景摄影机,这种机位属于"旁观机位",通常主要提供朝向直播对象半球视域的影像,朝向外围一侧的半球视域会用 LOGO、数字影像等遮蔽,以确保用户注意力集中在直播对象方向。

由于 VR 现场直播中每台 360 度全景摄影机采集的影音信号数据量都比较大,所以,为了保证信号传输,现场设置的机位数量会远远少于传统视听媒体现场直播时设置的机位数量。再加上 VR 现场直播每次切换机位信号,观众都会体验到一次"置身于一个新的观看位置",为了保证观众接受心理的流畅衔接,不能像传统现场直播那样进行高频率的快速切换,所以,也就不需要设置十几台机位,通常设置 3—5 台 360 度全景摄影机为宜。

VR 现场直播中,360 度全景摄影机拍摄的影像失去了传统影像的"景别"概念,要想让用户既看到现场的整体情况又看清主要对象,就需要在距离主要对象远近不同的位置分别设置 360 度全景摄影机,以被摄的主要对象为参照物,形成用户视觉心理感受上的"镜头景别序列"。

在 VR 现场直播中,比较重要的机位通常有以下几种。

1."关系轴线"中间机位

所谓"关系轴线"是指现场主要交流对象之间的一条假定的连线,在传统视频拍摄过程中，必须遵守“轴线规律”，各个分切机位要位于轴线的同侧 180°范围内拍摄，以保证空间方位关系的正确还原。在 VR 现场直播中，相互交流的主要对象之间是设置 360 度全景摄影机的重要位置，通常会选择“关系轴线”的中心点位置设置 1 台 360 度全景摄影机，以便用户摇头或转身时可以看到不同的交流对象。比如 VR 直播舞台演出，摄制组通常会在舞台上的演员和台下的观众之间设置一个机位，往往位于台口的位置。会议、庆典等具有“表演性”“仪式性”的场景的 VR 现场直播，也可以照此设置机位。

2.“主观视点”机位

有意识地将 360 度全景摄影机置于现场活动场域，模拟现场参与者视点，与周围的对象发生直接互动，可以进一步增强用户的“在场感”“体验感”。比如将 360 度全景摄影机设置在现场观众席，让用户仿佛置身观众之中，感受现场观众的激情；或者将 360 度全景摄影机设置在舞台主角身边，让用户“转换角色”，体验一下置身台上、万众瞩目的感觉。

360 度全景摄影机仿佛就是用户的头，机位设置在哪里，用户就被定位在哪里，并以该位置为中心向四周环顾。“身处”的位置不同，所能观察到的景象不同，用户的心理感受也会大相径庭。

3.根据直播对象自身特点设置的机位

新闻事件、体育赛事、大型晚会等不同的现场直播对象具有各自不同的内在逻辑和视觉呈现规律。不同的事物表现形式不同，人们对其欣赏方式也不同，即便同属于体育赛事，项目不同，其视觉呈现方式也会大相径庭，如足球最精彩的场面是门前攻防，排球最精彩的部分则是网上争夺，我们应针对不同的现场直播场景和对象，确定最符合其特点的 VR 现场直播机位设置方案。

在 2022 年冬奥会期间，中央广播电视总台对多场赛事进行了 VR 直播，由于项目内容不同，其机位设置方法也不尽相同。如在冬奥会自由式滑雪女子 U 形场地技巧比赛赛场，摄制组共设置了 4 台 360 度全景摄影机，第 1 台在 U 形场地的运动员进入点附近，第 2 台和第 3 台分别位于 U 形场地的两侧平台的中间位置，第 4 台位于运动员比赛结束点位置，正对 U 形场地中间。在自由式滑雪男子大跳台比赛 VR 现场直播中，摄制组分别在运动员出发点、跳台旁边、比赛结束点、观众席设置了 4 台 360 度全景摄影机。

直播内容题材不同的话，设置 VR 现场直播机位的方式差别更大。中央广播电视总台举办的2022年春节联欢晚会上，摄制组对《只此青绿》《万象回春》《摆出一个春天》《星星梦》等参与演出人数较多、场面变化丰富的歌舞节目制作了VR版，机位设置方案与前两年总台VR春晚的基本一致，摄制组在舞台演员与观众的关系轴线中心点设置1台360度全景摄影机，舞台左、右前斜侧各设置1台俯拍360度全景摄影机，总共使用了3台360度全景摄影机摄制。2022年春晚节目VR版的摄制是在彩排环节完成的，从央视频平台上呈现的节目效果来看，纪录性强于艺术性。

4.特殊视点机位

无论是传统视听媒体现场直播，还是VR现场直播，都需要为用户提供一定的“视觉奇观”，也就是超出人们常规视点、常规视觉效果的影像。可以采用悬挂方式，在直播现场高于拍摄对象的空中位置设置360度全景摄影机进行拍摄(通过算法在最终的影像中消除悬挂装置)，这样可以为用户提供空中俯视现场的视觉感受。

随着360度全景摄影机的小型化，可以将其设置在现场场内的一些装置上，既不影响现场活动，又可以保证全景影像的获取。比如可以将360度全景摄影机设置在网球比赛、羽毛球比赛现场的球网立柱上，这样既获得了良好的视觉效果，也不影响运动员比赛。

5.运动机位

VR现场直播中，为了防止晕动症，通常会以固定机位为主，但是，固定机位毕竟容易给人“画地为牢”“原地打转”的感觉，难以完全满足用户的视觉心理需求。我们可以适当设置少量运动机位，如将360度全景摄影机设置在移动轨道、移动车、摇臂等运动承载工具上，在呈现连续影像过程中完成视点、关注对象、表现重点的变化。当然，拍摄过程中360度全景摄影机的运动速度要平缓、均匀，避免造成用户生理和心理的不适。

除了使用360度全景摄影机拍摄，算法技术和人工智能为VR现场直播提供了全新的呈现运动影像的思路，即在直播现场摄影机数量有限的情况下，可以实时计算、实时生成数量众多的虚拟摄影机影像，与现场实拍的各机位影像有机结合，从而形成围绕现场360度进行平滑流畅连续移动观看的视觉效果，还可以有效增强VR现场直播的互动性。2022年冬奥会期间，北京大学陈宝权教授负责的团队采用此类技术实现了冰球比赛项目的“自由视点”观赛测试，项目组在现场设置45台机位，通过算法生成约2,000台虚拟机位影像，用户可以通过划动手机屏幕，自由选择从场边任何角度实时观看比赛，还可以放大赛场局部，进行全方位观看。

VR现场直播中,随着主要对象位置的移动和现场表现重点的转变,需要在不同时间点为用户提供最佳视点,这样就必须进行不同机位镜头之间的切换。对于现场有多个表现对象的VR直播而言,“内容转换”是其镜头切换的基本目的,前后镜头之间要保证顺畅的逻辑关系。对于现场表现对象单一的VR直播而言,“时空连贯”是其镜头切换的基本原则,后续镜头切出时的“视向基准点”设定非常重要,必须确保与前继镜头中运动主体的结束位置相衔接、匹配,否则,就会出现主体丢失、视觉断裂、时空混乱的问题。

(三)声音引导用户注意力

在传统视听媒体现场直播中,现场解说主要是跟着不断切换的视频画面来进行,对所呈现的现场直播影像进行附加信息的补充。因为解说声音与直播画面相比处于绝对的从属地位,因此,许多现场直播中,解说员并不需要一定置身直播现场,而是身处视听媒体后方的演播室,看着现场传回、经过切换的直播画面,就可以完成解说任务。

VR现场直播为用户提供了随机观看全视域影像的自由,用户的注意力容易分散,用户也容易错过或漏掉现场重要的瞬间或过程,因此,适时引导观众的注意力成为VR现场直播的重要任务。在此过程中,解说的重要性得以凸显,它不再仅仅是依附在现场影像上的信息补充手段,而在一定程度上具有了“主持”功能,牢牢把控现场事件主线,提醒、引导用户关注主要对象、重要流程、关键瞬间,由此,VR现场直播的解说方式也应有所调整和变化。

现场同期声可分为主要对象声音和现场环境声。VR现场直播中,主要对象的语言也是引导、吸引用户注意力的重要声音元素。

(四)多媒介影像相融合

1.虚拟影像与实拍影像

尽管360度全景摄影机可以为用户提供全视域的视野范围,但是,在VR现场直播实践中人们发现,并非任何时候全视域范围内都有值得用户关注的视听信息,用户也不可能不停地360度旋转着观看VR现场直播,大多数情况下,用户还是更关注视线前方半球视域范围内的事物,只是在有特殊吸引元素出现时,才会转头、转身搜寻和观看。用户“可以”但不是“必须”关注全视域范围内的事物,这与人在现实生活中对周围事物的观察和感知习惯相符合、相一致。对缺乏足够信息量的空间区域进行全程展示，一是容易分散用户有限的注意力，二是会浪费宝贵的高清影音采集、制作、传输等技术资源。

因此，在不可进入场景的VR现场直播中，越来越多的转播商采用LOGO或事先制作的虚拟影像遮盖或替换“非表演区”。水平较高的VR现场转播商会事先根据转播对象的内容特点，创造性地制作虚拟影像，在直播过程中实现虚拟影像部分和实拍影像部分的有机融合，如中央广播电视总台2020年春晚部分舞蹈节目的VR现场直播。“遮盖法”是比较简单的处理方法，但在一定程度上也使得VR现场直播退回到了传统视听媒体现场直播的视听状态，或者说，如此处理并不能充分发挥VR现场直播的本体优势，不如干脆使用传统现场直播方式更好。“虚实融合法”应该是VR现场直播的发展方向，只有这样，才能充分扬长避短，为用户提供全新的视听参与体验。随着人工智能技术的快速发展，未来在VR现场直播中虚拟影像的生成会更加智能化，其和实拍影像的结合也会更加实时联动、水乳交融。

2.2D影像与360度全景影像

VR现场直播能够给用户提供360度全视域的影像，但是，受到机位数量、镜头焦距、静态拍摄等条件限制，对于现场主要对象的局部和细节难以很好地展现，各机位对现场的拍摄主要是客观记录，主观表现性不足。经过几十年的探索和积累，2D传统现场直播对视听语言的运用已经非常成熟，培养了用户收看现场直播的使用习惯，其多景别、多角度、多运动方式的镜头切换，慢动作的回放，特种设备影像的呈现，字幕信息的合成等，都是现阶段单纯的360度全景影像直播无法比拟的。在VR现场直播的360度全景影像中嵌入一个或多个虚拟屏幕，虚拟屏幕中同步播出现场传统2D直播的视听信号，这样就实现了“强强联合”，两者各自的优点都能发挥出来，能实现VR现场直播效果的最优化。在2022年北京冬奥会期间，中央广播电视总台使用“8K+VR”技术对花样滑冰、自由式滑雪、冰壶等多个项目进行了VR现场直播，普遍采用内嵌同步2D电视现场直播信号的形式，以确保VR现场直播效果的最优化。

(五)慢直播

慢直播是在网络传输速率大幅提高、网络空间资源不断扩展的基础上产生的，它突破传统直播的时间、空间限制，力求更加完整地展现被拍摄事件和场景发展变化的过程。传统直播的重点是表现重大事件的重要过程和瞬间，慢直播则重在表现被摄对象的日常状态,其单位时间内的信息密度相对较低,常常采用固定机位、长镜头进行纯记录方式拍摄,给受众带来静态旁观的感觉,给人以“经过沉淀”的真实感。

VR 现场直播凭借其全视域影像记录能力,在单位时间内采集和传播更多现场信息,可以让用户有限度地“自主观看”,能够更好地满足不同受众对不同时间节点、空间方位事物的差异化关注的需求。慢直播惯用的固定视点“长镜头”、单一拍摄场景、低切换率等操作方式,更有利于保证 VR 现场直播的时空连贯效果,从而实现其对传统的电视现场直播的“人性化”超越。

在北京冬奥会期间,中央广播电视总台不仅对滑雪、空中技巧、冰壶、自由式滑雪女子大跳台、女子自由式滑雪坡面障碍技巧等多场赛事进行了 VR 现场直播,还推出了多个 VR 慢直播,在正式比赛前后拍摄“雪如意”国家跳台滑雪中心、“鸟巢”国家体育馆等冬奥标志性建筑,让用户云上游览了赛事场馆。

四、结语

技术在媒介进化过程中有非常重要的作用,新的媒介技术会有效提升人类认知世界的能力。新技术是对原有技术的“补偿”,是对满足“人性化需要”的方式和手段的革新。虚拟现实技术努力帮助人类发挥五种感官的作用,通过多种渠道感知和传递信息,更加接近人在日常生活中认知世界的方式,可以更精准地重现现实世界的信息,为用户带来最强烈的沉浸感、在场感和真实感。

虚拟现实技术与传统视听媒体技术相比,在视觉范围、体验自由度、互动性等方面有明显的“补偿”,但是,在艺术表现力、传播渠道、接收和体验工具等方面目前仍显逊色,再加上经济、商业等社会性因素的影响,其并未取得“净优势”,现阶段仍在不断探索和尝试,以寻求合适的媒介“生态位”。

技术并非决定媒介进化的唯一因素,技术对创作的推动作用并不是自在直接发生的,新技术为创作提供了新的可能,人们需要对其进行深入分析和研究,并在不断实践中逐渐深化对它的认识,发掘新技术的内在潜力。技术需要与文化观念、艺术理念相结合,相辅相成、互相促进。新技术与具体文化内容的结合会催生新的媒介产品,在这个过程中,不仅有对传统媒介生产方式的继承,更有对自身本体特性规律的探寻与求索。

VR 现场直播是虚拟现实技术与直播节目类型相结合的产物,现阶段还处于不断探索之中,从媒介进化角度来看,其在满足用户“人性化需要”方面有明显的进步,是迄今为止人类跨越时空、即时在场、沉浸体验客观世界的最佳方式，但也存在一些反人性化的缺陷。研究 VR 现场直播本体特性、创作规律、语言语法体系，与研究提升传输速率、清晰度、声音立体感、便携度等同等重要，技术与艺术并重，才是推动媒介进步的正确方法。

〔郭艳民，中国传媒大学电视学院教授、博士生导师；刘培，北京城市学院国际文化与传播学部传播系副教授、硕士生导师〕

〔特约编辑：付晓光〕

融合出版时代纸质图书交互体验式阅读的建构路径*

The Construction Path of Interactive Experiential Reading of Paper Books in the Era of Integrated Publishing

◎ 郑志亮　袁志恒　傅柏燃

Zheng Zhiliang　Yuan Zhiheng　Fu Boran

摘要: 随着5G技术的普及及应用,电子阅读不断冲击着传统的纸质阅读,纸质书出版的市场与众多传统媒介一样,面临着前所未有的压力。书籍设计者们借着今天媒体深度融合的大趋势,为纸质图书探寻了一条新的发展道路,当下的纸质图书逐渐呈现富媒体化。今天,我们对书的感知不再局限于视觉阅读上,技术赋能将信息传播从单一感官扩展至多感官。与此同时,游戏性成为今天纸质书的又一大特征。未来的纸质图书制作将会不断融合创新,追求更加丰富的阅读体验,走向精品化道路。融合出版时代也对编辑们提出了新要求,即打破传统的线性思维,跳脱出文字与书本身,以多样化的方式进行表达,与用户紧密地联系在一起。出版业正努力打造一批创新型、应用型、复合型人才。

关键词: 融合出版;纸质图书;交互性阅读

Abstract: With the popularization and application of 5G technology, e-reading is constantly impacting traditional paper reading, and the market for paper publishing, like many traditional media, is facing unprecedented pressure. Relying on the general trend of deep media integration today, book designers are exploring a new development path for paper books, and current paper books are gradually becoming rich media. Today, our perception of books is no longer limited to visual reading, and technology empowers the expansion of

* 本文系中国传媒大学中央高校基本科研业务费专项资金资助项目"感官代偿交互设计在无障碍信息传播领域的应用研究"(项目编号:CUC220A007)阶段性研究成果。

information dissemination from a single sense to multiple senses. At the same time, playing has become another major feature of today's paper books. In the future, paper books will continue to integrate innovation, bring us a richer reading experience, and move towards the road of quality. The era of integrated publishing also puts forward new requirements for editors, breaking the traditional linear thinking, jumping out of the text and the book itself, expressing in a variety of ways, and being closely connected with users. The publishing industry is striving to create a group of innovative, applied and compound talents.

Keywords: integrated publishing, paper books, interactive reading

随着信息技术的发展,传统的纸质阅读逐步向现代的电子阅读转变。电子书凭借着低成本、大信息量、易携带、便于传播等优势,不断冲击纸质书市场。面对这番前所未有的挑战,纸质图书出版在媒体深度融合环境下,探寻出一条新的生存道路。精品化与交互性逐渐成为纸质书出版的发展方向。《出版业"十四五"时期发展规划》的基本原则中便提出:坚持新发展理论,将其贯穿出版发展的全过程、各领域,不断推进内容创新、技术创新和体制机制创新。[①] 在该理念的指导下,今天的纸质书已经不再局限于单一的文字媒介角色,而是被精心设计,成为信息传播的载体。正如麦克卢汉所提及的"媒介即信息",今天的出版人正试图通过附着在书这一载体上的各种媒介,进行信息传播,给读者带来新颖的、丰富的阅读体验,甚至给社会带来全新的影响。图书的装帧形式不断被翻新,但阅读的本质没有发生改变。信息的存储、思想的传播、文化的传承功能依旧深深地刻在"书"这一符号上。

一、体验式阅读:溯源"五感理论"的编辑实践

五感是指人通过自身对外界所产生的认识,五感即指视觉、听觉、触觉、嗅觉、味觉这五种基本感觉。"五感理论"是著名设计师原研哉提出并应用于设计中的一种设计理论,他认为:"人不仅仅是一个感官主义的接收器官的组合,同时还是一个敏感的记忆再生装置,能够根据记忆在脑海中再现各种形象。在人脑中出现的形象是同时由几

① 国家新闻出版署.出版业"十四五"时期发展规划[EB/OL].(2021-12-30)[2022-03-20]. https://www.nppa.gov.cn/nppa/contents/279/102953.shtml.

种感觉刺激和人的再生记忆相互交织而成的一幅宏大图景。”由此可见，原研哉五感设计理论的核心是信息的构筑。“所谓印象，就是感觉器官接收外部刺激，并把这些刺激和人脑中原有的记忆组合、联系而生成的结果。设计行为，则是以这种组合而成的印象为前提，并且有意识地干预这一组合过程的行为，我们把这一过程称为‘信息的构筑’——有目的、有计划地去干预组合印象的生成的过程。”①

(一)视觉化实践

人们从外界接收的各种信息，80%以上是通过视觉获得的，因此视觉是人类最主要的感官。当我们在阅读一本书时，我们首先注意到的便是这本书是否精美，书籍的装帧、封面的设计是否满足了我们对于美感的追求。只有当我们的视觉感官得到满足，我们才会进一步追求其他感官体验。传统书籍便是通过激发读者的视觉感知让读者进行信息处理，从而实现信息交流的。如今，传统的图文编排，已经成为最基础的视觉表现形式，长时间的阅读会产生疲劳且并不能让受众完全沉浸其中，基于此，设计师们对书籍的内页进行了突破与创新。

立体书设计本身就是一种能产生比较强烈的视觉效果的书籍设计方法。现在市面上的立体书层出不穷，2020 年在故宫建成 600 周年之际，历时三年打造的《打开故宫》立体书问世。这本立体书全长 3.2 米，精准还原了故宫的中线样貌，内含 78 个立体结构，完全展开后一座座宫殿跃然纸上，尽显故宫巍峨壮观的气势。光是一个角楼，就由十多片纸拼接而成，为了确定外观和力点，设计者“中国立体书第一人”——王伟老师，做了二三十个模型反复研究，最终带来了整本书中还原最完整的建筑模型。《打开故宫》的立体视觉呈现，满足了读者的猎奇心理，读者可以从航拍角度，对故宫的所有建筑进行更直接的浏览，一眼看尽历经 600 年的紫禁城。再如 Jie Qi 等人设计的《蒲公英图》互动绘画，采用了名为 Circuits Stickers 的可粘柔性电路。用户可以在画纸上欣赏到发光的蒲公英，此外，用户甚至可以“吹散”蒲公英，即向蒲公英吹气，纸面会呈现种子飞散的效果。技术的突破，使我们可以在一张简单的纸张上创造出更多可能。

(二)听觉化实践

在书籍设计的听觉实践中，最基础的便是翻动纸张，翻阅不同重量、材质的纸张产

---

① 原研哉.设计中的设计[M].朱锷，译.济南：山东人民出版社，2007：71-75.

生的声音自然也是不同的，有的温婉，有的粗犷。对于现在的纸质图书的制作，一方面，会通过在书中嵌入一些元件或按钮，让读者在阅读的过程中通过按压等操作使图书发出与内容相关联的声音；另一方面，H5提供了开放的数据结构，当前的纸质出版物以该技术为支撑，便可以实现听觉化设计。

在许多的儿童书籍中，在动物图案、汉字等处会被设置按钮，手指按压，便会有人声朗读，发出与图片或者文字内容相匹配的声音。在纸质交互书《光明博物馆》中，同时包含了两方面的听觉化实践——书中的线上语音导览和内嵌的声音原件。在“循声而行”展厅页，设计者就通过嵌入声音原件，模拟了红绿灯“滴滴答答”的声响，让读者在获取听觉信息的同时，也有了对主题更加多元立体的感受。

(三)嗅觉化实践

普鲁斯特在《追忆似水年华》中说：“当岁月流逝，所有的东西都消失殆尽的时候，唯有空中飘荡的气味还恋恋不散，让往事历历在目。”在五感中，嗅觉的地位仅次于视觉。与听觉类似，对于书籍的嗅觉体验也主要来自纸张：纸张本身以及油墨的香味。在古代，为了更好地保存书籍防止虫蛀等问题，人们会在书中夹入樟木片，既保证了书籍的完整性，又能在阅读时闻到怡人的香味。现在书籍的嗅觉化实践，往往是在纸张上喷洒一些有利于表现书籍内容的香精或者含其他气味的液体。

以《成长的味道》绘本为例，书中加入了咖喱、饼干、草莓、松饼四种食物的气味，儿童在阅读故事的过程中能够用嗅觉感知食物的味道。嗅觉在人的五感中是能让人记忆最长久的感觉，这样的阅读体验，将在孩子的脑海中形成深刻的印象，当长大后偶然间再次闻到，记忆中的图景便会涌现。同时，气味也影响着情绪，不同的气味能够激发出不同的情绪，设计者也会通过设置书籍中的香味，来使读者形成某种阅读情绪，抑或通过某种特殊的气味带读者进入一种情境。

(四)触觉化实践

在如今的书籍设计中，触觉上的互动和视觉体验一样重要。读者在阅读书籍的同时，通过亲手操作书中设计的小机关，抽、拉、转等，完成信息的获取。这些建立在触摸动作基础上的设计，在纸质书籍的交互阅读的建构中，占据着重要地位。同时，纸张本身也具备着不一样的触觉体验，或轻或厚，或滑或糙，不一样的触感也会使读者阅读时产生不一样的心境。

书籍设计师朱赢椿的《不裁》在德国莱比锡“2007年度世界最美的书”评选中荣获

铜奖。这本书的亮点在于,书中很多的内页都没有裁开,都需要读者通过配带的裁纸刀状书签来亲手将页面裁开,如此读者才能顺利阅读。当读者阅读完这本书时,书籍的最终形态才呈现出来——翻口由光边成为毛边。书籍的触感也随之发生变化,翻口的粗糙触感,让读者感受到书籍的古朴与独特之处,同时读者在阅读的过程中,有一个裁纸的视觉“驿站”得以休息,避免了长时间阅读的单调与疲劳。

(五)味觉化实践

关于纸质图书的味觉化实践,当下有两种方式。其一,就是普遍意义上的品尝,设计者通过对特殊材质的转变,将书籍制作成可食用的样态,并且赋予其与内容相关的味道,但目前这样的设计十分罕见。其二,是关于味觉的联想。除了让读者亲口品尝之外,还可以通过生动的文字、图形等来表达味道,从而激发读者产生味觉联想,典故“望梅止渴”讲的便是一种味觉联想。在《记疫》的设计过程中,为了表现医护工作者长时间工作有可能面临的饥饿晕眩状况,设计者在内页上绘制了大量“美食”,辅以文字,以第一人称的口吻描述,以期望让读者在阅读过程中感受到医护工作者饥饿时的味觉状态,产生味觉联想。

由此可见,“五感理论”的应用,让读者拥有了更为丰富愉悦的阅读体验,图书不再仅仅依靠印刷文字来完成信息的传播。书籍编辑更多的是利用通感将书籍转化为可观、可触、可听、可闻、可尝的综合性图书,读者的五感在阅读的过程中不断被触发,信息也以一种愉悦刺激的方式被读者接收,这种设计超越了以往书籍的单一设计,完善了人与书籍之间的互动和信息传递过程,同时读者的理解和体验也得到了强化和丰富。就像《出版业“十四五”时期发展规划》中提出的那样,要将科技创新与出版业数字化转型升级、深度融合发展联系在一起,推动各类新兴技术在出版领域的应用,用更有创新的表达方式,打造时代精品。

二、交互性阅读:突破纸质书籍困境

塞弗林和坦卡德曾在书中写道:“过去已经发生的变换遵循一个共同的模式:新的传播技术并没有完全挤走旧的传播技术,而是引发旧的传播技术承担新的角色。”过去,新媒体、电商平台、电子化盗版、数字化阅读和知识付费等确实给纸质图书出版的发展带来不小的冲击,但经过几年的探索与转型,当下的纸质图书出版走出了一条新的发展道路。

(一)精品化:值得收藏的艺术作品

纸质书本身的实物特征决定了其无法被电子书彻底取代,纸质书只有与电子书形成差异才能有发展转机。近年来,纸质书不断呈现“精品化”趋势,过去印刷简单的纸质书在今天更像是一部经过精心设计的艺术品。丰富的设计、精美的装帧、超高的颜值、有趣的交互等,都为纸质图书注入了新的活力。越来越多的读者愿意将纸质图书作为精品收藏或是礼品赠予他人。

例如近年来火遍大江南北的故宫文创,其下的出版社推出了一系列纸质书籍。它们无一不具有华美的包装、典雅的色彩、巧妙的机关等,深受消费者的青睐。在一些读者看来,一本高颜值的书会给他们带来更好的阅读体验。再如自 2003 年便开始举办的“中国最美的书”评选活动,将书籍设计的整体艺术效果、制作工艺与技术作为评价标准。由此可见,纸质图书早已不是单纯的大众读物,更是一部由设计师与作者携手打造的作品。

虽然相比过去而言,纸质书的市场缩小了,但这不代表衰落,而是意味着走向更加精品化的道路。纸质图书具有电子书不具备的产品性、文化性①、权威性等,这些都将促使行业打造出更多的精品图书。

(二)体验感:多维立体的感官冲击

相比于阅读电子书时的分享、评论、标记等交互体验方式,纸质交互图书能够提供的是更为切实具体的感官冲击。翻动书页时与纸张的触碰,扑面而来的油墨香气,直观精妙的立体奇观等交互都是依赖于设备虚拟存在的电子书无法实现的。读者能够将古老的工艺制品切实握在手中,视觉、听觉、触觉、嗅觉、味觉五感不断被刺激,读者获得更为多维立体的阅读体验。交互纸质书的体验性在提高读者参与度的同时,也增强了读者的忠诚度,在这样的过程中信息传播也更为有效,读者对于信息的接受度也相应地得到了提高。

例如法国设计师 Marion 设计的 *Paper Machine* 小册子,其中的每一页都印制了具有不同性质的导电油墨电路,能展示出不同的感应原理,此外,册子中还附有如陀螺仪等传感器。用户只需按照书中的指导,便可以畅快地玩“书”,在指尖交互的体验中,感知电路与编程的乐趣。

---

① 赵宏.论纸质书的未来[J].全国新书目,2020(5):62-64.

(三)融创度:数字技术带来融合创新

随着技术的发展与市场需求的改变,数字技术对纸质图书的介入已是大势所趋,表现为一种融创性。当下的书籍设计者们借助技术优势,在纸质书的方方面面进行探索与创新。纸质图书更像是一个多种媒介的集合。与此同时,电子空间的融入,打破了传统纸质书的线性叙事,作者可以在其中编织出一个更加庞大的信息网络。在这样的背景下,读者不断刷新对纸质图书的认知,屡屡获得新鲜感和惊喜,从而产生消费欲。这也反过来推动了纸质书市场的发展,形成一个良性循环。

例如迪士尼推出的涂鸦版 Crayola 的 3D 立体电子书,采用实时纹理捕捉技术,使公众可以将纸面二维物体转化为 3D 模型,并且在建立 3D 模型后可以根据自己的喜好改变颜色与形状,这大大提高了公众参与创作的积极性。再如,2016 年必胜客和中信出版社联合创办的"AR 分享会",推出了《科学跑出来》系列科普增强现实图书,让公众可以直观地感受到恐龙的生活环境与习性,产生了一种身临其境的阅读体验。①

(四)娱乐性:建立"游戏玩伴"关系

交互性纸质图书区别于传统书籍的特点便是它的游戏性。读者阅读图书除了为了获取知识信息,娱乐以及审美上的享受也逐渐成为他们的阅读目的。而交互书籍游戏性带来的娱乐属性,正迎合了读者的需求。读者的身份也悄然发生了重要变化:从接收者变成了参与者。如今,交互纸质书与读者间建立起了"游戏玩伴"的关系,设计者鼓励读者进行互动行为,通过类似游戏的形式来进行信息的交流与传播,由此,书籍的趣味性得以提高,调动读者的思考与主观能动性。读者在配合完作者设计的游戏后,交互性纸质书籍才算真正意义上成为一本完整的书。

无论是东方还是西方的文化中都承认人性本质包含着对游戏、乐趣的天然欲望,因此,移动数字出版的游戏化是朝着人性化趋势的内在逻辑不断发展的。② 基于此,交互性纸质图书的游戏化传播正成为一种新兴的传播形态。《谜宫·如意琳琅图籍》便顺应了这样的发展趋势,它是故宫出版社出版的首本创意互动解谜书籍。翻开泛黄的书页,书中墨笔小字、精美插画、奇特符号都隐藏着紫禁城的秘密,书中有 18 件暗藏玄机、样式各异的附件:毛笔、抄经帖、书签、洒金信笺、剪纸、乾隆年间紫禁城全图、宝泉局乾隆通宝等。这本书突破了虚拟与现实的界限,实现了现代游戏与传统书籍的完

① 韩飞飞,周荣庭.增强现实图书对公众阅读行为的重塑[J].出版广角,2018(1):29-31.

② 陈秋璇.融媒时代移动数字出版游戏化论析:以《谜宫·如意琳琅图籍》为例[J].新闻世界,2020(3):69-74.

美融合。读者打开配套的移动端游戏 App,利用纸质书和道具来完成解谜游戏,探索整本书的丰富内容,在娱乐的过程中了解历史故事,探索中国文化。这样的方式,给读者带来了亲自动手的乐趣以及沉浸交互的游戏体验,更让传统文化在其中得以传承,四孔线装书的装帧工艺和纸质书的道具也在细节上增强了读者对我国文化的自信。

建立纸质图书与读者间“游戏玩伴”关系是纸质图书编辑在交互设计方面一次创新路径的探索。作为一种全新的传播形态,它把图书中的“信息”与“游戏”相结合。读者的觉醒,让他们不再满足于被动接收信息,转而在设计者的创新下提升参与度,由被动接收转为主动接入。参与一场“游戏”,与设计者共同完成一次互动交流,这也顺应了媒介融合时代的传播演变趋势。

三、融合出版对编辑提出的新要求

在当下融合出版的时代,过去传统纸质书的创作模式与编辑模式发生了翻天覆地的变化,传统的编辑思维急需被打破。《出版业“十四五”时期发展规划》指出,强化出版技术支撑,加强出版人才队伍建设。在新时代下,要积极努力地培养一批创新型、应用型、复合型的优秀人才。

(一)意识创新:“线性”与“非线性”

过去,“书”是用来承载文字的媒介之一。纸质书本身便潜移默化地影响了信息传收方式,从而在一定程度上限制了内容的创作。它是线性的、想象的、静态的、单方面的。

但是,在融合出版的今天,借助各类新兴技术,我们应打破过去对于“书”这一概念的狭隘理解。读书,可以是非线性的,可以是直观动态的,甚至在这个过程中可以与作者交流。

唐纳德·A. 诺曼在《设计心理学 1:日常的设计》中对书籍的未来提出了这样一个问题:为什么一本包含了文字和一些图片的书,要从前向后线性阅读呢?为什么它不能由一些小的章节组成,无论按照何种次序都能阅读呢?[①]

在诺曼看来,《设计心理学 1:日常的设计》便可以算作一本非线性的作品。它不像小说,需要在意人物和事件的出场次序,它只是想静静地与读者分享自己的观点。诺曼写道:“你可以用自己喜欢的次序来体验本书,跳出现有的章节,跳过任何与你的

① 诺曼.设计心理学 1:日常的设计[M].张磊,译.上海:中信出版社,2015:296.

需求无关的内容。”

所以,今天我们反观“书”这一媒介,它或许变得更纯粹,更加基础性。它只是物质世界用来承载信息的一种媒介,而在此之上,我们将拥有无限的创作可能。

因而,编辑在创作书籍产品时,要对内容本身进行界定,以一种最合适的方式排布内容本身。线性设计本身具有依次展开的渐进式特点,而非线性设计更加具有灵活性和自主性。所以,当下编辑不能将自己束缚在小写的“书”本身,要用更广大的视角去发现大写的“书”上的诸多可能性。

(二)媒介创新:“文字之外”与“线下之外”

富媒体(Rich Media)这一概念首次出现在广告行业,它主要指的是具有动画、声音、视频或交互性的信息传播方式。[①] 它本身并不指代某种媒体,而更强调一种表现形式。各种媒介融入一个载体进行信息传播,相较于过去而言,用户所接收到的信息的密度增加了。今天,我们可以看到,富媒体的设计思维在纸质书中越来越显著,给纸质书带来了翻天覆地的变化,更加精美、更多功能、更有创意的产品不断出现在市场中。因而,这也要求编辑团队转变产品创作思路。

过去,纸质书上的信息基本由文字＋图片构成,而今天,书中还有音频、视频、二维码、物理交互、AR、VR等。所以,在创作过程中,应该突破过往的文字思维,向更多元的方向转变,如画面语言、声音语言。创作者应当选取适合某一特定信息的表达方式,这样才能更好地呈现信息。例如《勇敢孩子的恐龙乐园》,创作者制作的并不是一本简单的插画书,而是将恐龙的形态与声音立体地呈现在读者面前,给读者带来了更强的沉浸式阅读体验。[②]

此外,除了通过纸质书本身进行信息呈现外,“线上＋线下”的模式也成为当下交互式阅读的主要选项之一。纸质书上附带的二维码或特定的元素,帮助读者实现了阅读从线下的物质空间,跳转到线上的数字空间,打破了纸质书的物质性给内容容量带来的限制,使读者能在无限广大的虚拟空间中和更多的故事相遇。

因此,在设计书籍时,编辑团队要对全书的内容架构有更加清晰的规划。哪些部分放在线下,哪些存至“云端”,引导读者从线下进入线上这一转变的过程是否自然流畅,读者的使用体验如何,这些都将成为融合出版时代编辑需要考虑的问题。另外,过

---

① 杨丹,吴娟.富媒体信息传递有效性评价指标体系设计[C]//全球华人计算机教育应用学会.第20届全球华人计算机教育应用大会(GCCCE2016)论文集.香港:香港教育学院,2016:523-530.

② 段鹏.融合出版背景下编辑面临的挑战及其应对[J].现代出版,2021(5):51-55.

去的纸质书往往是一次性生产，而今天，由于虚拟空间的加入，数字空间的运营与维护可能将成为编辑在图书出版后另一重要工作任务。

(三)人才创新：从“单一”到“复合”

融合出版时代下，编辑人才队伍建设要抓紧向创新型、应用型、复合型转变。过去的编辑出版知识已经很难满足当下的作品生产需求。除了传统的文字工作，编辑还需掌握设计、排版、装帧、装置、新媒体运营、视频创作、音频创作，甚至编程等各类知识，要做到“一专多能”。就像段鹏指出的，“融合出版语境下的内容生产者，不仅要懂‘稿’，更要懂‘人’，用融合出版的思维去重塑出版业生态环境，积极向全媒体人才转型”①。

此外，传统编辑也要往产品经理的身份转型。当下市场的竞争愈发激烈，选定目标用户，抓住细分市场是现今市场竞争的主要方式。在多样的书籍产品中，新时代的编辑要对自己的产品有清晰明确的定位，包括目标受众、功能价值、经济价值、心理价值等。北京师范大学发布的《网民看出版：图书出版满意度调查报告(2015)》显示，近八成的读者最关注图书的“内容”，也就意味着该书是否能够满足目标读者的功能需求，至关重要。②

产品思维要求新时代的编辑理解市场与读者的需求，而不是像过去那样单纯负责知识生产。现在编辑要考虑读者的现实需求与心理需求，甚至考虑场景因素。做好调研，编辑才能与读者产生共情，才能打造出读者喜爱的时代精品。

过去，出版编辑大多只聚焦于“把书做出来”，而很少去考虑如何销售，如何传播。而在今天这样的新媒体时代，出版物隐形的 IP 价值被放大，若依旧秉持传统的思维模式，只会损失更多的出版物价值。只有及时从出版的意识上进行转变，才能在当下的市场中拥有更多竞争力，才能让更多优质的作品被大众看见。

四、结论

交互设计努力去构建人与产品及服务之间的互动过程，“阅读”本身便是一个人与书籍的互动。电子书的阅读体验与传统书籍并无过分差别，其便于携带、阅读场景自由的优势导致了纸媒介的没落。然而，身处互联网时代，传统印刷物并没有走向死亡，

---

① 段鹏.融合出版背景下编辑面临的挑战及其应对[J].现代出版，2021(5)：51-55.

② 朱亮亮.论融合出版时代传统编辑向产品经理的转型[J].中国出版，2021(3)：46-50.

这是因为纸张的特性还在吸引着人们,尤其是它的重量、触感、气味是数字媒体无法提供的感官印象。基于这样的思考,书籍设计开始突破以往单一视觉为中心的理念,走向“体验式阅读”的交互性设计。纸质图书编辑的创新路径应该是,改变读者与书籍间信息的单向传递,在两者间建立“桥梁”,读者通过参与实现信息获取。同时,保留书籍设计非物质化的精神力量,并与互联网时代的优势相结合,这才是纸质图书的唯一出路。

媒介融合时代,纸质图书想要突破便携式碎片化阅读的层层包围,优质的交互阅读体验是一把无可替代的利剑。纸质图书出版势必迎来更加多元的发展趋势,很多设计师已经就纸质图书的富媒体化和交互设计创新路径进行了探索与实验,不仅形成了新的传播形态,也让图书的读者——人,获得了更为丰富的感官冲击与体验。纸质图书不再仅仅依靠传统印刷来传递信息,出版人充分发挥图书的精品性、体验性、融创性的时代特征,充分借用 H5、AR、VR 等现代技术,实现和读者的交流。建构多维立体的交互阅读形式,提供化被动为主动的参与体验,正成为媒体融合时代纸质图书突围的方向。

融合出版时代,编辑人才队伍亟待转型升级。为了创作出更多满足人民日益增长的美好生活需求的精神食粮,编辑队伍应打破过去的传统思维,以一种更加广大的视角去看待书籍出版以及内容创作的可能性。信息呈现上,除了深耕文字,更要综合其他媒介形态,以一种融合的样式,去更生动地、更直观地传播信息。“线上+线下”的模式,一方面增加了信息呈现的广度与深度,也在另一方面给编辑队伍提出了更高的要求。如何分配内容、如何运营内容、是否要长期维护等都成为新的问题。与此同时,更加丰富的创作形态,也给编辑带来了能力上的新要求。除了传统的编辑文字能力外,他们还需掌握基本的设计能力、运营新媒体的能力,甚至一定的计算机技术。此外,在书籍创作中,目光不能只聚焦于“做出来”,更要考虑“如何卖出去”。要紧紧地连接起目标用户,充分了解他们的认知需求、心理需求、经济需求、场景需求,这样才能让更多优质的出版物在竞争激烈的市场中脱颖而出,被更多的大众所看到,真正意义上满足人民的需求。

〔郑志亮,中国传媒大学电视学院副教授;袁志恒,中国人民大学新闻学院硕士研究生;傅柏燃,中国传媒大学电视学院硕士研究生〕

〔特约编辑:付晓光〕

传播学研究

作为媒介的乡村超市：聚合、联结与关系再生产*

——基于一个中部乡村的田野考察

Village Supermarket as a Medium: Aggregation, Connection and Relational Reproduction

—Based on a Field-Survey in Central Rural China

◎ 郑素侠　李雪丽

Zheng Suxia　Li Xueli

摘要：在主流传播学研究中，实体空间普遍地被排除在媒介之外。但在一些乡村日常实践中，实体空间所构筑的交流关系和媒介意义正在显现。文章借助可供性理论视角，采用参与式观察与深度访谈的研究方法，探讨乡村超市如何成为一种媒介并凸显人与人、人与社会的新型关系。研究发现，超市从其物质性生成媒介可供性，到产生空间与关系的互动可能，以及最终实现身份话语赋权，经历了一个"聚合—联结—关系再生产"的层层递进又相互勾连的动态过程。超市作为媒介所建构的社会关系，凸显了乡村现代化进程中村庄权力结构的变化，蕴含着一种地方性媒介治理的可能。

关键词：乡村传播；乡村超市；媒介；可供性；社会关系

Abstract: In mainstream communication studies, physical space is generally excluded from the media studies. However, in some rural daily practices, there emerges the communication relationships and media significance constructed by the physical space. From the perspective of affordance theory, participatory observation and in-depth interviews approaches were applied to explore how rural supermarkets could become a medium and highlight the new relationships between people and society. The results show that the supermarkets experience a dynamic process of "aggregation-connection-relationship reproduction" progressively and interconnected, which is from the

* 本文系国家社科基金重点项目"反贫困语境下农村地区的信息贫困与信息援助研究"（项目编号：18AXW004）阶段性研究成果。

material availability of the media to the possibility of interaction between space and relationship, and the final realization of the power of identity discourse.The social relationship, constructed by the supermarket as a medium, highlights the changes of the village power structure in rural modernization processing, and contains the possibility of local media governance.

Keywords: rural communication, village supermarket, media affordance, social relationships

一、引言

2021 年 8 月 9 日,在《乡村爱情》系列电视剧中扮演“谢大脚”角色的于月仙遭遇车祸,不幸去世。“乡爱”系列作为一部已经连续拍摄了 15 年的乡村题材电视剧,构造了几代人的集体记忆,而“大脚超市”就是整部剧的核心场景。所以,当得知“谢大脚”去世的消息时,众多网友纷纷表达了不舍,# 大脚超市没有了谢大脚 #,# 大脚超市只剩王云了 # 等微博话题不断冲上热搜。在剧中,“大脚超市”永远都是一帮乡亲们聚集闲聊的地方,它是象牙山这片乡土的信息集散地,一些“大新闻”在这里诞生、扩散。如《乡村爱情 10》中,赵四学习回来,第一时间来到大脚超市,并提道:“大脚,我为什么到你这儿超市来?就因为你这人来得特别多,望你能够宣传一下,我老四回来了!”一定意义上来讲,《乡村爱情》里的“大脚超市”不仅是村庄的经济中心,还是信息中心和某种程度上的政治中心。①

作为乡村现代化发展的产物,脱胎于农村供销社的乡村超市在 21 世纪前多被称为“代销店”“小卖部”。随着城镇化和城乡交流的增加,代表着落后和土气的“小卖部”称呼逐渐被有着城市气质的“超市”所代替。但是,不同于城市商超单纯地承担经济交换功能,开办在村庄内部的“乡村超市”有着自身的特殊含义。在乡村超市,购物本身好像并不是要事,闲聊、玩游戏、跳广场舞、观看鸽子觅食……似乎才是村民在此驻足的目的。换句话说,在乡村社会各个层次中传播的内容在超市空间交汇,乡村超市所承担的物质交换、公共生活重建和对村庄传播网络、人际关系、文化秩序进行表述的功能展现出中国农民的日常生活逻辑,而这种“嵌入日常生活场景的具象表现方式,与地

① 曹东勃.在城望乡:田野中国五讲[M].上海:上海人民出版社,2011.

方化集体记忆历史联结，使得它的传播内涵与意义独树一帜”①。在这个过程中，超市作为一个“传递装置”②把乡村生活与外部世界联结在一起，它的诞生和发展，打破了乡村与外部世界的区隔，建构出了一个新的乡村景观。可以说，乡村超市是在一种媒介可供性的前提下完成了对乡村社区的建构。

那么，我们不禁要问，乡村超市是如何从一个天然承担经济交换功能的空间成为建构地方文化的媒介的？进一步说，乡村超市是如何在村民的日常生活和传播生态中成为媒介，并凸显人与物、人与人之间的关系的？

二、可供性：透视空间媒介的新视角

20 世纪 50—60 年代，西方学者逐渐意识到现代理论过于偏重时间性而忽视了空间性，于是转向思考空间的意义。③ 媒介环境学派代表人物梅罗维茨与莱文森后期的理论都在不同程度上强调了物理空间对交流起到的重要作用。④ 但在传播学研究的主流范式中，媒介理论和实践一直追求的都是“以时间消灭空间”⑤，传播速度解构着人际传播的距离感与空间感，空间被视为亟待征服的对象。事实上，实体空间构筑的传播活动，以及以实体空间本身，诸如广场、街道、建筑物等作为媒介的传播，都具有非常重要的意义。⑥ 在传播研究中，空间不仅应被视为一种基础性要素，还应给予一定优先权，确立一种“持续”“在场”“主动”的空间观。⑦

20 世纪 70 年代，以列斐伏尔与福柯为代表的社会学家推动了空间研究的转向。他们认为：“空间在其本身也许是原始存在的，但空间的组织和意义却是社会变化、社会转型和社会经验的产物。”⑧空间研究的价值开始指向社会关系，这为空间维度的传播学研究跳脱出媒介技术中心主义提供了新的想象空间。

伴随着“空间转向”理论思潮的发展，传播与空间的关系逐渐进入传播学研究者的视野。早期的英国文化研究学者戴维·莫利，在“性别、家庭休闲和收视行为”的研究中阐释了空间对于电视受众研究的意义，“只有在家庭休闲行为的整体语境中，才能够

---

① 孙玮.作为媒介的外滩：上海现代性的发生与成长[J].新闻大学，2011(4)：67-77.

② 德布雷.普通媒介学教程[M].陈卫星，王杨，译.北京：清华大学出版社，2014.

③ 冯雷.理解空间：20 世纪空间观念的激变[M].北京：中央编译出版社，2017.

④ 陈长松，蔡月亮.技术“遮蔽”的空间：媒介环境学派“空间观”初探[J].国际新闻界，2021(7)：25-42.

⑤ 袁艳.传播学研究的空间想象力[J].新闻与传播研究，2006(1)：45-50，95.

⑥ 孙玮.重构“传播”：基于城市研究的分析[M]//黄旦.城市传播：基于中国城市的历史与现实.上海：上海交通大学出版社，2015.

⑦ 陈长松，蔡月亮.技术“遮蔽”的空间：媒介环境学派“空间观”初探[J].国际新闻界，2021(7)：25-42.

⑧ 苏贾.后现代地理学：重申批判社会理论中的空间[M].王文斌，译.北京：商务印书馆，2004.

理解变化多端的电视收视类型”[①]。近几年，国内传播学者也从实践层面针对空间话题展开了相关研究。孙玮认为，“外滩”这个实体空间作为媒介“融合了物质性、关系性以及历史文化等多维传播意义，体现了空间与人不同形态的互动关系”[②]。李耘耕从媒介视角分析了精神病院这个空间，认为“惠爱医院重新联结了中国家庭与病人、病人与政府、政府与家庭”，是联结社会治理要素并重构关系的重要空间“媒介”。[③] 可见，空间也非客观和无辜的，其中有着政治、经济利益的谋划，它既从社会关系中诞生，也生产着社会关系。[④]

循着这一研究进路，我们发现作为媒介研究核心概念之一的可供性(affordance)，本质上也是一种关系。[⑤] 可供性(affordance)概念起源于生态心理学领域，指环境“提供给动物的东西，无论是好的还是坏的”[⑥]，用以解释动物与环境之间特定的对应关系。2003 年，韦尔曼(Wellman)等人率先将社交可供性(social affordance)概念引入传播学，并将之视作技术/物影响日常生活的“可能性”，[⑦]借此研究互联网提供给人们的诸多功能。在这个意义上，可供性强调的是社会和文化对媒介的持续不断的改造和影响。但韦尔曼等人的研究并未超越传播学主流的功能主义范式，国内学者对可供性的理解也在很大程度上受限于此。

与强调可供性“功能属性”的研究者不同，有学者呼吁对可供性的理解应回归其生态学意义，重视可供性所蕴含的“关系属性”。哈奇比(Hutchby)指出，我们不仅要看到可供性的功能属性，更要看到它的关系属性，即可供性依附于物的特性。对于不同物而言，可供性功能属性的发挥存在差异，也即，可供性功能的发挥需要人物与环境的互动，建立在特有的联结的关系之上。[⑧] 当我们回看吉布森(Gibson)的观点，会发现他所强调的可供性也并非指功能特征。吉布森认为，当我们看到一个物体或一种环境时，我们感知到的是它的可供性，而不是它的物质特性。[⑨] 但在现有传播学文献中，可供性成为解释技术平台对用户和环境产生影响的一个新视角，被当作功能的同义词。或许，我们可以换一个视角，跳出将媒介可供性视作提供功

---

① 莫利.电视、受众与文化研究[M].史安斌，译.北京：新华出版社，2005.

② 孙玮.作为媒介的外滩：上海现代性的发生与成长[J].新闻大学，2011(4)：67-77.

③ 李耘耕.空间转译：作为“媒介”的惠爱医院（1898—1935)[J].新闻与传播研究，2020(12)：78-98，128.

④ 黄华.“左联”青年在上海：论作为媒介的亭子间[J].新闻大学，2021(4)：102-123.

⑤ 孙凝翔，韩松.“可供性”：译名之辩与范式/概念之变[J].国际新闻界，2020(9)：122-141.

⑥ GIBSON J J. The ecological approach to visual perception[M]. Boston, MA: Houghton Mifflin，1986.

⑦ 孙凝翔，韩松.“可供性”：译名之辩与范式/概念之变[J].国际新闻界，2020(9)：122-141.

⑧ HUTCHBY I. Technologies, texts and affordances sociology[J].Sociology，2014，35(2)：441-456.

⑨ GIBSON J J.The ecological approach to visual perception[M]. Boston, MA: Houghton Mifflin，1986.

能的窠臼，回到吉布森那里，不仅仅关注技术/物本身，更关注技术/物、环境与人之间的交互关系。事实上，可供性理论提供了一个动态的、生成的理论视角来帮助人们探究技术/物的物质性与传播实践之间的关系。这为我们重新审视空间的媒介意义提供了另外一种行动者视角，一个新的看待实体空间如何构筑人与环境的关系的视角。

正是在这个意义层面的启发下，研究者发现乡村超市的空间结构以及它所包含的媒介可供性，让我们看到了这个平台在满足村民的购物需求之外所构建的乡村社会关系。基于此，本文试图关注的一个核心问题是，乡村超市作为一个实体空间如何在村民日常生活中成为一种媒介并凸显人与人、人与社会之间的关系的。换句话说，村民的日常生活在多大程度上受到了空间可供性的建构。同时，笔者也想就此用本土经验与可供性理论进行一场对话。

三、研究方法与个案选择

本文的田野地点是隶属于河南省淮阳县黄集乡的毛村，这里距离最近的集市约有5公里，距离县城中心城区约20公里。村庄有560多人，东、西2个村民小组。农闲时节，村中几乎无青壮年劳动力。2008年，28岁的阿华告别打工生活，回到家乡。此时，毛村深受城市化影响，日常留村的多是“386199部队”人员，日常出行十分不便，村民对实现“家门口的购物袋”有极大需求。为了给子辈提供更好的家庭教育环境，避免孩子成为留守儿童，阿华决定留在村里并开办一家超市。

说是超市，其实只是由一间住房临时改建的小卖部，在空间范围和商品种类方面和城市商超有着巨大差别。但就是这么一个狭小空间，却激起了村民的极大兴趣，“去超市”成为村民的日常行为，他们很享受不用出村就可以购物的便利。随着村民生活生产需求的日益增加，超市在村庄中的作用也越来越重要，它也迎来了空间上的扩张。

2010年，阿华将原店铺对面的自家房屋改造成了新店，使两个店面隔路相对。此后，旧店铺成为村民打牌、玩游戏的地方，新店面用来出售商品和居住。2017年，阿华创建了名为“毛村阿华超市快乐聊天群”微信群，用来发布商品动态，后来这个微信群逐渐成为毛村的线上购物、日常交流、信息通知以及政策发布平台。2018年，进入乡村精英行列的阿华被选为村委会议事员。

超市创办伊始，店面狭小，所售商品仅是一些简单的蔬菜、水果、面条等食材，人们购物之余很少在此停留。但经过十余年的发展,超市成为毛村中不可忽略的存在,且日益占据中心位置。村干部阿良说:“以前谁会知道毛村呀?现在提到毛村都知道有个阿华,知道他开的超市。”

笔者于2019年7月至2021年3月的寒暑假在河南省淮阳县毛村围绕阿华超市开展了田野调查。调查主要采用参与式观察与深度访谈相结合的方法,其中参与式观察所观察的对象包括线下物质性场所和线上微信群。笔者累计在村调查了近12个月,线上观察时间超过12个月,较为系统且深入地观察了超市空间的日常实践活动和发展脉络。累计访谈村民23人。

四、从物质性到可供性:一个乡村超市的传播实践

“将空间视作媒介,即揭示空间所具有的媒介性与传播性。”①一个实体空间在建造之初即被预设了基本的媒介功能和传播价值。乡村超市作为一个购物空间,本身蕴含着物资交换的规则与秩序。但是,一个空间之所以能够存在于乡村社会并持续地发挥功能,必定是它已经嵌入村民的日常生活并与之产生了多元互动。在这种互动的过程中,乡村超市逐渐更改了“购物”这项天然功能,并成为建构地方文化,再生产村庄社会关系的媒介。反之,正是乡村超市作为连接性媒介的位置,使得它能够被织入社会基本结构。

(一)聚合:作为媒介物的可供性生成

20世纪80年代以来,中国乡村社会经历了巨大的结构性变迁。一方面,人民公社制度的终结使得人们的日常生活被迫去集体化,承载群众集体生活的村庄公共空间面临衰落困境;另一方面,电视媒介的下沉加剧了村庄原子化趋势,乡村整合机制涣散。在这种情况下,毛村出现的由超市搭建的平台让人们获得了一种“聚合的机会……如没有聚合的机会,则只有各自在家发愁叹气。能够常常聚合,就可以渐到自觉里去,渐渐大家齐心合作解决”②。对于缺乏可聚集空间的村民来说,毛村超市成为保持个体与社会接触的重要媒介。超市的这种“让一群人聚集”的功能,重塑着人的交往方式和公共感,在与村民的日常互动中逐渐嵌入地方实践网络,从一个购物平台日渐成为

---

① 李耘耕.从列斐伏尔到位置媒介的兴起:一种空间媒介观的理论谱系[J].国际新闻界,2019(11):6-23.

② 梁漱溟.中国乡村建设理论[M].上海:上海人民出版社,2011.

提供社会互动的“场所”,①并不断建构着村民的日常生活。

乡村超市之所以超越经济交换功能,成为社会互动发生的场所,离不开“物”的可供性与店主的主体性行动。一方面,“得让大家知道你开了超市”的可见性逻辑使得商品和实体空间从主观现实变为客观存在。毛村超市并未悬挂如城市商超那样的指示性招牌,但是当货架、米面油、蔬菜、水果等商品被放置到一个物理空间后,村民便能确认“阿华开超市了”。此时我们看到的并非商品的性质或功能,而是吉布森提到的物件的可供性。可供性并非由一个对象“本身”所有,而是在该对象与其他元素进行组合时生成的。② 换言之,商品和空间的组合让人们感知到了超市的可供性,进而才有购物行为的产生。而且,不同于在城市商超“即买即走”的消费模式,大多村民结束购物后并不会立即离开,或是站在收银台对面位置,或是坐在电视机下面,和来往于此的村民以及店内的店主聊上几句,话题往往会围绕发生在村子里的新变化展开。也就是说,超市建立在物质性基础上的可供性为村民的社会交往行动提供了可能。受访者白奶奶说:“说实话也没那么多东西买,主要也想来转转,跟人说说话,你去村里其他地方转不一定有人,但超市这不缺人,尤其是过年那会儿,大人小孩儿没断过。”

另一方面,为了满足村民的需求,保持顾客的消费黏性,店主不断改善超市的空间环境。阿华说:“九的媳妇儿买东西时问我晚上能不能在超市门口跳广场舞,我想着那咋能不中呢,没考虑就答应了。”为此,阿华在门口位置安装了照明灯,并专门购置了一台有视频功能的音响。随着广场舞队伍的不断壮大,“每晚在超市门口跳广场舞”被习惯化为一种基本的生活模式,广场舞时间被赋予了一种古希腊熟语“广场人满时分”的媒介意义。③ 农闲时节,伴随着夜幕降临,吃过晚饭的广场舞爱好者就会聚集到超市门口,打开店主提供的音响设备,肆意地享受着片刻闲暇。在这里,空间与乡村、公共文化活动融为一体,成为乡村日常生活的重要组成部分。而这也是村民在以一种抱团取暖的方式来抵抗农村老龄化与留守化带来的个体孤独。

除此之外,超市的内部空间布局也在彰显“物”作为媒介在可供性生成方面的诸多可能。走进超市,村民看到收银位置没人时,便会径直走向店主的厨房,或者冲着卧室

---

① 戴宇辰.“物”也是城市中的行动者吗?——理解城市传播分析的物质性维度[J].新闻与传播研究,2020(3):54-67,127.

② 福勒.媒介生态学:艺术与技术文化中的物质能量[M].麦颠,译.上海:上海社会科学院出版社,2019.

③ 库雷.古希腊的交流[M].邓丽丹,译.桂林:广西师范大学出版社,2005.

方向喊上两声。在这里,私人空间与公共空间的边界已经消弭,店主遵循着熟人社会的交往规则让渡了部分私人空间。一个有趣的发现是,村民会习惯性地坐在收银台对面的位置与人聊天,但店主后来在此放置了一个低矮的圆形货架。这时,村民就会稍微移动商品,以便继续坐在货架上。没多久笔者就发现店主空出了那个位置。可以说,村民也是超市空间环境变化的重要影响因素,他们在受到物的制约的同时,也影响着媒介物的"制度化"过程。

值得一提的是,阿华超市微信群的建立也是其可供性生成的重要面向。为了给村民提供更周到的服务,阿华创建了名为"毛村阿华超市快乐聊天群"的微信群。微信群的技术可供性不但为阿华突破物理空间局限、整合村庄资源提供了丰富锚点,也为村民构建了一个能随时聚集的互动场景:一方面,阿华通过微信群发布商品动态,动员组织村民参加产品展览会;另一方面,村民通过微信群即时知晓超市动态。此外,该微信群还成为村干部发布通知的重要平台。

事实上,毛村超市从建立到成为村民日常生活的组成部分,是人与环境充分互动的结果。在这个过程中,超市经历了从主观现实的"物"到客观现实的"制度化"实践过程:店主对物的挪用确立了超市这一"基础设施"的基本"形式";村民对交往的需求促使店主进一步改造空间,形成购物之外新的社会互动,这种互动在日复一日的实践中以基本的生活"模式"被确定下来;而当这种模式被村民"交互类型化"[①]之后,围绕超市的制度化也就出现了,人们的生活开始受到超市可供性的影响。从另一个层面讲,超市可供性的生成,是它以一种公共空间的身份把一群人聚拢起来,为享有地方性共识的村民提供了一个聚会场所,作为人们建立相互关联并维持群体范畴等系列实践的一个大容量中介器(mediator),[②]满足着村民的消费、休闲、社交等基本需要。[③]

(二)联结:空间和关系的架构实践

自20世纪90年代以来,随着市场化进程的加快,以及现代大众传媒向乡村社会快速下沉,农民被裹挟着进入现代工业文明,被迫去适应一种新的生活机制。缺乏内生力量的毛村与外部世界之间渐入一种失联状态,村民像一群失去了领头羊的羊群,四处逃窜着寻找创造新生活的可能。但随之而来的是难以遏止的偷盗现象,村民之间

① 伯格,卢克曼.现实的社会构建[M].吴肃然,译.北京:北京大学出版社,2019.

② LATOUR B. Reassembling the social: an introduction to actor-network-theory[M]. Oxford: Oxford University Press,2005.

③ 戴利朝.茶馆观察:农村公共空间的复兴与基层社会整合[J].社会,2005(5):96-117.

的勾心斗角，以及打架斗殴。昔日集体学唱红歌、唱大戏等公共活动更是难得一见，乡村社会的信任体系面临崩塌危机。

21世纪初，在农业改革政策的影响下，乡村迎来新的发展机遇，毛村出现了青年农民工返乡现象，这批有着城市生活经验的新时代村民开始以农村为驻地寻求新的发展。2008年，28岁的阿华开始了商店经营，商店名称不再是此前统称的“代销店”“小卖部”，而是有着城市性格的“超市”。乡村超市在农村的落地与发展，一方面是承继理论层面消亡的供销社体系，另一方面也是乡村深度卷入市场化进程的重要表征，它作为村庄内生空间，“联结了物质空间中参与实践的各种物和人，并将人们的意向反映在空间实践中”①。在这个过程中，一种新的乡村社会关系及其实践以本地可见的方式被表达出来。“所有事物的‘象征性’都起着联结作用，用来联结一个个体同另一个个体，一个可视的事实和一个隐形的事实”②。就毛村而言，由超市作为媒介所联结的社会关系，产生了包括村民与村庄的互动，基层组织与村民的沟通，以及城乡交流三对关系之间相互勾连的实践过程。

首先，以超市为中介，村民与村庄之间的互动关系以人际传播的形式得以显现。中国农村社会的人际传播是乡村文化的折射，反映了人们真实的生活观念、行动逻辑、风俗习惯等，在一定意义上讲，它代表着乡村的文化和社会结构。③ 在这里，超市联结着参与人际传播的村民，超市成为一个令传播实践转变为乡村生活方式的中介。一方面，超市是村民实现个人展演的重要平台。田野调查发现，村民会给购物行为附加一些道德价值。受访者阿花是超市的常客之一，她总喜欢带着小孙子来购物，因两个儿子都早已娶妻生子，她成为村民口中“日子过得最舒坦”的人，每遇到人们夸赞时，她都会乐此不疲地分享自己的购买行为，“今儿买点儿青菜，给俺儿媳妇儿换换口，光吃肉也不中”；“俺儿媳妇儿回娘家嘞，过来给她买点礼”……这些常常冠以儿媳妇之名的购物行为使阿花享有了好婆婆的名声。甭管真实情况如何，在场村民至少在那一刻对阿花的表演给出了话语层面的认可。值得强调是，阿花并非个例，如小娜带着母亲购物，阿畅将网购清单发到超市微信群，这些行为在村庄范围内能够得到最大范围的传播，并被赋予道德价值。换个角度来看，超市空间提供的展演舞台提高了村民的社会交往积极性，其传达的情感代表着礼俗社会中的某种“共同关心”，它存在于人们之间，并把

① 李耘耕.从列斐伏尔到位置媒介的兴起：一种空间媒介观的理论谱系[J].国际新闻界，2019(11)：6-23.

② 德布雷.媒介学引论[M].刘文玲，陈卫星，译.北京：中国传媒大学出版社，2014.

③ 邱新有，章绍甫.论中国乡村人际说服传播的三重情境[J].现代传播(中国传媒大学学报)，2011(12)：57-60.

人们联系在一起。[①]

另一方面,在超市生成的话语实践也在深度影响着村庄的公共舆论方向。"中国农村的农民都是喜欢面对面交往的,都是希望在村庄共同的交往中获取生活乐趣、提高生活质量及了解村庄信息的"[②]。而村民互换信息最常见的形式就是"闲聊",他们聚集在超市门口,有意或无意地评判村庄的某个人或某件事,使得他人的私生活信息在熟人社会中被传播,当事人被推向村庄舆论的旋涡。

"村里患癌的那位老人挣扎数日后还是去世了,开饭店的老卫拉着一车葬礼宴席所需的桌凳经过超市门口,在此闲聊的人开始谈论老人的家庭和临死前受的虐待。九婶说老人的儿子儿媳根本不配做人,平常刁难不给吃穿也就算了,大夏天的儿子都不给自己爹弄台风扇,眼看身上都烂得不行了。戏剧性的是,老人的儿子儿媳开着电动三轮车经过超市门口,但是没有一个人和他们打招呼。"(2019 年 8 月 21 日田野观察笔记)。

类似生成于超市空间的道德性信息,会经由这个空间传递给更多村民,对他人的日常言行产生影响。如前文提到的儿媳因为违背"熟人社会内部大多数人所认同的公共规范或公共价值"[③]而丧失了在村庄中社交的可能性,从而成为村庄中的孤立性存在。

其次,超市作为媒介为城乡联结提供了一个小小的窗口,让许多原本没有直接关联的城乡"结构洞"由此建立关联。[④] 一方面,超市打破了人们的"农村小卖部=山寨商品"的认知,让视频广告中的商品从"可见"变得"可触",在产品上实现了和城市商超的一样。每到逢年过节,阿华都会特别自信地告诉从城市返乡的村民,"放一百个心买,保证都是真牌子,跟你们在大城市买的没差别"。此外,随着数字电商的下沉,村民可以通过超市的驿站服务直接买到城市商超的物品。正如德布雷所认为的,"衡量传播现象的标准不应当是看人与人之间是否有机械化的接口,而是看是否有制度化的接口"[⑤]。毛村超市被政府纳入"国家级电子商务进农村"工程的村庄服务站,成为市场进入基层的重要节点。

另一方面,超市空间所携带的城市性格构筑了新的地方感文化,在此产生的"观念

---

① 阿伦特.人的境况[M].王寅丽,译.上海:世纪出版集团,2009.

② 贺雪峰.农村的半熟人社会与公共生活的重建[J].中国乡村研究,2010(6).

③ 李永萍.隐秘的公共性:熟人社会中的闲话传播与秩序维系:基于对川西平原村的调研[J].西南大学学报(社会科学版),2016(5):46-53,189.

④ 张梅.呈现、连接与再造:媒介化转变城乡场域[N].中国社会科学报,2020-03-27(5).

⑤ 德布雷.媒介学引论[M].刘文玲,陈卫星,译.北京:中国传媒大学出版社,2014.

或行为”又通过超市的传播网络在“社区内扩散和传播，并被多数社区成员所接受，逐渐形成社区的共识，从而引发社区文化形态转变和生活方式的变迁”①。田野调查发现，广场舞作为一种移植自城市的文化形态，流入毛村时因社会语境差异而引起了村民一定程度的文化不适。受访者LW说：“刚开始跳的时候，村里有些人说话可难听了，说我们几个是‘老来疯’，老了老了疯起来了，是‘活够了’，像WY说的‘咱庄这几年还真出了几个疯妇女’。”但是，店主一如既往地允许她们在超市门口活动，甚至还邀请这些人加入产品宣传队伍。可以说，在广场舞文化由城市流向乡村，并成为村民日常实践内容的过程中，内植于乡村社会语境的超市以及它在日常实践中生发出的一种与政治经济和社会结构对话的能力，赋予了超市调节这种文化不适的媒介力量，使得“观念、话语和精神成功转化为力量、事件，或者说行动”②，促使广场舞成为毛村的日常文化形态。

最后，超市对于基层组织和村民而言，某种程度上发挥着现代乡村治理模式接口的作用。受制于地理区隔，毛村村民几乎不会主动到村委会查看政策通知，日常公共活动也都局限于村庄内部，确切地说，是围绕着阿华超市展开。超市辐射圈，在毛村内部构成一个传播小环境，于媒介意义上建立了新的基层组织与村民互动的形式及互动场所。就毛村而言，身为村干部的阿良并非全职，除了村庄管理工作之外，他还从事农业生产，经营着塑胶生意。这种多重身份使得村干部尚不能全身心地服务村民，那么，当需要下达政策信息和协商公共事务时，阿良便会通过超市与村民建立联结。如在超市外墙张贴农业政策通知，将推选群众代表的签字表留存在超市，通过超市微信群发布通知、公告信息。德布雷认为，媒介学的研究对象就是将能够传承的物质载体组织起来的制度，③从这个意义上讲，作为媒介的超市空间将各种物质和关系载体联结在一起，在适应村庄内部结构的基础上，勾连起了一个基层组织与村民互动进行村庄治理的在地化实践活动。

（三）关系再生产：超市、媒介和“乡村精英”的权力话语

超市作为一个实体空间在与村庄日复一日、年复一年的互动中，构成一种社会生活的“情境布局”，并内在地实现了关系生产。④ 在这个过程中，超市超越了物的固有

① 冯广圣.乡村人际传播中行动者身份解构与村庄社区传播模型建构[J].新闻界，2013(17)：11-15.

② 德布雷.普通媒介学教程[M].陈卫星，王杨，译.北京：清华大学出版社，2014.

③ 德布雷.媒介学引论[M].刘文玲，陈卫星，译.北京：中国传媒大学出版社，2014.

④ 关琮严.属性转移、边界消弭与关系重构：当代乡村媒介空间的转型[J].新闻与传播研究，2021(4)：57-72，127.

属性,作为一种隐喻性媒介,给我们打开了一个新的观念空间,或者说可以让我们"看见"一个新的空间和世界,[①]也就是超市的媒介可供性所创造的新的乡村景观。在这里,超市以满足村民的生产生活需求为社会取向,并在"需求—满足"的双向互动中深度嵌入乡村日常生活与社会结构,"作为一种'工具性存在',越来越成为人在生产、生活中须臾不可离的中介物"[②],日渐生产出一种被组织起来的社会关系。而在这个关系场域中,与超市深度捆绑的店主完成了"乡村精英"的身份再造,并重塑着村庄的权力结构。

伴随着乡村的现代化进程,毛村超市已非传统印象中的村庄小卖部。一方面,超市售卖的商品基本涵盖了农业生产和农民生活的各个方面。店主本人也承担着农技信息传播者的角色,他在替村民抵挡现代化过程中的部分风险的同时,不断收获着村民的信任。这种信任一是源于村民对"出了事跑不掉"的地缘关系的认知。受访者LY自信满满地说:"他(阿华)都算是我看着长大的,你说他骗谁也不能骗自己庄的,再说了,用了不好可以去找他。"二是阿华向村民传递了"自己是专业的"的信息。阿华说:"就是一个村的也不可能凭空相信咱,所以我代理一家都会去人家那里考察,考察完在俺家地里用,毕竟眼见为实,有时候也叫他们参加观摩会,谁也不愿意花冤枉钱,得让人家知道咱们是专业的。"

另一方面,数字信息技术的下沉也使乡村超市加入了电商行列,"无现金社会"在村庄层面有了实现的可能,乡村超市也建立了内置于村庄的"云端连接"平台。受访者小欢每隔一段时间都会通过电商小程序为父母购买商品,她说:"压根没想到咱村里会有美团优选,都知道城里有,现在下完单发给阿华,到了他会给俺妈打电话。"事实上,超市接入电商,是在政府推动下完成的,阿华为此接受了专门的电商培训。可以说,国家数字乡村建设在某种程度上赋予了乡村超市合法性地位,并将其视作改变乡村信息生态环境的重要工具。

库尔德利在提到媒介研究的第四种可能性时,阐释了一种围绕"社会取向的媒介理论(socially oriented media theory)",即"被置于前台的媒介是如何被应用,如何形塑社会的,在媒介里流通的意义如何产生社会影响的"[③]。按照这个逻辑,超市以满足村民需求为基本取向,且这种取向和社会控制无关,它以日常化的形式出现在村庄,并在无意间塑造了村民的生活方式。换言之,作为嵌入村民日常生活场景的实体媒介,

① 胡翼青.显现的实体抑或意义的空间:反思传播学的媒介观[J].国际新闻界,2018(2):30-36.

② 赵瑞华.媒介化生存与人的异化[J].新闻记者,2010(2):29-32.

③ 库尔德利.媒介、社会与世界:社会理论与数字媒介实践[M].何道宽,译.上海:复旦大学版社,2014.

超市所携带的城市性格构筑了新的地方感文化。如同20世纪上半叶有着"社会和公共生活"①的灵魂的意义的成都茶馆，超市构建多元媒介场景的过程，一方面维系着乡村日常生活，另一方面也完成了以超市为中心的新型人际关系网络在乡村社会的内向强化，对这个关系的话语阐释指向了店主的权力实现。

五、结论与讨论

回到本文的研究问题：超市如何在村庄日常生活中成为一种媒介并凸显人与人、人与社会之间的关系的？透过可供性的理论视角，通过参与式观察和深度访谈，本文阐释了超市从其物质性生成媒介可供性，到产生可供性基础上的空间和关系的互动，以及最终实现对村庄权力网络重构的实践。不同于传统结构功能主义对媒介的社会功能和效果的研究，本文更强调关系价值在社会互动中的意义呈现，所关注的是一种"个人的、心理的（非结构的）、文化的、审美的（非政经的）、空间的（和时间并置的）、日常生活的（非重要人物、重大事件）、非理性的"传播意义。② 本文的研究表明，可供性视角下的乡村超市经历了"聚合—联结—关系再生产"这样一个层层递进又相互勾连的动态过程。

首先，店主对空间和物的挪用构建了超市的购物环境，实现了初步的"消费—服务"关系，也开启了围绕超市开展各种行动的可能性。在村民与店主之间"需求与满足"的交互实践中，超市等同于购物的固有属性被改变，交往平台的潜力在人们的现实行动中被挖掘出来，体现出一种"聚合"的媒介意义，为村庄的人际互动提供了可能。

其次，在拥有聚合平台可能性的基础上，超市与村民在日常生活中展开了更为深入的互动，让我们感受到超市所塑造的一种整体性生活方式。也就是说，村民的日常生活在村庄内部的社会关联、城乡经济和文化交流以及政府与村民沟通的层面受到了超市可供性的建构，凸显了超市作为媒介的"联结"作用。

最后，作为一种联结性媒介，超市得以被织入村庄社会的基本结构，在一定程度上重塑了村庄社会关系格局，也使得超市成为精英身份和政治话语阐释的媒介渠道。超市可供性在建构村庄日常生活之上实现了再生产权力关系的可能。

事实上，对可供性的理解并不仅仅指向"物"的固有属性，应该看到人们的社会行

① 王笛.茶馆：成都的公共社会和微观世界：1900—1950[M].北京：社会科学文献出版社，2010.

② 孙玮.作为媒介的城市：传播意义再阐释[J].新闻大学，2012(2)：41-47.

动赋予“物”新的意义的可能性。具体到本文的研究,我们对乡村超市的理解也不能仅仅局限于它是一个满足购物需求的实体空间,应该看到它以空间作为载体,村民的实际需要作为出发点的可供性。在这里,超市作为媒介超越了它的质料和形式,成为社会关系和意义的联结和生产之地,①它表征的是传统乡土社会与新时期工业文明的交流碰撞,回应的是人作为主体的意义和价值。

此外,从本文的研究中延伸出一个颇为有趣的问题:在国家治理能力和治理体系现代化的时代要求下,面对乡村精英不断打破、重组传统村庄权力格局的现实,应如何认知政府和村民之间的关系?

20世纪末,梁漱溟就提出“组织起来”对中国乡村发展的重要性。② 当前,乡村的现实情况是农民的分散化和原子化导致村庄整合机制涣散,如何解决乡村社会因老龄化、留守化带来的种种问题?重建公共性已经成为学者们的共识。③ 这里的公共性是指一种组织起来之后的合作精神和主体性自觉。④ 媒介不应该只是关注为主体“提供何种服务与如何提供服务”,更应注重提供一种公共的空间或平台,“作为需求主体的公众”可以自主地在此“表达文化诉求,参与文化创造”⑤。

就本文的研究而言,超市将基层组织、以阿华为代表的乡村精英和普通村民联结在一起,在一个动态勾连的过程中呈现着乡村社会关系格局的变化。具体而言,有权威消解困境的村干部在政策动员中需要借助超市平台和阿华的号召力,村民的利益诉求使得他们在很多事情上很信任阿华,如村民会通过阿华沟通村委会,参加在超市举办的农技讲座,农业所需生产资料全购自超市。而阿华的超市又为村民抵抗了部分因市场不确定性带来的现代化危机,三者之间通过超市这个平台建立起一种合作关系,自我“组织起来”,共同应对村庄社会的结构化问题。在这个意义上,人与人、人与物之间的互动又进一步肯定了超市可供性的关系价值。

我们对媒介的关注不应该局限于器物本身,而应更多关注它组织起来的新关系和新意义。⑥ 本文所分析的乡村超市,不是淹没于乡村琐碎日常生活且虚无缥缈的空间符号,而是一个内生于乡村社会,并与乡村结构有机镶嵌的空间,它如何超越实体本

① 胡翼青.显现的实体抑或意义的空间:反思传播学的媒介观[J].国际新闻界,2018(2):30-36.

② 艾恺.这个世界会好吗:梁漱溟晚年口述[M].上海:东方出版中心,2006.

③ 吕方.再造乡土团结:农村社会组织发展与新“公共性”[J].南开学报(哲学社会科学版),2013(3):133-138.

④ 沙垚.新媒介与乡村:从科技兴农、媒介赋权到公共性重建[J].江西师范大学学报(哲学社会科学版),2020(5):89-95.

⑤ 王谓秋,任贵州.公共文化服务体系共建共享的社会动因与路径选择:基于文化治理的视角[J].图书馆理论与实践,2016(9):62.

⑥ 胡翼青.显现的实体抑或意义的空间:反思传播学的媒介观[J].国际新闻界,2018(2):30-36.

身，成为改变村庄社会关系的中介物，进而实现着一种地方性媒介治理的可能性，传播学者应当予以关注。

〔郑素侠，郑州大学新闻与传播学院副院长、教授、博士生导师，主要研究领域为乡村传播学、传播与社会发展等；李雪丽，郑州大学新闻与传播学院博士研究生〕

〔特约编辑：涂凌波〕

空间、媒介与身体:一项基于城市公园广播实践的田野考察*

Space, Media and Body: A Field Study of Urban City Park Broadcasting Practice

◎ 涂凌波　梁　轩

Tu Lingbo　Liang Xuan

摘要:本文研究城市公园这一实体公共空间中人与媒介的关系问题。通过对公园广播的田野考察,研究发现,公园是社会所建构的空间,其独特的地景与声景形塑了人们的具身认知,广播媒介因而得以嵌进人与环境的关系之中。公共空间中的身体实践,一方面受到符号规训,另一方面也体现出空间内部差异。与个人化的移动媒介不同,广播媒介在公共空间中的存在有相当的意义,其具有的开启公共话题、区隔公共与私人区域、"唤起"公共性等可能性,让我们重新审视空间、媒介与身体三者之间的复杂关系。

关键词:具身传播;公共空间;广播媒介;身体实践;公园研究

Abstract: This study focus on the relationship between people and media in the public space of urban parks. Through fieldwork of the park, the research found that the park is a space constructed by society, and its unique landscape and soundscape shape people's Embodied cognition, and the broadcasting medium can be embedded in the relationship between people and the environment. The Physical practice in the public space is on the one hand disciplined by symbols, on the other hand it also reflects the internal differences of the space. Different from personalized mobile media, the existence of broadcast media in public space is of considerable significance. It offers the possibility of opening public

* 本文系国家社科基金重大项目"媒体深度融合发展与新时代社会治理模式创新研究"(项目编号:19GZH043)研究成果。

topics, separating public and private areas, and 'arousing' publicity. Let us re-examine the relationship of space、relationship and body.

Keywords: embodied communication, public space, broadcast media, physical practice, park research

一、引言

在传播学研究脉络中,长期以来研究者主要从结构功能主义的视角,将媒介技术视作人身体之延伸、满足主体或社会的功能需求的中介之物。近年来,身体在传播中的重要性得以被重视,研究者们重新思考人(身体)、媒介与周遭世界的关系,反思身—心二元论在媒介和传播研究中所造成的遮蔽。与此同时,智能媒介技术的发展使得媒介越来越"嵌入"人的身体实践,信息技术本身已经成为人类生活中的"座驾"(海德格尔语),由此也引发了媒介的公共性与私人化问题的进一步讨论。学者们指出,民众对社会公共议题的关注总体在下降,情感在公共传播中越来越重要,且具有私人属性。① 公共性困境可能是一个被普遍关注的社会现象,②新的媒介技术亦带来了互联网公共性、算法公共性③等新的问题。不管怎样,这些都与媒介技术的移动化、智能化、个体化的发展趋势分不开。

媒介嵌入人的身体实践并作用于人与环境之间的关系,进而改变了过去关于公共与私人的分野,这是一个十分值得研究的问题。在日常生活实践中,当个体沉浸于智能手机等终端,戴上耳机等电子设备时,媒介似乎变得更加"私人化"了,一定程度上形成了雷蒙·威廉斯所说的"流动的藏私"④。因此,这就带来了另一个相关问题,即实体的公共空间是否已完全被媒介技术所分割,其所具有的公共色彩已经衰落了吗? 人们真的因沉浸于"流动的藏私"之中而失去了公共对话与交谈的可能了吗?

本研究以此思考为起点,尝试回到实体的公共空间进行田野考察。当我们将目光对准传播研究者们较少关注的城市公园这一实体空间时,意外发现,除了人们使用的移动媒介之外,公园中大众广播媒介的存在及其扮演的角色非常有意思。如果我们从

① 陈力丹,刘海龙. 解析中国新闻传播学 2018[M]. 北京:中国人民大学出版社,2018:974.
② 李友梅,肖瑛,黄晓春. 当代中国社会建设的公共性困境及其超越[J].中国社会科学, 2012(4):125-139.
③ 姜红,鲁曼. 重塑"媒介":行动者网络中的新闻"算法"[J]. 新闻记者, 2017(4):26-32.
④ "流动的藏私"是雷蒙·威廉斯针对电视提出的。威廉斯认为,广播电视不仅可以满足"流动"的需要,即足不出户就能对远方实现一种控制和把握,而且广播电视的接收终端都在各个家庭,广播电视已经成为家庭的一项私有财产。陈一. 雷蒙·威廉斯传播思想及其生成脉络简述[J]. 新闻大学, 2009(1):142-151.

具身(embodiment)传播的视角,恰好可以将人的身体实践纳入以上讨论的问题。“具身”可以被理解为在投入某活动时,人的身、心,物以及环境无分别地、自然而然地融为一体,以致力于该活动的操持。[①] 当人们在公园中从事锻炼、漫步、游玩等活动之时,媒介的存在变得“习焉不察”,进而构成了一种普遍发生的空间(环境)、媒介与身体三者之间的互动关系。本文试图阐释这种互动关系,探讨其所具有的建构公共性的潜能。

二、城市公园:一个日常生活的空间

本研究以河北宣化[②]万柳公园(以下简称万柳公园)为研究对象。万柳公园位于河北省张家口市宣化区西北部,古城西侧,柳川河东侧,是一座占地面积 32 公顷的现代大型公园,整体风格为江南园林式,于 2009 年 10 月对游人开放。尽管公园建设较晚,但园中近万株柳树大多始植于清朝,是直隶总督方观承为防治宣化府沙害所种,因此其植被覆盖早已形成规模,主要分布于公园道路两侧的空白区域(见图 1)。

事实上,我们选择以万柳公园为研究对象,不是因为其具有特殊性,而正因其是一座十分普通、不太起眼的城市公园。宣化为河北省十大历史文化名城之一,人口近七十万,以重工业为主,是一座典型的北方中小城市。万柳公园则是该城中人们日常休闲娱乐的重要公共空间,并非以外地游客为主的旅游景点。公园广播覆盖全园,全天候播放以公共议题为主的广播节目《中国之声》,这正好有助于本研究探讨公共性问题。

本研究所采用的研究方法为民族志,但是本文在撰写中并未采用人类学常用的深描或者浅描法,而是基于田野资料分析,提出一个基本的理论思考框架。采用这样的写法有两点考虑:其一,田野中的大多数资料实际上为我们所熟悉,不是“他者”的经验材料,故不需要详细描述,当然也受限于篇幅;其二,本文为探索性研究,旨在分析空间、媒介与身体实践三者关系这一核心问题,理论上的分析其实实现了“他者化”的目的,足以让我们反思日常的生活经验。

对于万柳公园而言,根据人流密度和空间特点,游客的主要活动空间集中于 ABCDEF 六个区域(见图 1)。具体而言,A 为公园健身区,安装了大量的健身器材;B

---

① 芮必峰,孙爽.从离身到具身:媒介技术的生存论转向[J].国际新闻界,2020(5):7-17.

② 宣化行政上为张家口市市辖区,但实则拥有自身独立的城市系统,严格来说与张家口中心城区是两座城市,因此以河北宣化代称,特此说明。

图 1　万柳公园空间划分及广播系统分布示意图

为中心广场及景观大道，是公园北部大型住宅区万柳公寓的居民由北门进入公园的必经之路；C 为万柳湖中心的岛屿，岛屿中央为公园标志性建筑万柳亭，众多带有桌子的木座椅环绕在亭子周围，座椅之间有道路相连；D 为八景广场，是由柳川河景区进入公园的必经之路；E 为公园管理区和儿童乐园，有瀑布、水塘和沙地等可供儿童玩耍，也是所有进入公园的游客几乎都会到达并短暂停留的核心区域；F 为见山楼广场，平坦开阔，适合多人活动。

目前，万柳公园拥有广播音响杆 14 根，广播音响 30 个，基本形成了覆盖全园的完备广播系统（位置分布见图 1）。值得注意的是，广播扬声器的分布与人流的空间分布密切相关。有两到三个扬声器的区域，空间比较开阔，人群更容易聚集，且人们停留的时间长，是人们主要的活动区域。而有一个扬声器和没有扬声器的区域往往空间比较狭小，只是人们快速经过的通道，人们在此不会有较长时间的停留。公园广播每天的播放时间集中于 8:05—10:35 和 15:25—18:00 两个时间段，日常播放内容以中央广播电视总台广播节目《中国之声》为主，穿插播放广播体操、游园须知及新型冠状病毒防护知识宣传[①]等内容。不同广播时段 A、B、C、D、E、F 六个区域游客行为的对应关系如下(见表 1)。

表 1　万柳公园中游客行为时空分布表

		A 健身区	B 广场及中央大道	C 休闲区	D 广场区	E 公园核心区	F 广场区
8:05—9:00《新闻纵横》	主要行动者	中老年	全龄	中老年	全龄	全龄	中老年
	身体行为	使用健身器材	快走、跑步进入公园	抖空竹,打太极拳	快走、跑步进入公园	散步	打太极拳,跳广场舞
9:00—10:35《新闻和报纸摘要》《新闻进行时》	主要行动者	亲子	青少年	中老年	青少年	全龄	全龄
	身体行为	玩耍,聊天,使用健身器	跳绳,踢毽子,打羽毛球	玩牌,演奏乐器	戏水,跳绳,踢毽子,打羽毛球	戏水,聊天,休闲,写生	舞蹈学习,跳绳,踢毽子,打羽毛球
15:25—16:30《新闻进行时》	主要行动者	亲子	中老年	中老年	青少年	全龄	全龄
	身体行为	玩耍,聊天,使用健身器	放风筝	玩牌,演奏乐器	戏水,跳绳,踢毽子,打羽毛球	戏水,聊天,休闲,玩耍	演奏乐器,跳绳,踢毽子,打羽毛球
16:30—18:00《新闻晚高峰》	主要行动者	亲子	青少年	全龄	中老年	全龄	中老年
	身体行为	玩耍,聊天,使用健身器	跳绳,踢毽子,打羽毛球	休闲,聊天	跳广场舞	戏水,聊天,休闲,玩耍	演奏乐器,跳广场舞

由表 1 可见,在上午 9:00—10:35 和下午 15:25—16:30 两个时间段,A 到 F 6 个公共空间的主要行动者和身体行为大体相同,而上午 9 点和下午 4 点半是行动者变化的两个关键时间点。究其原因,中老年人的晨练一般在上午 9 点左右结束,一部分中老年人会回家或者到超市等卖场购物,另一部分则会留在公园玩牌或演奏乐器。亲子以及青少年行动者,一般则会在上午 9 点左右到达公园进行跳绳、打羽毛球等活动。到了下午 4 点半左右,之前在公园的游客一般会陆续回家准备晚饭,而白天由于种种原因并未来到公园的游客则在这一时间点进入公园,由此,空间行为主体发生变化。

三、公园广播:声景与地景之间的媒介

就媒介形态而言,广播是勃兴于 20 世纪的典型现代大众传播媒介,在长达半个多世纪的时间内扮演着第一媒介的角色。广播媒介将推动新闻业的进一步大众化与公共化,新闻真正进入普罗大众的日常生活。在近代的中国,自 1923 年到 1928 年北洋政府动用国家行政力量在哈尔滨、沈阳、天津、北京创办中国最早的四座官办电台[②]

① 此部分广播内容为 2020 年 1 月新冠肺炎疫情暴发以来所增加的宣传内容,是新冠肺炎疫情期间的特殊情况,特此说明。

② 李煜. 历史视野下的国家与广播[J]. 现代传播(中国传媒大学学报), 2013(7): 24-29.

起，广播这一现代媒介开始卷入中国民众的生活，并逐渐与中国社会的现代化联系在一起。中华人民共和国成立后，“广播下乡”运动将广播媒介嵌入中国广袤农村的公共空间。中国共产党借助广播媒介教育农民、改造农村社会，从而建立了农民与国家的紧密联系，将农民有机整合进了国家政治议程之中。① 一定程度上可以说，进入社会公共空间的广播媒介，唤醒了民众的国家意识，推动了社会整合。

自 20 世纪 90 年代以来，电视在社会中快速普及，互联网时代来临，广播从家庭、农村和城市社区等公共空间逐渐“退出”，广播媒介的使用率总体下降。不过，随着城市化进程加快和中国汽车工业的发展，广播媒介以车载形式重现活力，而以喜马拉雅、蜻蜓为代表的音频社交平台的兴起，使得网络广播媒介进入了青年群体的生活。总体来说，不管从传播形态还是传播内容来看，广播逐渐从公共空间转向私人空间，成为更具个性化的“窄播”。

然而，这并不意味着广播媒介在公共场所的“消失”。在大众交通运输工具（如飞机、汽车、轮船、火车等）、交通运输场所（如车站、机场、码头等）、教育教学场所（如大中小学）以及其他商业场所和公共空间（如广场、超市、医院等），广播媒介依然发挥了独特的作用。上述公共空间中的广播媒介，除了指狭义上的新闻广播和电台广播外，还指一种具有群体传播属性的声音媒介，其主要功能是在一定时空环境中及时发布信息，以满足特定群体对于信息的知晓需求。

本文所考察的公园广播，即公园这一公共空间中的广播媒介。中国最早的近代公园，是由英美租界当局于 1868 年在上海苏州河与黄浦江交界处的滩地上修建的外滩公园，②该公园就是“华人与狗不得入内”历史事件的发生地。根据熊月之的研究，外滩公园歧视华人对于中国人的震动，主要体现为强调公园公共性、权利义务对等的外争权益与反思民众不文明行为的内省公德两个方面。③ 可见，公园作为一种现代公共空间，从进入中国的那一刻起，就开始激活中国人的现代权利意识和公共意识，与中国社会的现代化紧密联系在一起。中华人民共和国成立后，除特定历史时期作为社会运动的场所外，公园主要是群众消遣游乐的公共空间。改革开放以来，随着城市化、工业化、商业化进程不断加快，公园除了拥有公共属性和消遣娱乐功能之外，又被引入了商业元素，部分公园中的各种消费设施甚至将公园变得“面目全非”，公园空间变得更加

① 潘祥辉．“广播下乡”：新中国农村广播 70 年[J]．浙江学刊，2019(6)：4-13．

② 崔志海．近代公园理论与中国近代公园研究：读《都市与公园论》[J]．史林，2009(2)：165-172．

③ 熊月之．外争权益与内省公德：上海外滩公园歧视华人社会反应的历史解读[J]．学术月刊，2007(10)：132-139．

多元化。

公园是自然与人造合一之物,其本身就是社会所建构的空间。万柳公园虽地处宣化城西的繁华地带,却有着近万株柳树和大面积湖泊,贴近自然;但这些风景又处处显露着人造的痕迹,并非纯粹的自然风光。公园的管理也比城市中其他公共空间的管理严格,提醒游客举止文明的标语随处可见,公园的工作人员以及监控系统规训着游客的行为。人类改造后的自然景观以及严格的规则,使得公园不同于其他任何空间,成为类似于福柯意义上的“异托邦”,即“在真实空间中,经由文化创造出来但同时又是虚幻的”,“与正常的社会秩序和规则相异的”。①

如果说公园具有“异托邦”的特质,那么该空间不同于城市景观的独特声景与地景,则形塑了人的具身认知。具身认知理论强调人通过“体知”方式(即身体的体验及其活动方式)认识世界,也即认知的过程不仅仅局限于运用大脑,还需要整个身体和环境的参与。② 大脑作用于身体,身体嵌入环境,三者构成了浑然一体的认知活动和情境。③ 人在公园行走、游玩、消遣的时候,就是身体嵌入公园环境的过程。公园的声景和地景,与人的身体和大脑一起,共同构成公园广播与人的互动情境。

我们先从公园声景谈起。根据声音特色,声景元素可分为基调声(Keynote Sound)、前景声或信号声(Foreground Sound 或 Sound Signal)和标志声(Soundmark)三类。由于万柳公园地处宣化古城西城墙与柳川河之间的地带,附近城市区域功能以居民区为主,环境较安静,整个公园的基调声主要是人声、动物声(鸟鸣等)、水声(瀑布河流等)和风声,极少有噪音出现。因此,公园广播的传播具有高保真度和可识别性,作为清晰的前景声,一般不会被人们当作噪音过滤掉。公园的美景,则易于让人们乐于接受而不厌恶广播声。景观美景度与自然声的协调度关系最为密切,公众对景观美景度评价越高,其对自然声的协调度越高,同时对人类活动声和机械声的接受度也会增加。④ 我们对于 E 区游客的随机访谈,也证明了这一结论。部分游客并没有收听广播的习惯,但是并不排斥广播的声音,因为广播声是与周围景色相协调的。E 区瀑布的水流声,也使得修剪草坪的机器所发出的轰鸣声更易被游客所接受。可见,万柳公园作为张家口宣化地区首屈一指的现代园林,其所拥有的优美景色,使得身处公园的人们对自然声的协调度高,也能够提高人们对于公园广播的接受度,使之不排斥在游

---

① 福柯.另类空间[J].世界哲学,2006(6):52-57.

② 叶浩生. 具身认知:认知心理学的新取向[J]. 心理科学进展,2010(5):705-710.

③ 王颖吉. 身体与阅读:从具身认知视角看纸阅读与屏阅读的差异[J]. 编辑之友, 2020(4):20-27.

④ 刘江,郁珊珊,王亚军,等. 城市公园景观与声景体验的交互作用研究[J]. 中国园林, 2017(12):86-90.

览公园的过程中听到广播的声音。

我们再来分析公园中的广播媒介。对于万柳公园而言，茂密的植被为人们收听广播提供了地景条件。除之前所提到的万株古柳外，建园之后，公园管理处又增植了马尾松、海棠、银杏等树木以及大量草坪，使整个园区形成了大片树林。经常到植被茂密的 C 区锻炼的游客提到，每天早上都会来到这里锻炼，因为"这里树多，脑子能清醒过来"。当笔者问还记得刚刚播放的广播内容是什么时，该游客能够较为准确地复述大意。对于公园游客的这种感受，现有园林研究的解释是，森林会产生大量负离子，从而使大脑细胞组织的氧化过程加快，大脑皮层功能增强，从而人变得精神振奋，工作效率也提高了。① 公园所形成的绿色环境，也会使人脉搏减缓，情绪沉静，能安抚人紧张的神经。②

总体来说，万柳公园的声景和地景环境使得广播媒介自然而然地嵌进人与环境之中。万柳公园的声景使广播声得以突出为前景声，能够被民众清晰地听到；优美的地景则作用于人的感官和大脑，提高了人们对于广播声的接受程度。当然，广播媒介并非外在地强加、作用于人们的公园活动之中，而是正如学者所指出的具身传播那样，"具身不是简单的技术或情感加诸身体，当然也不是一般意义上的移情，而是人在某一活动中达到一种与周围环境相融的物我合一"③。

四、具身隐喻：公共空间中的媒介与身体实践

作为城市中的"异托邦"，公园相比其他城市公共空间具有鲜明的社会行为规范特征。"社会规则是一种普遍适用的规范性、约束性机制，通过划定'红线'的方式引导主体行为，是社会有机体正常运行的公共性保障。"④就万柳公园而言，规范民众行为的指示牌和标语数远远多于宣化其他公共空间，人们在公园的行为似乎也更文明。以春季为例，据研究者连续一周的观察，公园内开花的树木基本没有损伤，草坪也几乎无人践踏，即使偶尔出现儿童攀折树木和践踏草坪的行为，也会立即被家长、其他人以及公园管理人员制止。与此大为不同的是，紧邻公园的街道绿化带中，花木却有明显的折损痕迹，草坪也被践踏。此外，乱扔垃圾、随地吐痰、随地大小便等不文明行为，也鲜少

① 吴章文.森林游憩区保健旅游资源的深度开发［J］. 北京林业大学学报，2003(2)：63-67.

② 陈江妹，陈仉英，肖胜，等.国内外城市湿地公园游憩价值开发典型案例分析［J］. 中国园艺文摘，2011(4)：90-93.

③ 芮必峰，孙爽.从离身到具身：媒介技术的生存论转向[J].国际新闻界，2020(5)：7-17.

④ 陈忠炜，郭湛.公共意识对公共存在的维护和建构[J]. 哲学研究，2018(6)：9-16.

出现在公园之中,但在其他公共空间却仍然存在。

一定意义上,公园这一特殊的公共空间,规训着人们的身体,使其规范自我行为。然而,这种规训并非福柯意义上具有强制性的、伴随着惩罚的规训,而是由公园环境、管理人员和游客,以及各种标语等媒介所共同构成的具有隐喻和暗示意味的符号规训。此种符号规训的真正力量并非来源于具有强制性的外力,而来源于人们自我感知到的"规训感"。如研究者所指出的,身体作为文化的表征之一,生成着话语。① 被规训的身体,则通过身体实践卷入公园文化的建构,使得公园不仅是休闲娱乐的空间,而且成为一个展现责任意识的公共空间。人们的公共意识,正是通过对他人行为的反复观看以及自己的身体实践建构出来的。

在公园这样的公共空间中,由于人们的公共意识被"唤醒",人们的身体实践就与媒介产生紧密联系。在游园过程中,人们大部分时间都保持着前进的姿态,尤其是每天早上,在 B、D、F 以及公园主要道路等区域,人们为达到锻炼的目的,一般会快步前进乃至跑步前进。而这个时间段,公园广播播放的是《新闻纵横》节目,快速播报的时事消息作为清晰的前景声,进入公园游客的听觉系统,而万柳公园的中国传统园林韵味美景也映入人们眼帘,在移步换景之间,人们的视觉、听觉与环境"交相辉映"。

概括起来,公园中人们的身体实践表征了媒介的具身隐喻:视觉所见是草木生长,听觉所闻是社会变化,身体所感是不断前进,空间、媒介与身体交融在一起,共同整合为人们的认知范畴。"在隐喻中,通过身体感知系统所获得的经验与情感的表象在身体自身与认知加工的作用下保存并整合成为范畴。"②人们一边在公园中游玩、休闲、锻炼,一边则对公共议题保持着一定的关注,这一过程是在不知不觉中发生的,似乎一切都"自然而然",媒介嵌入人与环境。正如一位游客所言,在公园中边跑步边听新闻,"感觉生活很美好"。

五、柔性的区隔:公园内部空间的媒介差异

公园中的广播,既是公园声音景观的一部分,又是一种人造声景,其与公园地景是分离的。然而,公园中的声景并非只有广播,随着移动终端的普及,公园游客有了个性化的声景,最典型的莫过于个人耳机、外放音响等声音媒介,这些媒介能将公园广播隔

---

① 姬德强,高玉炜.隐喻还是现象:重思传播学视域下的身体问题[J].南昌大学学报(人文社会科学版),2020(2):89-95.

② 范琪,叶浩生.具身认知与具身隐喻:认知的具身转向及隐喻认知功能探析[J].西北师大学报(社会科学版),2014(3):117-122.

离在外，形成雷蒙·威廉斯所谓的“流动的藏私”。这种自我创造的声景，正如既有研究所指出的那样，实际上是聚焦社交、精准定位、私人定制的“窄播”，而非“点对面传播，以呼唤和建构公共性为主要意图”的“广播”①。

令人意外的是，根据田野观察，选择在公园A到F区域中接收“窄播”的游客少之又少。究其原因，大致有以下四点。第一，亲子互动的需要。A、E两个空间具有相似性，是亲子活动的重要区域，以三口之家和祖孙三代共游最为常见。出于照看孩子以及彼此间聊天的需要，家长和孩子并不会戴上耳机，且除了拍照外使用手机的频率也较低。第二，运动时全身心投入的需要。B、D、F是三个接近公园入口处的广场，人们的身体行为以广场舞、跳绳、踢毽子和打羽毛球等集体运动为主，由于这些运动需要全身心投入和及时沟通，因此并没有人戴耳机，也基本不会使用手机。第三，公园声景和地景本身的丰富性。以C区域为例，由于该区域被安置了多个座椅、桌子，且座椅彼此之间相隔较远，这就为该区域人们活动提供了更多可能。然而，无论是玩牌，演奏乐器，抖空竹，还是彼此闲聊休息，人们都不会用耳机隔开公园的声景，甚至很少玩手机，因为公园中的活动及其所发出的声音，本身就能够引起民众的兴趣。第四，公园空间中青少年相对较少。如表1所示，在大部分时间，停留在上述六个公共空间的主要人群为亲子和中老年人，使用手机频率最高的青少年停留时间相对较短，因此也导致这些区域中接受“窄播”的人较少。

然而，在六个区域之外的其他区域，尤其是林荫小路上，却时常能够看到戴着耳机跑步或者独自一人散步的人，在路边的座椅上，也经常能够看到人们玩手机的行为，年龄分布上以青少年为主。如图1所示，在六个区域内，均设置有数量较多的广播扬声器，而在公园中纵横交错的林荫路上，公园却很少设置广播扬声器。不难发现，公园广播媒介终端的分布，同样体现出空间偏向。

尽管公园整体是一个公共空间，但其内部仍可区分为偏向公共、私人的两类区域，广播媒介的存在，则以柔性的方式，使得这一区隔比较明显。在A到F这六个空间中，人们可以停下来参与集体活动，因而其公共性更强，在这些空间中，人们更倾向于不使用手机等个人设备。加之这些区域用于广播的扬声器大量分布，广播的声音清晰而洪亮，影响了人们的行动。而在公园的其他区域，比如林荫路旁那些只能容纳两个人休息的座椅，则是相对私密的空间，人们可以在此驻足，远离广播声音，玩玩手机，放松自己。因此，当我们观察公园空间里的媒介与身体实践时，要十分注意公园内部空

① 云国强，吴靖. 重新寻找公共领域：时间、空间与“广播”的生产[J]. 新闻与写作，2018(6)：48-55.

间的区隔以及人们行为的差异。在本研究所观察的六个公共空间中,人们倾向于放下手机,摘下耳机,参与集体活动,“流动的藏私”在一定程度上被削弱了,公园广播所创造的声音景观打破“窄”播,回到“广”播。

不过仍然要说明,广播媒介对于公共空间和私人空间的柔性区隔,可能难以发生在公园之外的其他公共空间,原因在于公园空间本身的特殊性。一方面,不同于乘坐公交、地铁、飞机、火车等交通工具,人们来到公园是有着较强的自主性的,主要目的是休闲放松,因而能参与需要全身心投入的运动,从而无暇顾及手机。另一方面,来到公园的人们大多三两成群,结伴而来,面对面交谈得以发生,依托手机的在线沟通自然减少。

六、交谈什么:广播媒介的公共话题开启

当人们在公园的公共空间中面对面交谈时,他们一般交谈什么?实际上,这仍然与媒介有关,正如孙玮所指出的,“传播正在成为社会的构成性要素”[①]。广播不仅构建了公园的声景,也在一定程度上形塑了人们交谈的空间。万柳公园的景观,既有传统的亭台楼阁、蜿蜒小径、自然生长的林木,也有现代广场、景观大道、修剪整齐的灌木,兼具中国传统园林的古典韵味和西方现代园林几何布局的理性。在面积分布上,中国传统园林风格景观的面积要远远大于西方现代园林风格景观,可以说感性因素要大于理性因素。而在功能方面,万柳公园主要作为人们休闲娱乐之地,也可以说是感性的、非工具性的场所。但是公园广播媒介的嵌入,则为公园空间注入了理性的内容。万柳公园日常播放《中国之声》栏目,其中《新闻纵横》《新闻和报纸摘要》《新闻进行时》《新闻晚高峰》等节目均为严肃新闻,理性色彩强,信息密度大。在万柳公园中,尽管存在包括自然声在内的基调声等非理性声音,但作为前景声的公园广播是声景中最为突出和重要的部分。

王笛从“物质”的“公共领域”角度审视中国茶馆的公共生活,指出茶馆是一个人们交流信息和表达意见的空间。[②] 当然,本文研究的公园与王笛笔下的茶馆是非常不同的空间,不过,广播媒介对于公园空间的塑造作用,首先是广播内容对于民众交谈话题的开启作用。据田野观察,上午 9 点到 11 点,下午 3 点到 6 点,是万柳公园人流量较大的两个时段。在这两个时段内,广播内容依次为《中国之声》的《新闻和报纸摘要》

---

① 孙玮.从新媒介通达新传播:基于技术哲学的传播研究思考[J].暨南学报(哲学社会科学版),2016(1):66-75.

② 王笛.走进中国城市内部:从社会的最底层看历史[M].北京:清华大学出版社,2013:152.

《新闻进行时》《新闻晚高峰》等节目。在民众休闲玩乐的过程中，广播虽然一直是伴随性存在，但是广播内容却成为足以打开人们“话匣子”的那把“钥匙”，引发人们讨论新闻和相关话题。观察发现，这种讨论并非封闭性的。在闲聊的过程之中，广播媒介始终在场，如《新闻进行时》节目中的主持人会持续与不同受访者对话，整个过程的内容会成为公园中人们交谈的话题，公园中的交谈者也仿佛参与到了这场广播交谈之中。对于亲子之间的对话，公园广播同样起到了话题引导的作用。在早晨和傍晚时段，《新闻和报纸摘要》和《新闻晚高峰》节目，往往能够引发孩子与家长之间的对话，尽管亲子互动并不局限于广播内容，但是广播中的信息容易成为家长们教育子女的素材。

值得注意的是，公共空间中的广播并非公园所独有，公交车、地铁等城市公共空间也时常转播广播新闻。不过根据观察，这些空间中的广播媒介并未起到开启话题的作用。究其原因，不同于公交车、地铁等封闭空间，公园的功能不同，空间也更为开阔，人群之间不太拥挤，节奏较慢，加之公园独特的声景与地景等因素，公园更适合人们相互之间的交流。受到公园中广播的影响，游客在公园中的交谈也常常涉及严肃的时事新闻，这进而使得城市公园的公共性增强了。

七、结语与讨论：大众媒介、公共空间与身体实践

本文通过对一个公园的田野研究，得以使我们进一步审视公共空间、广播媒介和身体三者之间的复杂关系。公园作为一个特殊的公共空间，是自然与人造之物的合一，有着不同于日常生活的行为规范，人们在公园中的身体实践，是与公园的声景、地景以及传播媒介分不开的。这提醒我们，当今天我们将关注的焦点集中于移动媒介和互联网时，同样不能忽略了公共空间中的大众媒介。在一定条件下，诸如广播这样的大众媒介，嵌入人们的身体实践，在自然而然中塑造了人与环境之间的关系，构成了一定意义上的具身传播隐喻。

当前，中国的城市生活，深陷于消费主义旋涡，“充满了空洞感和娱乐感”①，在商业化和娱乐化浪潮下，城市公园的公共色彩也似乎正在减弱，公园景观中的公共因素也在淡化。然而，我们通过田野观察也发现，公园广播，不仅不是经常被“忽略”或者“遗忘”的存在，反而其将公园内部空间区隔开来，影响着个体的移动媒介使用，使人们得以重回大众传媒时代的“广播”场景。人们之间的交谈，不可避免地受到广播新闻中的公共议题的影响，公园空间的公共性因而得以成为可能。而在空间与媒介的交互

---

① 杜仕菊，程明月.人的公共性与我国公民公共意识的确立[J].江西社会科学，2016(10)：240-245.

中,身体既被公园这一公共空间所隐含的社会规则所规训,又被视觉、听觉等生物性感觉所主导,广播媒介的符号接收和意义再造过程融入空间,构成了民众的具身认知。

最后,本文的研究只是探索性的,不同城市的公园空间和身体实践还有待深入考察。广播媒介是否存在于在不同城市、有不同类型和功能、有不同地景的公园中,公园空间中是否还有其他媒介,公园的内部空间还有哪些区分及其不同特征,在移动媒介环境下公园的公共性究竟意味着什么,等等。本文只能说是公共空间、媒介与身体问题的一个观察视角,上述这些问题,还有待进一步研究。

〔涂凌波,中国传媒大学电视学院教授,广播电视学系主任;梁轩,浙江大学传媒与国际文化学院博士研究生〕

〔特约编辑:付晓光〕

“一个时代的结束”:“金庸逝世”议题的媒体报道与记忆叙事

“An Era is Gone”: The Memorial Narrative of News Reports on the Topic of Jin Yong’s Death in China

◎冯　强　陈婧之

Feng Qiang　Chen Jingzhi

摘要:新闻媒体对名人逝世的报道和意义建构体现并延展了新闻业的文化功能。华人武侠小说家金庸的逝世引发了媒体界广泛的报道和纪念。通过对金庸逝世后两个月内国内报纸的相关报道(N=466)进行内容分析发现,媒体用金庸作为联合不同群体和桥接时空的符号象征,事关社群怀旧、文化认同和集体记忆等话语。民间记忆主体以消息来源和框架运作的方式参与媒体记忆。媒体对金庸的报道脚本具有“加冕”的类型学特征,这种叙事在建构金庸文化权威的同时,也具有塑造记忆框架,整合记忆社群和批判现实的仪式化作用。

关键词:媒体记忆;集体记忆;名人逝世;怀旧

Abstract: The narrative and meaning construction of news media reports on the death of celebrities embody and extend the cultural function of journalism. The death of Chinese martial arts novelist Jin Yong has triggered extensive media coverage and commemoration. Through the content analysis of relevant reports in mainland newspapers within two months after Jin Yong’s death (N=466), it is found that media use Jin Yong as a symbol of uniting different groups and bridging time and space, which is related to community nostalgia, cultural identities, and collective memories. Grassroots memory participates in media memory through information source and frame operation. The media’s reporting script on Jin Yong has the typological characteristics of “coronation”. This narrative not only constructs the authority of Jin Yong’s culture, but also plays a ritualized role in shaping memory framework, integrating memory community and criticizing reality.

Keywords: media memory, collective memory, the death of celebrities, nostalgia

一、研究缘起

大众传媒是当今记忆元素最重要的"培育者"之一,是记忆实践展开的重要制度场景,是启动、制约、更新和改变公众记忆的重要社会框架。① 新闻媒体扮演着公共历史学家(public historians)的角色,并具有很强的自我意识,它们选择和报道过去的重要人物和事件,并解释其历史地位(historical significance)。② 新闻媒体借助各种叙事手段"重访"或者"再现"逝世名人的生平往事,形塑社会记忆,体现和延展了新闻业的文化功能。2018 年,霍金、李敖、单田芳、李咏等名人的相继去世均引发了媒体铺天盖地的报道。大众媒介不断生产纪念性的报道,网友们纷纷转发评论,形成了全社会对逝世名人的集体追忆。2018 年 10 月 30 日,金庸在香港去世更是引发了华人和媒体界广泛的哀悼与追忆,媒体称"金庸逝世"为"一个时代的结束"。③

本研究之所以选择金庸的去世进行个案分析,原因有三:第一,金庸的武侠小说及人物是持久的文化流行符号。金庸撰写了《射雕英雄传》《神雕侠侣》《天龙八部》等十五部家喻户晓的武侠小说,读者遍及全球,不同阶层的群体都读过他的武侠小说。"凡是有华人的地方,就有金庸的读者。"基于其作品改编的影视剧、歌曲和游戏等在流行文化中也占有重要地位。第二,相比于在某特定领域取得成就的名人,金庸具有更多元化的职业角色,他不仅是武侠小说家,也是著名报人、企业家和政治评论家,他曾创立香港主流报纸《明报》,并成立公司上市经营。他还是著名社会活动家,曾是香港特别行政区基本法起草委员会委员、政治体制小组负责人之一。研究金庸有利于分析媒体报道的框架化机制和多元叙事。第三,尽管金庸及其小说在文学、美学和文化研究等领域被广泛讨论,但在传播学领域较少有人探讨。本研究试图在媒介研究与社会学交织地带分析金庸和金庸作品的媒体叙事。从某种意义上说,本文也构成了金庸去世

---

① 李红涛,黄顺铭.新闻生产即记忆实践:媒体记忆领域的边界与批判性议题[J].新闻记者,2015(7):36-45.

② KITCH C. Twentieth-century tales: newsmagazines and American memory[J]. Journalism & communication monographs,1999(2): 120-155.

③ 在金庸去世当天,知名媒体人杨澜发微博称:"一代大师走了,一个时代结束了。"第二天(即 2018 年 10 月 31 日)多家媒体在报刊的标题或者文中采用"一个时代结束"或者"一个时代终结"的表述,例如《北京青年报》《长沙晚报》《江南都市报》等。

“记忆书写”的另类叙事文本。

在金庸逝世后媒体所生产的纪念性报道中，类似于《金庸去世，一代“大侠”谢幕》《金庸之后，再无江湖》《江湖失去了金庸，我们失去了江湖》的标题频频见诸报端，表达了对金庸“盖棺定论”式的评价与对金庸（小说）的追忆。记忆一旦诉诸表达，就具有了社会属性，成为集体记忆或者社会记忆。①

另外，不少媒体报道中出现了“青春”“情怀”“一个时代结束”之类的怀旧话语。本研究关注媒体在金庸逝世后所呈现的报道框架和记忆叙事，分析有关金庸的媒介记忆实践及其结构化特征，同时也关注这种叙事实践中的记忆主体和时空维度的记忆元素，并以此检视我国媒体在名人逝世议题上的报道常规。

二、文献综述

（一）集体记忆的媒介化

记忆研究转向社会与文化维度始于法国社会学家哈布瓦赫（Maurice Halbwachs）。他认为，集体记忆是一个社会建构的概念，个体不仅在社会环境中获得记忆，而且依靠群体的框架来唤回与重构记忆。他主张记忆的“现在中心观”，认为“往事”不是客观事实，而是在“往事”过后，由现在的关注重新形塑的，社会群体常基于当下需要而建构用以决定并寻回记忆的框架，甚至会不惜扭曲记忆以配合当前框架。②相对于个体对往事的追忆与遗忘，集体记忆更像是一种隐喻，描述了一个社会集体对过往历史的追忆，以及追忆过程中的信息缺失。③ 集体记忆具有以下特征：集体记忆是一种社会和政治的建构；集体记忆的建构是持续的、多面向的过程；集体记忆具有功能性指向；集体记忆能够具象化；集体记忆是可叙事的。④

传播是形成集体记忆的关键元素。正是因为传播，记忆可以跨越个体的心理层面，从而具有了社会性。传播释放了集体记忆所具有的持久保存过去的独特能力。⑤

---

① WERTSCH J V. Voices of collective remembering [M]. Cambridge: Cambridge University Press, 2002: 10-11.

② HALBWACHS M. On collective memory [M]. Chicago: University of Chicago Press, 1992: 69-72.

③ SCHWARTZ B. Iconography and collective memory: lincoln's image in the American mind [J]. Sociological quarterly, 1991,32(6): 301-319.

④ NEIGER M, MEYERS O, ZANDBERG E. On media memory: collective memory in a new media age[M]. Berlin: Springer,2011: 4-5.

⑤ EDY J A. Journalistic uses of collective memory [J]. Journal of communication, 1991, 49(2): 71-85.

在媒介化社会,人们通过新闻媒体获取各种信息,新闻媒体成为集体记忆生产与再生产的专门机构。如基奇(Kitch)所言,新闻媒体把受众整合进社群和国家之中,表达和肯认群体价值和群体认同,借用和建构集体记忆。① 大众媒体在传播过程中对记忆进行选择和润饰,甚至会赋予它们一种在现实中都不曾拥有的神圣魅力。关于大众媒体对记忆的功能存在"延续"观和"断裂"观的分歧,持"延续"观的学者认为,大众媒体在形塑集体记忆中最重要的功能就是连接过去与现在。媒体通过对纪念主题文章进行周期性报道不断强化历史事件的社会意义,通过类比的手法将现在发生的事件与过去对比形成连接,通过社会语境进行叙事,形成特定环境的社会记忆。② 持"断裂"观的学者则关注媒体生产过程中权力的配置,即大众媒体如何通过话语的控制来建构社会记忆,通过选择性改写来遮蔽或凸显某些事情或者事情的某些方面。③

受以上研究启发,本研究视"金庸逝世"议题的媒体记忆实践为一种在政治、经济和文化等场景中,由大众媒体与不同社会群体(消息来源)互动的产物;是民间个体叙事与媒体报道叙事相互影响,相互建构形成的。其记忆框架由当下现实所形塑。"金庸逝世"的媒介实践是一种延续性的记忆书写,通过类比的手法将现在发生的事件与过去形成连接,通过社会语境进行叙事,形成特定环境下的社会记忆,同时,媒体可能通过选择性的叙事和修辞来遮蔽或凸显某些事情,使其具有断裂性。

(二)名人逝世的媒体报道研究

在西方对记忆的分支研究中,声誉记忆研究关注重要人物在不同社会历史背景下的声誉塑造和变迁,是记忆研究的重要分支。声誉记忆研究关注声誉承载者的内在特质,关注特定群体塑造声誉的能动性,关注声誉塑造的社会历史背景。④ 当然,三种视角并不是互斥的,在具体研究中可能会采用多种视角。

对名人逝世纪念报道的研究主要有以下三类:其一是对知名媒体人物逝世的纪念报道的研究。诸如美国新闻界对克朗凯特(Walter Cronkite)的纪念报道的研究,⑤中

---

① KITCH C. "A death in the american family": myth, memory, and national values in the media mourning of John F. Kennedy Jr [J]. Journalism & mass communication quarterly, 2002,79(2): 294-309.

② EDY J. Troubled pasts: news and the collective memory of social unrest [M]. Philadelphia, PA: Temple University Press,2006:92-96.

③ 周海燕.记忆的政治[M].北京:中国发展出版社,2013:204-221.

④ 钱力成,张翮翾.社会记忆研究:西方脉络、中国图景与方法实践[J].社会学研究,2015,30(6):215-237,246.

⑤ CARLSON M, BERKOWITZ D A. Twilight of the television idols: collective memory, network news and the death of Walter Cronkite [J]. Memory studies, 2012,5(4): 410-424.

国新闻界对中央电视台原台长杨伟光先生病逝的报道的研究。① 这一类研究所关注的是新闻从业者如何塑造媒体自身的集体记忆，体现新闻从业者社群对自身形象、角色定位及职业规范的共识。其二是对社会名人的自杀、吸毒或者意外逝世进行的报道的研究，主要聚焦名人逝世报道的媒体叙事结构和话语运作。例如，基奇研究了美国杂志对小约翰·肯尼迪(John F.Kennedy Jr.)意外去世的报道，发现报道可以分为三种叙事主题：对 20 世纪 60 年代纯真年代的怀旧；肯尼迪父子的牺牲代表着美国人的失败，也代表着悲剧后希望的复苏；美国充满朝气的未来。② 这些叙事背后充满理性主义，包括家庭团结、成功移民、爱国主义、谦虚和勇气等。③ 其三是通过对政治人物或者社会名流逝世的相关报道的分析来探讨大众媒介如何重建传统媒体的文化权威。例如，泽丽泽(Zelizer)对肯尼迪遇刺事件报道的研究，研究发现，美国电视新闻记者通过不断建构肯尼迪刺杀案件的集体记忆，来确立作为公共事件权威讲述者的角色。④ 比绍普(Bishop)以戴安娜王妃去世的报道为个案，分析主流媒体如何展开"边界维持工作"以与狗仔记者、八卦报刊区隔开来。狗仔记者和八卦报刊存在报道不够专业和被商业主义绑架等问题。另外，与这些媒体相比，主流媒体具有自省(self-examination)的能力。⑤

"金庸逝世"的媒体记忆研究属于对历史人物的声誉的研究。作为声誉承载者，金庸具有哪些特殊的内在特质？记忆群体包括专家、公众和记者是如何能动地塑造金庸声誉的？这种声誉塑造与哪些特殊的社会历史背景相勾连？另外，怀旧是缅怀逝者的一种常见情感，"金庸逝世"的媒介记忆包含了人们哪些怀旧情绪？现有研究中通过分析名人逝世的报道来探讨大众媒体对塑造集体记忆的机制的研究较少，对"金庸逝世"展开研究将丰富声誉记忆研究和媒体记忆领域。

---

① 陈楚洁.媒体记忆中的边界区分、职业怀旧与文化权威：以央视原台长杨伟光逝世的纪念话语为例[J].国际新闻界，2015，37(12)：26-45.

② KITCH C. "A death in the American family": myth, memory, and national values in the media mourning of John F. Kennedy Jr [J]. Journalism & mass communication quarterly, 2002，79(2): 294-309.

③ NEIGER M, MEYERS O, ZANDBERG E. On media memory: collective memory in a new media age[M]. Berlin: Springer，2011: 4-5.

④ ZELIZE B. Covering the body: the Kennedy assassination, the media, and the shaping of collective memory [M]. Chicago: University of Chicago Press, 1992.

⑤ BISHOP R. From behind the walls: boundary work by news organizations in their coverage of Princess Diana's death [J]. Journal of communication inquiry, 1999，23(1)：90-112.

三、研究方法

(一)样本选择

为保证检索的准确性,我们以“金庸”为关键词,把检索范围设定为“标题”,时间选取金庸逝世当天2018年10月30日到2018年12月31日,利用慧科新闻搜索数据库对文章标题进行检索。慧科新闻数据库收录了1,200多家平面媒体的新闻内容,包括全国综合大报、党委机关报、都市报、行业报刊媒体、市级媒体等。我们依照两个标准进行筛选。标准一,剔除转载、重复或字数低于200字的报道。标准二,剔除主题与金庸无关的报道。例如报道的是关于斯坦·李去世、萧逸去世的新闻,但这些新闻在标题中提到了金庸。按照以上筛选条件,共得到样本466篇。

(二)类目建构

本研究的分析单位为“文章”,本研究在文献综述和对样本反复阅读的基础上,建立了以下变量和类目。变量被分为以下三个部分。

第一部分,媒体报道特征。该部分包括“报纸所在地”“文章发表时间”“消息来源”“报道主题框架”四个变量。消息来源具体可分为“政府官员”“演员/歌手/导演”“专家学者”“商业人士”“新闻记者”“普通民众”六个群体。由于同一篇文章可能有多个消息来源,所以对该变量采用多重编码原则,即一篇文章可能会有两个及以上的消息来源。报道主题框架被分为“生平成就框架”“众人缅怀框架”“影响力框架”“成长经历框架”“商业法律框架”“作品内容框架”这六种框架。同一篇文章可能存在多个主题框架,若出现这种情况,我们通过比较不同主题框架所占篇幅或者通过阅读全文寻找中心句的方式选取占主导地位的主题框架。

第二部分,媒体建构的金庸形象,包括报道中“金庸身份”“金庸形象”“金庸作品”“社会意义”这四个变量。“金庸身份”又可分为五种:小说家、报人、政论家、企业家、社会活动家。“金庸形象”可分为五种类型:博学多识、认真严谨、亲切和善、谦虚内敛、为人仗义。“金庸作品”可分为:未提及、泛指、具体作品、社论及其他,并统计具体作品中提及率最高的五部作品。“社会意义”可区分为:爱恨情仇、侠义精神、激励奋进、家国情怀、商业价值、文学创作。

第三部分,媒体报道内容的记忆维度。该部分包含“记忆主体与金庸的社会关系”

“记忆的时间指向”“纪念方式”。“记忆主体与金庸的社会关系”具体可分为：亲戚、故交、因缘邂逅、工作伙伴、普通读者和金庸研究者、其他这七类社会关系。若文中出现多个记忆主体，则选择篇幅占多数者。“记忆的时间指向”具体可分为指向过去、指向现在、指向未来。文中如果出现多重时间指向，取占主导地位的那一种。“纪念方式”可分为撰文及口述回忆、开讲座读书会、集邮、举行追悼会、拍卖藏品、重温经典、其他。

（三）信度检验

在正式编码前，两位编码员首先对变量进行充分讨论。然后我们随机抽取总样本数（N＝466）的 20％为试测样本，共 93 篇，两人各自独立编码，并进行编码员间信度检验。我们发现报道主题框架、报道中出现的记忆主体、金庸的主体形象等变量的 Kappa 信度系数偏低，故两位编码员比照双方的编码对信度系数偏低的变量对照具体文本逐个进行讨论，并重新独立编码，第二次编码各项信度在 0.81—0.92 之间，具有较高的信度，之后两位编码员在对不同意见协商统一的基础上分别完成剩余样本的编码。

四、分析发现

大众媒体在塑造公众对过去的观念方面扮演着重要角色。人们对历史的认知被编入媒体叙事，它们被新闻业总结、提炼和再生产，在怀旧的多元话语中被仪式化，媒体叙事本身成为文化历史的一部分。[①] 本文从集体记忆与媒介记忆的理论出发，分析了金庸逝世后两个月内报刊媒体的相关新闻报道，有以下主要发现。

（一）结构化的媒体记忆

“金庸逝世”的媒体记忆内容具有一定的偏向性和结构性，这体现在报道周期、报道框架和消息来源等方面。

从报道数量的时间变化（见图 1）来看，金庸去世后翌日——2018 年 10 月 31 日，媒体相关报道达到顶峰，高达 133 篇。第三天也有 105 篇，而从第四天也就是 11 月 2 日开始迅速下滑。但在其逝世后半个月——11 月 13 日，又有一次相对集中的媒体报道，达 20 篇，因为这一天举行了金庸出殡仪式，同时香港文化博物馆开放供书迷吊唁

① KITCH C. Twentieth-century tales: newsmagazines and American memory[J]. Journalism & communication monographs, 1999(2): 120-155.

的"金庸馆"。在随后的一个半月,纪念报道均非常少,平均每天仅 2 篇至 3 篇。这符合媒体新闻生产和报道的常规,即符合名人逝世的新闻价值的时效性特征。对金庸逝世进行半个月时间的集中报道,也符合媒体报道的时间节点的"文化历"特征。由此可以看出,名人逝世所产生的媒介记忆具有短暂、集中、易逝的特点,随着时间的流逝,金庸逝世相关记忆迅速淡化,但当代表性的纪念性事件发生时,又会引发广泛的媒体记忆。

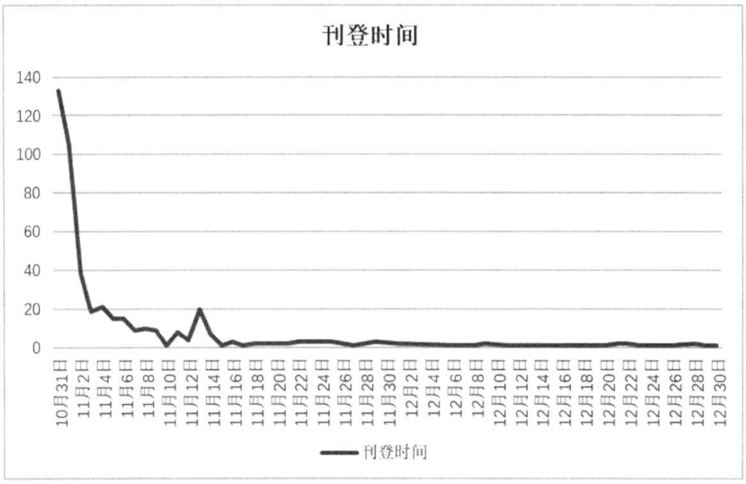

图 1 "金庸逝世"报道数量变化折线图

在报道中的消息来源方面(见图 2),排在前三位的是专家学者(162 篇/34.7%),普通市民(98 篇/21.1%)与商业人士(78 篇/16.7%),这与媒体获取消息来源的便易性与消息来源的话语权有关,专家学者在评价金庸作品方面更加具有话语权且容易接近。普通市民是第二消息来源,媒体用普通市民作为消息来源来说明个体与金庸作品的联系和金庸的社会影响力,比如《香港文化博物馆开放"金庸"专供书迷吊唁》(南方都市报,2018 年 11 月 13 日)报道中提到,专程请假从广州赶到香港的市民徐先生表达对金庸逝世的不舍。作为金庸迷的普通市民更能以细节性和差异化的个体记忆唤起集体记忆。另外,娱乐圈人士(50 篇/10.8%)主要包括歌手、影星、导演等。例如陈小春、李若彤、刘德华、徐克、张纪中等,他们往往是参演或导演过根据金庸作品改编的影视剧或者演唱过相关影视主题曲的人。

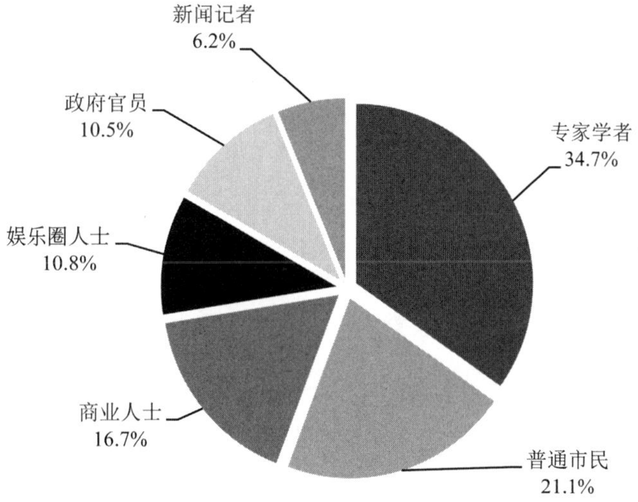

图 2 “金庸逝世”报道消息来源饼状分布图

媒体对金庸逝世的报道采用的主题框架(见图 3),主要是社会缅怀框架,即报道社会各界以各种方式表达对金庸的悼念,达到 35.4%(165 篇)。众人缅怀代表着民间公共记忆,这意味着公众参与到金庸去世的集体记忆的书写中。

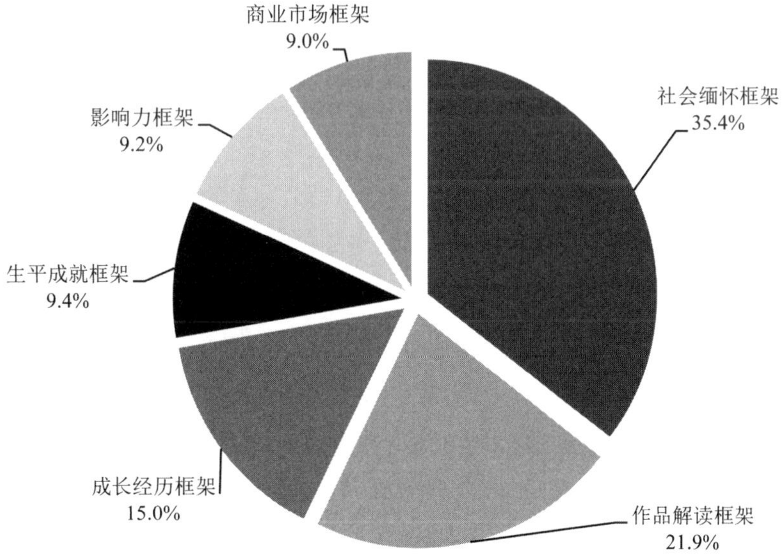

图 3 “金庸逝世”报道主题框架饼状分布图

其他广泛采用的框架是作品解读框架(102 篇/21.9%)和成长经历框架(70 篇/

15.0%)。作品解读框架强调对金庸小说作品中的人物、名胜、美食的盘点与解读。成长经历框架强调对金庸一生的经历进行概述,侧重于写他的身世、求学经历、感情生活、亲子关系等方面。需要指出的是,几乎所有文章都会提到金庸的成就与影响力这两方面,但两者往往并不是报道中的主导性框架,所以占比较小。

(二)记忆的空间与时间建构

集体记忆需要一个不断建构的过程,并且与时间和空间联系紧密。① 媒体利用空间叙事和历时叙事的方式建构了公众对金庸作品的集体记忆。在记忆的空间方面,全国中东部城市的都市报对金庸逝世相关内容的报道频次较高,而西部城市的媒体则报道得较少。报道较多的有广州(36 次)、北京(30 次)、沈阳(18 次)、上海(17 次)、哈尔滨(16 次)、嘉兴(15 次)、杭州(13 次)、武汉(13 次)以及济南(13 次)的都市报。这一方面与我国都市报的分布状况与媒体发展程度有关,另一方面与金庸同这些地方的联系和生平经历有关,地方媒体通过报道金庸与当地发生的勾连来拉近与读者的距离,实现记忆认同。例如,江浙地区的都市媒体之所以集中报道金庸逝世,一方面是因为长三角地区经济发达,媒体实力强大,另一方面也是因为金庸的故乡是浙江海宁,金庸曾在浙江大学任人文学院院长,以及《神雕侠侣》曾在宁波象山影视城拍摄。

在记忆的时间方面,时间维度指向现在的有 276 篇(59.2%),主要是对金庸去世、出殡仪式和哀悼会等事件的通讯类报道。指向过去的报道达 176 篇(37.8%),这一类文章多写了一些回顾性内容,是回忆过去、表达缅怀的主题,并且在回忆类叙事中存在大量相似的怀旧话语。例如:

> 那时候喜欢金庸的小说,像着了魔,上课时在书桌下偷看,还被老师发现要收书。因为喜欢躺在床上看金庸的小说,付出的代价就是变成近视眼。(《世间再无金庸》,《铜都晨刊》2018 年 11 月 19 日)
>
> 我的零花钱不够,怎么办?于是我以要给弟弟和表弟讲述书中内容为代价,向他们各骗来 2 元,书到了手,开始废寝忘食。(《泪里挑灯读金庸》,《重庆晚报》2018 年 10 月 31 日)

内容直接指向未来时间维度的仅 14 篇(3.0%),例如,《当今的商业写作有可能超

① STEINER L, ZELIZER B. Competing memories: reading the past against the grain: the shape of memory studies [J]. Critical studies in mass communication, 1995, 12(2): 213-239.

越金庸吗》(《新京报》2018 年 11 月 6 日)中提道:“网络文学的繁荣体现了商业的力量,如果问具体到作品,可能出现超越金庸的作品吗?我的回答是:这几乎是未来必然会发生的情况。”

回忆类叙事的主体本该因言说者的身份、场景、言说对象与意图而存在差异,但是关于金庸的个体记忆内容有极大的相似性。这种相似性的个体记忆通过媒体仪式化的传播,成为一种群体共享的记忆,成为一种时代的症候。这种时代症候又被广泛传播引起更多人的情感共鸣,从而使人们加深了对过去的记忆,与未来的时间指向相勾连,从而呈现出了一种“过去—现在—未来”的时间坐标系。

(三)形象、作品与怀旧叙事

关于金庸的人物形象,尽管金庸具有武侠小说家、报人、企业家和政论家等多重身份,但媒体对金庸身份的报道具有集中化或类型化特征,主要强调金庸的华人中最有影响力的小说家(450 篇/99.1%)的身份。媒体也会提到他的报人身份(134 篇/29.5%)、企业家身份(48 篇/10.6%)等。金庸曾在访谈中多次表示自己“办报是真正拼了性命来办,写小说是玩玩”。然而,99.1%的报道提到了他的小说家身份,仅 29.5%的报道提到了他报人的身份。这符合公众对金庸的类型化印象,也体现出媒体在建构记忆时对内容的选择和过滤,体现了媒介记忆的断裂性和选择性。

表 1 “金庸逝世”媒体报道中金庸身份分布表

金庸身份	个案数	百分比	个案百分比
小说家	450	60.9%	99.1%
报人	134	18.1%	29.5%
政论家	65	8.8%	14.3%
企业家	48	6.5%	10.6%
社会活动家	42	5.7%	9.3%
总计	739	100.0%	162.8%

媒体的报道中的金庸形象多在记忆主体对金庸的回忆中展现。就具体形象,“博学多识”(217 次/40.5%)、“认真严谨”(117 次/21.8%)、“亲切和善”(91 次/11.2%)是提到最多的三种形象。不少报道提及他“笑眯眯”的特征,例如,“我还清晰地记得他彬彬有礼的样子,笑嘻嘻的,很慈祥地看着你,手里举着酒杯,对每个人都这样”(《回忆金庸先生“我不是大侠,没有资格写自传”》,《新民晚报》2018 年 11 月 4 日)。媒体展现

出来的集体记忆中金庸的形象是个体记忆的融合,个体对金庸及其小说人物的回忆经过媒介化成为社会的集体记忆。

表 2　媒体报道中金庸部分作品分布表

作品名称	个案数	百分比	个案百分比
《射雕英雄传》	216	26.4%	71.3%
《神雕侠侣》	178	21.8%	58.7%
《天龙八部》	175	21.4%	57.8%
《鹿鼎记》	132	16.2%	43.6%
《书剑恩仇录》	116	14.2%	38.3%
总计	817	100.0%	269.6%

在所有的报道中提及率位居前三的作品是:《射雕英雄传》(216 次/71.3%)、《神雕侠侣》(178 次/58.7%)和《天龙八部》(175 次/57.8%)。1983 年版电视剧《射雕英雄传》是国内播出最早的金庸剧,与众多 70 后和 80 后"儿时美好的回忆"发生关联。《神雕侠侣》是目前改编电视剧次数最多的一部金庸小说,达到 8 次。而《天龙八部》主人公乔峰被很多报道提及,强调他以天下为己任的社会精神。例如,"小时候我的偶像正是金庸小说里面的人物乔峰,因为他武功高强,而且侠肝义胆、锄强扶弱,正是我梦寐以求想成为的那种人"(《我们的少年时代,都有一段金庸情节》,《铜都晨刊》2018 年 11 月 2 日)。这些小说或者改编的电视剧中所呈现的闯荡江湖的侠义精神、忧国忧民的家国情怀、敢爱敢恨的快意人生影响着社会价值观的塑造。

同样,在媒体叙事中,金庸之所以引起社会广泛纪念,是因为其深远的社会影响力和对公众精神的塑造。侠义精神(197 次/67.9%)和家国情怀(158 次/54.5%)是提到最多的两种社会意义。表现侠义精神的叙述例如,"知名学者陈平原认为……人们读金庸小说,除了沉浸于刀光剑影的情节之外,更被先生的家国情怀所折服,为书中主人公的侠义精神所感染,为贯穿始终的民族大义所浸润"(《金庸远行不寂寞,为国为民大智慧》,《羊城晚报》2018 年 10 月 31 日)。表现家国情怀的叙述例如,"在金老先生笔下,爱恨情仇都自然地蕴藏在家国情怀中,他用冲突激烈的戏剧化手法,再现了古代侠客佳人之间荡气回肠的故事,让人在欲罢不能中,了解到了仁义礼智信等传统的中华文化美德"(《金庸慰藉了我们的青春岁月》,《青岛早报》2018 年 10 月 31 日)。

表 3 金庸的社会意义频数分布表

社会意义	个案数	百分比	个案百分比
侠义精神	197	27.6%	67.9%
家国情怀	158	22.2%	54.5%
激励奋斗	114	16.0%	39.3%
爱恨情仇	106	14.9%	36.6%
商业价值	69	9.7%	23.8%
文学创作	69	9.7%	23.8%
总计	713	100.0%	245.9%

此外，新闻报道中频频出现与“一个时代就此结束”“金庸去世，青春不再”“江湖不再有大侠”类似的叙事实践，除了表达对过去的怀念，还蕴含着今昔的对比。人们之所以怀旧，其根源不在过去，而在于当下，尤其是今昔反差太大时，怀旧之情会更加强烈。[①] 有文章将过去人们对金庸小说的沉迷与当今人们对网络游戏的沉迷相类比，有报道将金庸的武侠小说与当代的网络小说进行比较，还有文章将过去改编的金庸小说电视剧与当今的影视剧进行对比，表达出对时代变迁的感慨，同时媒介对怀旧情感的传播也一定程度上受到商业化的影响。阿帕杜莱（Arjun Appadurai）也指出：“怀旧诉求已是当代行销的一项重要特色：广告常于历史过往中获取灵感，有时甚至不需依赖真切的失落就能在消费者身上唤起想象性的怀旧情愫。”[②]金庸逝世后其所写的相关书籍的热卖，其家乡的旅游与美食的兴盛，正是这一观点的体现。“金庸去世”报道的媒体记忆也是基于“现在”对“过去”的重构，隐含着对武侠黄金时代消逝的怀旧，对当下武侠小说和影视作品的不满和暗讽。

五、结论与展望

潘忠党指出，镶嵌在一定政治、经济体制和发展环境中的大众传媒在不经意间限定了历史事件的脚本，成为某类主体建构（包括叙述）历史的积极合作者。[③] 总体而言，“金庸逝世”的媒体报道具有在时间、空间和记忆主体等方面的多维度特征，媒体用

① DAVIS M. Morphine and naloxone: effects on conditioned near as measured with the potentiated startle paradigm[J]. European journal of pharmacology, 1979,54(4):341-347.

② APPADURAI A. Modernity at large: cultural dimensions of globalization [M]. Minneapolis, MN: University of Minnesota Press, 1996: 76-77.

③ 潘忠党.历史叙事及其建构中的秩序：以我国传媒报道香港回归为例[M]//陶东风.文化研究.天津：天津社会科学院出版社，2000：221-238.

金庸作为联合不同群体和桥接时间的符号象征，事关社群怀旧、文化认同和集体记忆等情感话语和意识形态。媒介记忆的建构并非单向的，而是金庸身份、公共记忆和媒体常规互动的产物。媒介对金庸的报道脚本具有"加冕"(coronation)的类型学特征，"加冕"反映的是过渡礼仪的秘密，所以它使社会文化与自然对抗。"加冕"向社会唤起文化遗产，通过把事件与日常生活分离并对其架构，树立事件的官方意义，重申社会和文化的延续，邀请大众评估。① 媒体强调金庸各种高尚的品格，体现了媒体社会维系(socially sustaining)和文化传承的功能。媒体报道不仅表达出对过去的怀念，也表达出一种今非昔比和时代变迁的感慨。凯瑞(James Carey)的传播仪式观也强调，传播并非信息在空间上的传递而是社会在时间上的维系，是共享的创造、表征和庆典，甚至是虚幻的信仰。② 从此意义而言，金庸去世的媒体叙事在建构金庸的象征权威的同时，也具有塑造记忆框架，整合记忆社群，实现意义共享的仪式化作用。

后续的研究可以从两个方面进行补充。第一，从样本选择上，可研究不同区域和不同类型媒体在金庸逝世相关报道中呈现出的特点的共性与差异，例如将样本拓展到港澳台及海外的相关媒体的报道，进行横向比较。同时，在新传播技术快速发展的当下，新媒体用户的现场见证和在线保存记录也是集体记忆的重要来源，可以将相关社交媒体上个体书写的记忆文本也作为分析的对象。第二，在研究方法的选择上，除了定量的内容分析和简单的文本分析外，还可从叙事修辞分析或符号语义学的角度出发探讨金庸逝世报道的叙事主题、符号表征和意义建构。

［冯强，山东大学新闻传播学院副研究员；陈婧之，浙江大学传媒与国际文化学院2022级博士研究生］

〔特约编辑：涂凌波〕

① 戴扬，卡茨.媒介事件：历史的现场直播[M].麻争旗，译.北京：北京广播学院出版社，2000：40-47.

② CAREY J. Communication as culture [M]. Boston: Unwin Hyman, 1989:43.

青年视点

数字传播时代的国家治理与群体认同：历史变迁理论的视角*

State Governance and Group Identity in the Era of Digital Communication: The Perspective of Historical Evolution Theory

◎郭　琳　龙小农

Guo Lin　Long Xiaonong

摘要：历史进步的动力是生产方式的发展及其对治理制度和群体认同的影响。生产方式、治理制度和群体认同，是界定时代特征的三个主要维度。迈入数字传播时代后，迭代创新的信息方式催生新的生产方式，国家治理和群体认同随之变迁，不仅使公民参与、国家治理和社会关系遭受考验，更对现有国家认同构成解构。当下，中国急需创新与信息方式相应的国家治理制度，重构民众的国家身份认同，化解潜在的社会分裂和两极分化，顺应由工业时代向数字时代的转变，从而有效承接世界大变局。

关键词：数字传播时代；国家治理；群体认同；历史变迁

Abstract: The driving force of historical evolution is the development of production mode and its impact on governance system and group identity. Mode of production, governance system and group identity are the three main dimensions defining the characteristics of the era. After entering the era of digital communication, iterative and innovative information mode gives birth to new production mode, state governance and group identity change accordingly, and deconstructs the original national identity。At present, China urgently needs to innovate the state governance system corresponding to the information mode, reconstruct people's national identity, resolve potential social divisions

* 本文为西藏文化传承发展协同创新中心（西藏民族大学）2022年招标课题“乡村传播意义下直播带货促进西藏乡村振兴路径研究（课题编号：XT-ZB202218）”阶段性成果。

and polarization.

Keywords: era of digital communication; state governance; group identity; historical evolution

人类正在全面进入数字传播时代,国家治理制度和群体认同也随之变迁。信息通信技术和信息处理方式的转变,正在量与质上改变原有的社会生产方式。新的生产方式不仅使公民参与、国家治理和社会关系等遭受考验,更对民族认同与国家认同形成解构挑战。如何利用最新信息传播技术重构民众的国家身份认同,重新激活共性参与,化解可能伴随数字传播时代而来的社会分裂和多极分化态势,是国家治理者必须直面的问题。本文试图从历史变迁和信息传播建构认同的视角出发,思考数字传播时代的治理和群体认同问题,以期回应这种挑战。

一、历史变迁理论下的数字传播时代

基于达尔文(Charles R. Darwin)的进化论和马克思(Karl H. Marx)的社会进化论,我们可以发现,历史进步的动力是主要生产方式的发展及其对治理制度和群体认同的影响,特定的生产方式形成特定的治理制度和特定形式的群体认同,因而生产方式、治理制度和群体认同是界定历史时代的三个主要面向。当潜在生产方式的进步开始破坏现有的治理制度和群体认同,使之丧失合法性时,一个时代可能就要结束,新的时代就将开启。

生产方式的背后是"信息方式",即人类传播与处理信息的方式,它不断从背后的决定性因素走向前台,成为生产方式本身,因此,美国历史学家马克·波斯特认为,"历史可能按照符号交换情形中的结构变化被区分为不同时期"①。信息方式的变化驱动生产方式的改变并成为生产方式本身,具有深刻的政治和社会影响。马克思曾经指出:"各种经济时代的区别,不在于生产什么,而在于怎样生产,用什么生产资料生产。劳动资料不仅是人类劳动力发展的测量器,而且是劳动借以进行的社会关系的显示器。"②

据此,根据主要生产方式和主要信息方式的不同,人类发展历史迄今经历了三个

① 波斯特.信息方式:后结构主义与社会语境[M].范静哗,译.北京:商务印书馆,2000:13.

② 马克思.资本论(第1卷)[M].中共中央马克思恩格斯列宁斯大林著作编译局,译.北京:人民出版社,2004:210.

时代——前农业时代(口语传播时代)、农业时代(文字传播时代)、工业时代(电子传播时代),现正迈入第四个时代——数字时代(数字传播时代)。这种历史进化论背后的逻辑是简单且明确的。人对符号的创造和使用是人与动物的区别所在,人类的信息传播方式支配着生产方式,生产方式推动着历史发展,因为信息传播构成了人类的基本活动,基于信息传播的生产方式满足了人类生存的物质和精神需求。这种满足自身需求的信息传播方式又建构出一个群体或一个社会的治理制度和群体身份认同。

在前农业时代,家庭、氏族和部落通过口头传播协调行动,组成狩猎小队,通过非正式的共识管理他们自己。他们的群体身份认同主要通过亲属互动关系和原始的万物有灵论与自然崇拜获得。在农业时代,定居人口不断扩大,治理难度变大,居于统治地位的阶级就应需而出提供治理措施,法典化、仪式化的宗教传播或宗教化意识形态则用于推动共同身份认同,起到凝聚社会的作用。到了工业时代,普通民众开始借助大众传播主要是电子传播,掌握政治和经济权利,这导致了民主共和国的诞生,民族主义也随之出现,为民主国家合法化提供必要的身份认同,并以此团结社会。

由信息方式决定的生产方式与由其形成的政治和社会制度之间的互动作用,使历史发展具有了循环性和进化性特征。尤为值得关注的是,不同历史时代的主要群体的身份认同的建构,均依靠信息传播,尤其是宗教和民族主义的传播。进入数字传播时代,信息已经数字化、数据化,数字传播成为最主要的传播形态和生产方式,数据成为最重要的生产资料。这是历史变迁理论给予数字传播时代群体的认同建构和治理的重要启示。这与发展传播学所强调的信息传播技术的变迁是历史时代变迁的重要标识是不谋而合的。

如今,我们正全面步入数字传播时代。在数字技术推动下,人的身份、形象、个性等逐渐被符号化,在很大程度上推进了人的自由发展和自由交往,塑造了新的交往方式和创新模式。推动这次历史变迁的技术是能够海量存储并处理海量信息的云计算和云处理技术,以及在全球范围内提供廉价、即时通信的高速移动互联网等信息技术设施。

数字技术已为人类的生产活动开辟出虚拟空间,打破了地区、人与人之间的时空与文化限制,让我们从一个完全实体的世界走进“虚实结合、虚实同构”的世界。数字化的虚拟世界与现实世界加速融合,社交、游戏、娱乐、网购、信息交易、电子账单等网络活动构建起人们的生活样式和生产方式,人们对真实世界的认知再也离不开网络,因而“原来以各种直接感触性或实存性为前提的生存经验,逐渐被各种对数字物的直接感触或虚拟交易所替代”[①]。

时代发展到虚实同构的今天,数字技术的革新不只意味着通信工具的革新,还包含大范围的生产工具都已发生了根本性的变革,这种通信工具和信息处理方式的转变,在数量和质量上正在改变原有的生产方式,成为社会的基础结构,构成社会结构变迁的新动力。未来,各种生产方式都离不开数字技术,信息方式成为生产方式本身。数字化社会重塑社会结构形态的意义,可能要远远超过工业化和市场化给社会结构变迁带来的影响。[②]

二、数字传播时代治理和群体身份认同遭遇挑战

(一)数字传播时代对国家治理的挑战

数字技术推动历史走向数字传播时代,数字技术几乎对所有经济活动的操作系统都有影响,数字化覆盖生产、流通和消费诸领域。概言之,尼古拉斯·尼葛洛庞帝(Nicholas Negroponte)所提出的“数字化生存”已经成为现实。

根据历史变迁规律,数字时代必然会引起主要政治和社会制度的根本变迁。如今,数字时代开启、工业社会衰退,工业化时代形成的主要政治和社会结构——民族国家和民族主义——正受到重大冲击。实际上,民主制民族国家的基础已经动摇。或许,历史的一个周期正在结束,另一个周期正在开始。以处在数字时代最前沿的美国为例,数字资本主义已经取代工业资本主义,数字化生产也已经在公民参与、国家治理和社会关系方面,对美国政治和社会制度带来不利影响。

调查显示,美国公民参与政治生活的兴趣、时间和质量都出现了明显的下降趋势。早在 2015 年,美国哈佛大学政府系讲师雅斯察·芒克(Yascha Mounk)与该系研究生罗伯托·福阿(Roberto Foa)对 2010—2014 年第 6 次世界价值观调查(World Values Surveys)及其他相关民意调查的结果进行分析后发现,美国年轻人的政治参与热情变低。在回答“请以百分比表示你对政治感兴趣的程度”这一问题时,20 世纪 30 年代出生的美国人给出的答案是 80%,这一数字随着受访者年龄减小而直线下降,20 世纪

---

① 刘友古.数字时代的本质与未来[EB/OL].(2017-05-12)[2022-03-23].http://www.cssn.cn/zx/bwyc/201705/t20170502_3504924.shtml.

② 吴晓刚.数字化赋予社会结构变迁新动力[EB/OL].(2021-08-20)[2022-04-18].http://www.cssn.cn/zx/202108/t20210820_5354673.shtml.

80 年代出生的美国人对政治的感兴趣度不足 45%。① 美国 2016 年的总统选举再添新例证，其投票率约为 55.3%。相关统计数据显示，自 1996 年至 2016 年间，美国总统大选的投票率维持在最低 49.0%(1996 年)到最高 58.2%(2008 年)之间。可以说，美国选民体现出较高程度的政治冷漠。②

哈佛大学教授罗伯特・普特南(Robert Putnam)在考察美国民主政治时，也发现美国民间社团成员数量出现雪崩式下滑，留在、新加入社团的美国公民，活动频度、参与程度、捐款额度相比其上一辈都有下降。宗教组织推动的志愿活动、慈善活动等公共参与活动也出现式微迹象。美国各大工会的入会率自 20 世纪 60 年代起也不断下降。公民政治参与热情的下降，不仅影响美国的民主政治，还直接影响国家的治理质量。普特南认为，造成公民政治参与下降的罪魁祸首是信息技术和大众媒体，"观看电视和公民参与减少之间"存在着直接联系。在电视机面前和网络上花的时间越多，可以用来参与公民活动的时间就越少。③ 美国国际关系学者查尔斯・A. 库普乾(Charles A. Kupchan)也持有类似的观点，认为"数字时代和信息革命是美国主要治理制度发生衰退的首要原因"④。

数字技术的发展使美国产业主体从制造业过渡到制造服务业、金融产业、服务业及商贸业。工业时代形成的是机器化大生产的观念，以及在任何一个特定时间和地点，以统一的标准化方式重复生产的经济形态。数字时代虽然显现了相同的经济规模，但是时间和空间与经济的相关性大大减弱了。工业城市衰落，人口的混杂程度比工业时代减小，一种更加原子化和个人化的生产方式出现。人们与朋友、家人相处的时间大大减少，更为关注体育、娱乐等领域，而不是政治。现实生活中的社团等组织规模减小，但是网络生活中的小型团体却不断诞生。美国式民主需要公民选举等政治参与证明其正义和合法性，当公民参与持续走低，美国式民主无疑遭遇前所未有的危机。

不可否认的是，数字技术有其积极的一面，如果政府利用大数据等数字技术治理社会，其治理水平和效率可以上一台阶。例如，政府可以通过采集分析数据，提前化解可能发生的风险，或是政府可以将掌握的数据共享，推动提高公民服务的效率。但同

---

① 王悠然. 美学者：美国年轻一代对美式民主失去兴趣[EB/OL].(2016-02-20)[2022-08-15]. http://www.hinews.cn/news/system/2016/02/20/030150170.shtml.

② 吴冠军. 阈点中的民主：2016 年美国总统大选的政治学分析[J]. 探索与争鸣，2017(2)：16-23.

③ ROBERT D P, BOWLING A. The collapse and review of american community[M]. New York: Simon & Schuster, 2000: 43-46.

④ 库普乾. 美国时代的终结：美国外交政策与 21 世纪的地缘政治[M]. 潘忠歧，译. 上海：上海人民出版社，2004：398.

时数字技术也给国家治理带来许多难题,如拉大经济和社会资源获得不平衡群体的"数字鸿沟",固化不均衡与不平等;使公共参与肤浅化、标签化;比电视更有效地削弱人们参与现实社区活动的动力和兴趣等。①

与美国相反,对逐步迈入开放社会的中国民众而言,数字时代的到来不仅激活了他们的政治参与激情,还为他们提供了政治参与的渠道。对重大公共事件,中国民众积极通过数字技术平台,如微博、微信、抖音、今日头条等,组织动员,发表意见并形成舆论,推动社会治理制度的革新。根据中国互联网络信息中心(CNNIC)发布的第 49 次《中国互联网络发展状况统计报告》,截至 2021 年 12 月底,我国网民规模达 10.32 亿,互联网普及率为 73.0%。② 网民规模不断扩大,覆盖面越来越广,网络已经成为积聚社情民意,形成公共舆论的重要阵地,而数字技术则赋予了普通民众一定的话语权和政治参与的渠道。

在此背景下,中国民众网络政治参与已经发展出了诸多形式,有学者总结为网络政治表达、网络政治监督、网络政治结社和网络政治动员等。③ 网络的普及与赋权,使大多数人拥有了唾手可得的发言权,也逐渐习惯在网络上对公共事件发声。每遇重大公共事件,全网络平台上的个人话语凝聚成一股不可忽视的公共舆论,引起相关部门的注意,并可能影响政府行为或对公共政策产生影响。网络举报、网络曝光、网络舆论监督和网络问政,也为普通公民提供了参与政治监督的重要平台。网民们可以利用微博、微信、抖音、今日头条等社交媒体曝光社会问题、腐败现象、懒政怠政等不良现象,这成为数字时代中国民众行使知情权、参与权、表达权和监督权的新方式。

这种参与的热情也能在人们对政策信息、政务数据等官方文章特别关注上体现出来。中央国家机关、省级政府机关、地级市政府机关、区县级政府机关,公安机关、检查机关、法院、信访局等在内的众多政府机构,都在"今日头条"平台上开设了政务头条号,发布的文章拥有非常高的阅读量、分享量、评论量和收藏量。例如,2022 年 3 月,中央政法委长安剑头条号,共发文 251 条,阅读量达到 7,654,150 次;最高人民法院头条号,共发文 993 条,阅读量达到 1,908,557 次,均位居政法头条号 3 月榜单榜首。④

---

① 美国人越来越没兴趣当公民?美国社区兴衰给我国社会管理的启示[EB/OL].(2011-05-09)[2022-03-26].http://www.mzyfz.com/html/1399/2011-05-09/content-64749.html.

② 中国互联网络中心.第 49 次中国互联网络发展状况统计报告[EB/OL].(2022-02-25)[2022-04-10].https://www.cnnic.net.cn/hlwfzyj/hlwxzbg/hlwtjbg/202202/P020220407403488048001.pdf.

③ 熊光清.中国网络政治参与的形式、特征及影响[J].当代世界与社会主义,2017(3):163-169.

④ 中国长安网.政法头条号抖音号 3 月榜单来了[EB/OL].(2022-04-14)[2022-04-20].http://www.chinapeace.gov.cn/chinapeace/c100007/2022-04/14/content_12616482.shtml.

同时，有报告显示，截至2021年12月，我国互联网政务服务用户规模达9.21亿，较2020年12月增长9.2%，占全部网民的89.2%。[①]

诚然，借助数字技术中国民众的政治参与热情被激活，但与此同时更应看到很多问题，例如，网络舆论容易演变成网络暴力，舆论重点容易走偏失焦，网络舆论容易绑架司法等，这些都是现在需要直面的问题。如何有效引导中国民众数字化参政议政，这种激情和参与度能够持续多久，都是数字时代中国社会治理面临的重大挑战。

（二）数字传播时代对群体身份认同的挑战

以信息方式为核心的生产方式的变化，不仅挑战着现有的治理制度，也在挑战着现有群体的身份认同。相比农业时代，工业时代将人从土地上解放出来，使之接受大众教育，让在城市和工厂的人们彼此接触交流，并用铁路和高速公路连接成民族国家。工业时代由此促使民族主义成为群体身份认同的主要形式。

何谓"民族主义"？学界普遍认为它是一种"想象的政治共同体"。根据本尼迪克特·R.安德森(Benedict R. Anderson)的民族主义理论，对于民族的想象，能够在人们心中召唤出强烈的历史使命感以及自我牺牲精神。[②] 民族主义既表现在对公民价值、个人贡献、民族自豪感的认可上，又表现在发生戏剧性冲突事件时，愿意牺牲个人利益、愿意以死为国等行为和情感上。这种民族主义的认同根植于每个地区特定的社会背景和特点鲜明的文化遗产中，是特定社会条件下的必然产物。[③]

对社会认同的研究表明，群体认同显示的是对某一特定群体的认同，它由三个层面构成。一是认知层面，指的是个体对群体身份的觉知；二是情感层面，指个体对群体的心理归属感；三是评价层面，表示的是个体对群体共享价值观念的肯定。[④] 借助大众传媒建构的民族主义认同曾经满足这些条件，成为工业时代民族国家维护其民族自治和民族统一的重要工具。但随着全球化和移动互联网浪潮的来临，作为群体身份认同的民族主义似乎正在遭受挑战。

群体身份认同遭遇的挑战表现在多维度中。工业时代，人们的群体认同由其所处的地理位置、工作场所、求学场所、家庭背景、大众媒体主流价值观等多种元素所塑造，由无数个人组成的传统社区构建起工业时代的社会结构。但到了数字时代，以社交媒

---

① 中国互联网络中心.第49次中国互联网络发展状况统计报告[EB/OL].(2022-02-25)[2022-04-10].https://www.cnnic.net.cn/hlwfzyj/hlwxzbg/hlwtjbg/202202/P020220407403488048001.pdf.

② 安德森.想象的共同体：民族主义的起源与散布[M].吴叡人，译.上海：上海人民出版社，2011：103.

③ 刘于思.民族主义、国家认同与数字化时代中国网民的集体记忆[J].全球传媒学刊，2015，2(4)：60-83.

④ 叶娜.群体认同的结构与动机研究[D].武汉：华中师范大学，2009.

体为代表的新型虚拟社区打破了虚拟与现实的边界,网络上的人际交往和真实社会关系相互重合,原本的社会结构变成了“全球在线化的社会结构,并向着‘网络个人主义’的方向发展”①。在网络世界中,人们发表意见,表达态度,找到与自己价值观相似的人群,组成一定形式上的网络社群,不同于以往的社群划分,网络社群不拘性别、民族、种族、宗教等因素,跨越时空界限,形成一种超越集体边界意义上的社会认同。如关注渐冻人的“冰桶挑战”,反性侵战火燃遍世界的“Me Too”运动等,都在世界范围内表达着一种共享的价值观念,而突破了以往宗教、家庭、工作影响下的群体认同范围。

工业时代大生产的经济模式推动了团结一致的民族主义,但数字经济显然更加鼓励个人化生存。人们不再需要聚居在一地,信息传播技术的发展使从未谋面的人们可以成为同事,在网络上协同工作,工作效率提高,但社会联系随之减少。同时,以往工业大熔炉城市对于移民的吸引力也在下降,信息技术将人们从固定场所中解放出来,劳动力迁移更多地变成是一种选择,而不是一种必需。以美国为例,工业大熔炉吸引移民,移民融入多种族城市的城市迁移规律曾经帮助美国形成了现代美国的民族国家。当数字经济对移民的需求下降,劳动力迁移的动力减少,美国可能将向更大的种族和社会隔离倒退。美国当今收紧移民政策,在美墨边境修建隔离墙,即是例证之一。

数字经济还可能加剧地区分裂。地区发展差距古已有之,随着数字时代的到来,时代发展前沿与时代发展末端之间的差距还会增加。从现有数字技术和工具的使用情况来看,数字时代还助长了个人主义精神和自私自利对公民关怀的取代。社会治理者还应该看到,当数字技术生产成为主导时,伴随而来的数字时代的失业问题和创业问题,将成为治理者必须应对的挑战。以上种种数字时代带来的挑战,如不能有效控制,必将导致严重的分裂和冲突。

总之,在数字时代,民族国家是否仍然代表着“一个真正的共同分享的商业利益共同体”,并决定着“有意义的经济活动的流动”已值得商榷。在民族国家时代,文化、经济和政治边界几乎完全重合一致。随着数字时代的到来,群体身份认同和贸易流动正在经历着深刻的变迁,但是政治疆界依旧存在。在最低限度上,这种日益突出的问题可能会导致民族国家的显著特征减退。更可能的是,不断运动中的经济、政治和社会变迁会用事实发出疑问,即依照现有的定义,民族国家是否还能继续作为世界的主要政治单位。可以说,数字时代碎片化的个人生存,对民族认同、国家认同都已构成解构的挑战,团体、网络公民(cybercitizen)有可能成为某些个体的标签。

---

① WELLMAN B. Little boxes, globalization and networked indi-vidualism[J]. Lecture notes in computer science, 2001, 2362(5).

三、应对数字传播时代的治理和群体身份认同的挑战

数字时代仅刚刚开始，要设计这个时代的主要政治和社会制度，可能是一件十分危险的事情。但可以肯定的是，要应对数字时代对治理和群体身份认同的挑战，就要有反应灵敏的治理制度、关注和参与政治的公众，以及足够强烈的可以支持牺牲和共同目的感的国家身份认同。

（一）应对数字传播时代的国家治理挑战

怎样利用信息传播技术提高公众的参与积极性并引导公众参与是一个必须直面的治理问题。公众、私有部门、公共治理机构理应合作，重新激活共性参与，防止可能最终威胁民族国家完整性的种族、社会和地区分裂。虽然数字时代在某种程度上对公民活动具有负面影响，但是对互联网富于创造力的使用，的确可能提高公众的政治参与。在国外，一些学者寄希望于建立“信息大众”和“审议区域”来鼓励公共机构、公共利益集团和公民之间的互联网对话。互联网可以推进对公共会议的参加和对公共记录的使用，数字技术还能够用来促进投票和组建虚拟的城镇市政厅。

化解可能伴随数字时代而来的社会分裂和多极分化，需要公共和私有部门的通力合作。要重建很多城市中心的经济活力和社会异质性，就必须对内部城市进行投资，完善公共服务，确保不同民族、不同地区民众增加经济发展的获得感，提高共同分享的对更广泛国家共同体的忠诚度。对国家而言，仅仅依靠向人民提供服务和分配物质资产，不管是直接通过一个复杂的官僚系统还是通过间接的庇庸关系网，都不足以成为维持统一的坚实基础。国家维持统一的能力最终要建立在它们与人民内心的联系上。另外，伴随数字时代而来的大数据的应用，已经并将继续在社会治理和构建群体身份认同上发挥重要作用。如今，互联网、物联网、云计算、智慧城市、智慧地球正在使数据遵循“摩尔定律”飞速增长，与现实世界并行的数字世界正在形成。美国认为，数据就是“未来的石油”，英国学者认为，“大数据开启了下一次工业革命”，在世界范围内，大数据重要的战略意义都得到了承认。

就中国而言，大数据驱动的社会治理是中国社会治理创新的重要方向和前沿趋势。“从国家治理角度，大数据被用来提升治理效率、重构治理模式、破解治理难题，它将掀起一场国家治理革命。”[①]在中国的政治和社会情境中，大数据驱动社会治理仍需

---

① 马建堂.大数据：大变革、大机遇[N].光明日报，2015-09-12(7).

要突破技术、文化、制度和结构等因素的约束，通过信息共享、数据挖掘和在线互动，来促进整体性治理、精准化治理和参与式治理，全面提升中国社会治理的科学化水平。[①]同时，利用大数据对主动搜索、社交分发和定制信息三种场景背后的信息流加以分析和挖掘，能够更准确地把握网民的关注趣味、认知深度和网络社会心态，这将对主流媒体舆论引导大有益处。“数据成为生产资料、计算成为生产力的大数据时代，搜索数据的价值会进一步凸显，利用搜索数据进行社会洞察也将深入持续地开展。如果我们更善于从数据中观察网络社会，就会更擅长从数据中认知复杂的中国。”[②]

为此，中国“十四五”规划纲要提出，要“推进网络强国建设，加快建设数字经济、数字社会、数字政府，以数字化转型整体驱动生产方式、生活方式和治理方式变革”。2020 年以来的新冠疫情防治和经济社会建设实践，为中国政府利用最新数字技术完善国家和社会治理提供了有益探索。如今，数字政府建设成为中国实现政务数字化转型，驱动经济社会高质量创新发展，推进国家治理体系和治理能力现代化的关键抓手。2022 年 4 月 19 日，中央全面深化改革委员会第二十五次会议已审议通过《关于加强数字政府建设的指导意见》，必将进一步促进数字时代治理制度的完善。

（二）应对数字传播时代的群体身份认同的挑战

群体身份认同是个历史范畴，每个时代都有支撑其群体身份认同的价值基础。数字时代中国公众对民族国家认同的松弛，与其说是社会败坏的征兆，毋宁说是处于一种痛苦而又可喜的转变过程之中。关键是面对这种转变，国家与社会治理者不能消极无为，而应思考如何主动引导，顺势而为。

美国社会学家乔尔·S. 米格代尔（Joel S.Migdal）在《社会中的国家：国家与社会如何相互改变与相互构成》一书中指出，要通过重新提供文化黏合剂、制度黏合剂，重新整合社会，而文化黏合剂和制度黏合剂的关键作用在于主导叙述，主导社会叙述“作为政治秩序无可挑战的首要原则，使得任何等级制对统治者和被统治者而言都变得再自然不过”[③]。他认为，国家和社会之间存在一种互构的关系。国家在人民生活中的中心地位，国家与社会中正在发生的冲突的关系，人民对国家的表达关系，都依赖于国家的凝聚力。这些国家—社会关系中的因素也同时塑造着国家的形式、内容和最根本

---

① 张海波.大数据驱动社会治理[J].经济社会体制比较，2017(3)：64-73.

② 张志安.大数据中的网民心态与媒体舆论引导[J].新闻战线，2018(3)：48-49.

③ 米格代尔.社会中的国家：国家与社会如何相互改变与相互构成[M]. 李扬，郭一聪，译.南京：江苏人民出版社，2013：242.

的活力。要理解国家为何能整合而不分裂,我们就必须了解这样一个双重变化的过程:一方面社会对于国家的形式和凝聚力产生影响,另一方面国家也影响着人民的思想和行为,并且从中获得自己存在的意义。

这种互动可以从三个方面来理解:法律、公共仪式和公共空间的非正式行为。具体来说,国家的合法性和取得人民服从的能力依赖于法律;国家用公共仪式能够塑造出一种统一性,培养人民对国家的忠诚和支持;政府治理的效能有时依赖于其公共空间其他形式的隐性法律和规则如何指导人们的行为。这里,乔尔用建构主义视角向我们展示了一幅国家使用和代表主导叙述的图景。这种叙述因表达方式的不同而具有不同的功能。第一,它是国家各部分保持统一的基础,能够防止国家四分五裂。第二,它使公民之间及公民和国家之间具有了一种联系,推翻了其他叙述,从而消除了国家以外的自主性、权威性结构出现的可能性。第三,主导叙述为社会控制中涉及的制度创设了限制和可能性。

国家主导叙述并不意味着排除其他叙述的存在。排除了其他叙述的主导叙述,其自身也是无法持续的。主导叙述关键在于引导,而不是千篇一律。数字传播时代不可能避免多种叙述的存在,现代社会无可争议的是多种文化融合的社会。因此,国家的治理首先取决于国家通过实践对集体意识提出的要求,即对民族和国家认同性的要求。国家通过公共产品的有效分配以外在的途径来获得支持和忠诚;用公共仪式模糊官员和公民间的界限,从而获得民众的支持;用仪式和典礼将国家和政府体制变得神圣化。用美国文学家劳伦·贝兰特(Lauren Berlant)的话来说,国家是人民集体共享的历史斗争的中心,“它的传统崇拜,它的隐喻,它的英雄、仪式和叙述”。简言之,要通过符号和制度,使国家成为社会再创造的核心。①

四、结束语

今天,当我们在欢呼拥抱数字化时代到来的同时,也必须准备好应对数字化生产对国家治理、群体身份认同提出的挑战。党的十九届四中全会通过的《中共中央关于坚持和完善中国特色社会主义制度、推进国家治理体系和治理能力现代化若干重大问题的决定》,无疑是因应这一挑战的最好部署。

对中国来说,更为严峻的是我们同时面临两个巨大转变:一是工业时代向数字时

---

① BERLANT L. The anatomy of national fantasy: hawthorne, utopia, and everyday life[M]. Chicago: The University of Chicago Press, 1991: 114.

代的转变,二是世界正处于百年未有之大变局。中国只有在国内有效应对数字时代的转变,完善国家治理制度,强化民众的国家身份认同,才能有效承接国际权力格局的转变。这正是当下中国政府完善国家治理体系,实现国家治理能力现代化的要义所在。

无论如何,时代演进的车轮无法阻挡。为已经开始的时代变迁和国际权力格局变迁做好迎战的第一步,就是认识到它们正在发生并弄清它们的前因后果、来龙去脉。当今中国优先要做的就是因应信息方式的变化,创新治理制度,强化社会群体身份认同,准备迎接伴随历史前进而来的挑战,以有效应对由工业时代向数字时代的转变,从而有效承接世界大变局。

[郭琳,西藏民族大学新闻传播学院讲师,中国传媒大学乡村振兴研究院研究员;龙小农,中国传媒大学教授、博士生导师,国家传播创新研究中心研究员]